THE
SAMPLE OF QUZHOU

衢州样本

社会主义核心价值体系与
道德文明建设的实践和创新

吴尚民　崔唯航/主编

社会科学文献出版社
SOCIAL SCIENCES ACADEMIC PRESS (CHINA)

中国社会科学院哲学研究所
赴衢州国情考察组名单

课题主持人　吴尚民

考察组成员　陈　瑛　　单继刚　　刘克海　　崔唯航

　　　　　　　刘悦笛　　刘　丰　　姜守诚　　张羽佳

　　　　　　　周广友　　高　颖　　陈　明　　徐艳东

课 题 顾 问　诸葛慧艳

序言一
哲学社会科学工作者要深入群众，从实践中汲取力量

李慎明[*]

中国社会科学院哲学研究所国情考察组于 2012 年 8 月 19~23 日赴浙江衢州进行了以衢州社会主义核心价值体系和公民道德建设为主题的国情考察，并于 2012 年 12 月 4 日召开了"衢州国情考察"成果汇报会。我应邀参加了会议，同衢州市委领导、哲学研究所赴衢州国情考察组的同志们及各位专家学者进行了交流，感到这次国情考察活动取得了较好成效。现在，考察成果出版在即，我想利用这个机会讲几句话。

对衢州社会主义核心价值体系和公民道德建设进行考察是一个很好的选题。加强社会主义核心价值体系建设，全面提高公民道德素质，是党的十八大提出的建设社会主义文化强国的重要任务。贯彻落实十八大精神，从理论高度研讨社会主义核心价值体系在基层的实践、培育和践行社会主义价值观与公民道德建设的关系及其规律，这对于全国各地更加自觉地推进社会主义核心价值体系建设，具有很好

---

[*] 李慎明，中国社会科学院党组副书记、副院长。

的借鉴意义。

衢州市是国家级历史文化名城，具有深厚的历史文化底蕴。同时，衢州地处钱江源头，生态环境优良。近年来，衢州市以社会主义核心价值体系引领道德文明建设，深入开展以"争做最美衢州人"为主题的公民思想道德建设，把开展"做有爱心、有责任心的衢州人"活动作为建设社会主义核心价值体系的重要载体，推动经济、政治、社会、文化、生态五位一体和谐发展。特别是2011年以来，衢州涌现出一系列"最美典型"，形成了衢州的"最美现象"。在这些"最美"人物身上洋溢着感动社会的道德力量，既体现了中华民族优秀的传统美德，又闪烁着时代精神的光芒。由宣传、学习最美群体所带动的道德正气与榜样效应，成为推动衢州经济发展与社会进步的强大精神动力。

哲学研究所与衢州市具有长期的战略合作关系，曾共同举办三届"衢州国际儒学论坛"、首届中国古镇文化论坛等一系列学术活动，为此次考察奠定了坚实基础。这次考察活动得到了衢州市委、市政府的高度重视，市委、市政府领导和宣传部领导同志给予了热情接待和周到安排。考察组深入衢州各区县考察，同当地同志进行座谈交流，获得了大量第一手信息。其间又派出小组到被称为"中国农民哲学村"的新塘边镇勤俭村蹲点调研，采访村民，为中国社会科学院创新工程项目"马克思主义哲学中国化"研究搜集资料，将创新工程项目与国情考察活动结合起来。在考察过程中，同志们还参与了当地道德文明建设活动，每到一处都积极发表意见、提出建议，接受当地媒体采访，并把他们的思考和看法写进考察报告的"对策建议"里面，从中可以看出大家为地方道德文明与文化建设服务的竭诚之心。

开展国情考察和国情调研是中国社会科学院党组的重要决策，是广大哲学社会科学工作者深入"走转改"的实际步骤。要实现中央提出的把中国社会科学院建设成为马克思主义的坚强阵地、哲学社会科学的最高殿堂、党中央国务院的思想库和智囊团的要求，必须深入开展国情考察，正确认识我国国情。自中央部署开展"走转改"活动以来，中国社会科学院认真贯彻落实中央要求，把开展"走转改"活动作为贯彻党的群众路线的重要举措，作为提高专家学者思想政治素质的有效途径，作为弘扬马克思主义优良学风的实践载体，以国情考察项目为依托，组织科研人员深入基层、走进群众，体察国情民情。经过大家的努力，中国社会科学院"走转改"活动扎实推进，取得了显著成效，得到了中央的充分肯定，受到社会各界的广泛关注。

哲学研究所积极贯彻执行中国社会科学院党组关于开展国情考察的决策，每年都组织青年学者以多种形式开展国情考察活动。七年来，从嘉兴、井冈山到遵义、延安，考察了党在革命时期的主要遗迹和历史纪念地。到革命老区接受革命传统教育、革命理想教育和爱国主义教育，同时了解当地国情，开展现实问题研究，以考察成果服务社会和群众，收到了很好的成效。可以说，哲学研究所的国情考察工作走在了全院的前列。

哲学是时代精神的精华。国家的发展和民族的进步离不开哲学的创新，哲学的创新必须立足于社会实践的土壤之中。毛泽东同志曾经倡导："让哲学从哲学家的课堂上和书本里解放出来，变为群众手里的尖锐武器。"① 这就要求哲学社会科学工作者必须深入实践、深入群众，自觉站在群众的立场上，面向群众关心的问题，用群众听得懂的语言讲群众听得懂的道理。艾思奇的《大众哲学》之所以受到群众的广泛喜爱，产生巨大的影响力，一个重要的原因就在于具有深厚的群众基础，能够充分考虑人民群众的思维习惯和语言习惯，把深邃的理论转变为通俗易懂的语言，把抽象的理论逻辑转变为形象的生活

---

① 《毛泽东文集》第8卷，人民出版社，1999，第323页。

逻辑。国情考察是哲学社会科学工作者深入实践、深入群众的重要形式，我希望哲学研究所的同志们更加重视、更加珍惜这种形式，更加积极、更加深入地参与其中，我相信，国情考察活动的深入推进将切实推动哲学研究的发展创新。

以习近平为总书记的新一届中央领导集体号召全国人民继续把中国特色社会主义事业推向前进，继续为实现中华民族伟大复兴的中国梦而努力奋斗。我祝愿衢州市在十八大精神的指引下，在道德文明建设和生态文明建设两个方面，取得更新、更大的成就，让"最美衢州"和"美丽衢州"比翼双飞，让衢州的美丽之花长久绽放。我希望随着哲学研究所与衢州市战略合作的全面展开，能有更多的哲学工作者以"中国社会科学院哲学研究所衢州国情调研基地"为依托，为衢州的科学发展贡献更多、更大的力量！

序言二
最美衢州　仁爱之城

陈　新[*]

　　衢州地处浙江省西部、钱塘江源头，山清水秀，人文荟萃，民风淳朴。这一方好山好水，孕育和滋养了一个个崇德向善、古道热肠的衢州好人。

　　2011年的盛夏，常山县65岁老人占祖亿纵身一跃，耗尽全身气力托起溺水的少年，自己却沉入了江中。当地5000多名群众自发为他祭奠，称赞他是"最美爷爷"。

　　这一年的寒冬，外来打工者姚慧芬和两个孩子因煤气中毒，命悬一线。发现学生缺课的衢江区第四小学教师陈霞、姜文、江忠红及时上门追访，用一种"无论你在哪里，我们都要找到你"的坚定和执著，挽救了一家三口的生命。他们被誉为"最美教师"。

　　2012年的春天，17岁的开化少女徐雨文因病去世，她的母亲徐萌仙在承受丧女之痛的同时写就了大爱，无偿捐献出女儿的宝贵器官，让4名病患者重燃生命之火。他们被称为"最美一家人"……

　　"最美衢州人"，美在朴实无华的善良，美在真挚无悔的奉献，

＊　陈新，中共浙江省衢州市委书记。

美在勇于担当的责任。他们身为"草根",普通平凡,尽管年龄不同、职业不同、身份不同,但都有一个共同点。这就是在关键时刻、危急关头,挺身而出、义无反顾,表现出了强烈的爱心和责任心,用凡人的善举生动地诠释了"诚信、责任、仁爱、奉献"的衢州人价值观,用无私大爱为这座城市增添了道德文明的光辉。

如今,由他们定格的"最美"形象开始从众人称颂的一个标杆,衍化为全社会共同发现和弘扬真善美的一种现象。一时间,三衢大地,至善如潮。好人好事层出不穷,和谐友爱蔚然成风。

从病危仍不忘退钱的盲人推拿师汪南南,到身患白血病还转捐救命钱的大学生村官黄炊,再到行车途中被倾倒的灯杆击破脾脏,依然忍着剧痛冷静停车、疏散乘客的公交车司机毛志浩……央视《新闻联播》栏目连续聚焦衢州的凡人善举,道德的力量在不断传播、升华。

这些"最美衢州人"的温暖大爱在感动衢州、传遍中国的同时,也让人们不禁要追问——衢州为什么会那么美?

2012年的夏天,我们有幸迎来了由中国社会科学院哲学研究所专家学者们组成的国情考察组,他们此行的目的便是通过专题调研,剖析和提炼衢州在公民道德建设和社会主义核心价值体系建设方面所作出的探索与实践。历经近9个月的深入调研、归纳整理、修改完善,这本厚重的考察报告终于跃然纸上,与公众见面。翻开这本书,我们不仅能从中找到"最美衢州人"产生的原因、途径、条件、机制,更能从中感悟社会主义核心价值体系在衢州的具体化、生活化、大众化。

正如书中所言:"最美衢州人"之所以不断涌现,乃是偶然中的必然。这一必然源自衢州的人文土壤、历史积淀和社会环境的孕育,源自各级党委政府对道德建设的常抓不懈,源自全体衢州人对社会主义核心价值体系的自觉践行……

　　事实上，衢州市委、市政府之所以坚持不懈地把道德建设作为城市发展的新动力，持之以恒地对"最美"种子勤培沃土、善加滋养，就是为了营造出全体社会成员共同认可的社会理想和价值期许。在这样的环境里，每一个人的爱心善举，可以最大限度地释放，成为推动社会前进的正能量。

　　当前，实现"中国梦"的时代脉动正澎湃激昂。这一崇高历史使命，对践行社会主义核心价值体系提出了新的更高的要求，为我们建设道德城市提供了强大动力。

　　让城市与道德同行，让梦想照进现实。我们将进一步倡导和弘扬"诚信、责任、仁爱、奉献"的衢州人价值观，以德铸魂，久久为功，努力建设最美衢州、仁爱之城！

陈新

2013 年 4 月于衢州

目 录

前　言

吴尚民[*]

2012 年 8 月 19 ~ 23 日，我率领中国社会科学院哲学研究所国情考察组到浙江省衢州市，就道德文明和社会主义核心价值观建设进行专题调研。考察组成员有 12 名[①]，来自马克思主义哲学原理、马克思主义哲学中国化、中国哲学、美学、伦理学等多个学科，以青年学者为主，并邀请著名学者、中国伦理学会名誉会长、哲学研究所研究员陈瑛同志为学术顾问。

此次考察是 2012 年中国社会科学院国情考察项目之一。之所以选择在衢州做这个项目，主要基于以下三点理由。

首先，这个选题很重要。加强社会主义核心价值体系建设，全面提高公民道德素质，是党的十八大在我国进入全面建成小康社会的决定性阶段，为建设社会主义文化强国提出的重要任务。对于社会主义核心价值体系建设，十八大报告要求"倡导富强、民主、

---

[*] 吴尚民，中国社会科学院哲学研究所党委书记，副所长，编审。

[①] 考察团成员有：哲学研究所党委委员、科研处处长、研究员单继刚，党委委员、马克思主义哲学原理研究室主任、副研究员崔唯航，办公室主任刘克海，所青年工作组组长、美学研究室副研究员刘悦笛，中国哲学研究室副研究员刘丰、姜守诚，博士后陈明，马克思主义哲学原理研究室副研究员张羽佳，科研处助理研究员周广友，馆员高颖，伦理学研究室博士后徐艳东。

文明、和谐，倡导自由、平等、公正、法治，倡导爱国、敬业、诚信、友善"。对于公民道德建设，十八大报告要求："坚持依法治国和以德治国相结合，加强社会公德、职业道德、家庭美德、个人品德教育，弘扬中华传统美德，弘扬时代新风。"贯彻落实十八大精神，从理论高度研讨社会主义核心价值体系在基层的实践，探索社会主义价值观与公民道德建设的关系及其规律，这将对全国各地更加自觉地推进社会主义核心价值体系建设，具有很好的借鉴意义。

其次，衢州有社会主义核心价值观和道德文明建设的成功经验。衢州历史悠久，文化底蕴深厚，是"东南阙里、南孔圣地"。多年来，衢州市以社会主义核心价值体系引领社会道德建设，深入开展以"争做最美衢州人"为主题的公民思想道德建设，把开展"做有爱心、有责任心的衢州人"活动作为建设社会主义核心价值体系的重要载体，推动经济、社会、政治、文化、生态五位一体和谐发展。其突出表现是好人善事层出不穷，涌现出了一系列"最美"群体，形成了衢州"最美现象"。"最美衢州人"成为今日衢州一张闪亮的金名片，成为这座千年古城的城市之魂，成为推动衢州经济发展和社会进步的强大精神动力。人民日报社、新华社、光明日报社、中央电视台以及全国媒体对衢州市践行社会主义核心价值体系的聚焦和传播，引起了从浙江到中央高层领导的高度关注。这次考察，就是要通过深入了解衢州"最美人物"的涌现和良好社会道德风尚与当地人文土壤、历史积淀、社会环境的关系，解读其"最美"背后的衢州根源，从而为全国践行社会主义核心价值观和道德文明建设提供一个鲜活具体的区域性案例。

最后，哲学研究所与衢州有战略合作关系。在中国社会科学院党组副书记、常务副院长王伟光和浙江省委宣传部、衢州市委几届领导的高度重视和直接推动下，我所与衢州市签署了战略合作协议书，并共同举办了一系列学术活动。例如，联合举办三届"衢州国际儒学论坛"，在海内外产生了一定影响；在开化举行"生态文明的美学思考"全国学术研讨会暨中华美学学会 2011 年年会；在衢州学院成立中国哲学与文化研究中心；在江山市联合举办首届中国古镇文化论坛（廿八都）；等等。我所所长谢地坤被衢州市评选为"荣誉市民"，多次去衢州主持学术活动，并在北京参加"社会主义核心价值体系在衢州的实践"理论研讨会。和衢州的全面合作关系，为这次考察活动奠定了坚实基础。

这次考察得到了衢州市委、市政府的高度重视，市委宣传部给予了大力支持和帮助。我们到衢州当晚，市委书记陈新就会见了考察组成员，对考察工作发表了重要的指导性意见；后来又在"最美衢州人"十大年度人物评选活动启动仪式上和我见面交谈，详细询问考察进展情况，并要我们多去一些地方看看。市委副书记李剑飞向考察组全面介绍了衢州的经济、社会、文化发展状况。市委常委、宣传部长诸葛慧艳不顾感冒亲自组织并陪同考察。市委宣传部副部长杨昕、市文明办主任胡高春全程参与考察。市委、市政府领导和宣传部同志们的热情接待和周到安排，给考察组留下了深刻印象。

短短五天的考察活动紧张而忙碌。在市里一天开了三个座谈会。一是衢州市领导参加的专题汇报会，诸葛慧艳部长从道德、文化、文明等三个方面介绍衢州市在公民道德文明建设和公众文化建设方面的具体做法和举措；二是"践行和弘扬'诚信、责任、仁爱、奉献'的衢州人价值观，争做最美衢州人"座谈会，衢州"最美"群体代表和"浙江骄傲"年度人物介绍他们的动人事迹；三是"文化建设和文明创建中的公民道德建设"座谈会，衢州思想理论文化界的领导和专家结合本地实践发表了看法。考察组从中获得了大量信息和第一手资料，并与衢州同志进行了互动交流。

衢州座谈会结束后，考察组即深入江山、常山、开化等市县区进

衢州样本

行考察。在江山市，考察了清漾毛氏文化村、廿八都古镇，与市委、市政府相关部门同志座谈，走访被称为"中国农民哲学村"的新塘边镇勤俭村，向20世纪六七十年代曾任勤俭大队党支部书记的姜汝旺老人了解当年带领农民学哲学、用哲学的情况，来到"幸福乡村"大陈乡大陈村的汪氏宗祠，观看村民演唱村歌；在常山县，考察青石花石市场和黄泥塘"金钉子"，参加县委宣传部组织的座谈会；在开化县，参观根雕博览园，与县委宣传部和相关文化部门的同志进行交流；在龙游县，考察龙游民居苑、横山镇天池村千亩荷花，和县委宣传部同志进行座谈；在柯城区，考察"邵永丰"非物质文化遗产地和孔氏南宗家庙，与区委宣传部同志进行交流。每到一处，大家都认真听取当地同志介绍情况，了解衢州人民是如何把道德要求转化为自觉行动的，了解南孔儒学的历史发展以及传统文化对当前公民道德建设的积极意义。同时还向陪同考察的市（县）委宣传部同志咨询和了解党委政府通过道德文明建设引领社会风尚的举措、成效以及未来展望等。

考察结束的当天召开全体会议进行小结，回京后又几次开会座谈收获体会。大家普遍感到，与以往相比，这次考察有以下几点不同。

一是资料准备充分。考察组行前从网络和报刊上搜集了大量资料并进行研究；到衢州后市委宣传部组织各区县宣传部提供了市区县委颁发的关于开展社会主义核心价值观和公民道德建设的各类文件、领导讲话、宣传思想工作总结、道德模范先进事迹汇编、调研文章、新闻报道等，考察组每位成员领到资料袋有三四包之多。这就为考察任务的完成打下了全面、翔实的资料基础。

二是发挥了学科优势。考察组成员分别来自中国哲学史、伦理学、美学、马哲原理、马哲中国化学科，而衢州践行社会主义核心价值体系与道德文明建设，恰好属于这些学科的研究领域，因此有较强的针对性。

三是和创新项目紧密结合。单继刚是马克思主义哲学创新学科首席研究员，他这次与项目组其他成员连续两天在勤俭村采访村民，录制声像资料，到勤俭村陈列馆、江山市档案馆、衢州市档案馆搜集有关文献，在此基础上着手马克思主义哲学中国化民间形态研究。

四是积极参与当地道德文明建设活动。考察组成员充分发挥学术优势，每到一处都积极发表意见、提出建议。考察期间，我应邀参加"最美衢州人"首届十大人物评选活动启动仪式，并接受了衢州电视台记者采访；陈瑛、单继刚、崔唯航、刘悦笛分别接受当地记者采访，他们的观点在《衢州日报》刊登。单继刚曾在当地《江山日报》发表长篇文章，对古镇廿八都建设提出设想和建议，这次他应新塘边镇党委之邀担任了连环画《哲学小故事》的顾问。姜守诚在研究衢州史料的基础上对如何弘扬传统文化提出了不少看法，其中关于"烂柯山仙道文化保护与开发"的建议颇有新意。总之，从考察报告特别是每篇报告的"对策建议"中，可以看出考察团成员为地方道德文明与文化建设服务的竭诚之心。

考察总报告是由崔唯航、徐艳东、陈明、刘悦笛撰写的，分报告是由姜守诚、刘丰、高颖、张羽佳、周广友分别撰写的。考察结束后，感到有必要把大家在考察中的思考和发表的观点刊登出来，以记录和还原考察的全过程，于是刘克海组织有关同志整理了"考察实录"。全体同志经过一个多月的努力，完成了一篇总报告、四篇分报告和一篇"考察实录"。在报告中，他们利用搜集到的大量历史和现实资料，记述了新的历史时期衢州人民在践行社会主义核心价值体系、建设道德文明的伟大实践中所取得的成就，特别是阐述了衢州市道德文明与社会主义核心价值观建设的新模式——"衢州样本"。"衢州样本"是衢州市成功打造道德高地的经验结晶，也是"最美"现象在衢州不断涌现的根源所在，还是报告的"聚焦点"。在实地考察和理论剖析的基础上，报告首次揭示了"衢州样本"的主体构成：

以社会主义核心价值体系引领道德建设为核心理念，以高度的自觉意识为基本特色，以塑造"平民英雄"先进典型为基本途径，以全面完备的体制机制为基本保障，以全方位多角度的立体宣传为核心推动力。这五位一体共同构成了极具典型价值和启示意义的"衢州样本"。

2012年12月4日，哲学研究所召开"学习贯彻十八大精神，衢州国情考察报告会"。中国社会科学院党组副书记、副院长李慎明出席会议并作重要讲话，对这次衢州考察予以了充分肯定，他希望哲学研究所的同志们继续深入了解国情，总结提炼出经得起实践检验的观点和理论，为哲学大众化作出贡献。专程前来出席会议的衢州市委常委、宣传部长诸葛慧艳指出，近年来，衢州和哲学研究所一直保持紧密合作，此次国情考察是合作成功的又一次体现。考察成果真实反映了衢州在公民道德建设方面的举措和做法，希望考察报告能够在各位专家学者精心修改完善的基础上出版。同时，她还就召开衢州现象理论研讨会、开展生态文明建设调研活动等提出了进一步合作的设想。

会后，由所党委委员、马克思主义哲学原理室主任、马克思主义哲学创新学科首席研究员崔唯航和我担任主编，考察组承担写作任务的学者利用两个月的时间，对总报告和分报告进行了加工修改和充实，最终形成了呈现在读者面前的考察成果。

哲学研究所以多种形式开展国情考察活动已经有七年。开展国情调研是中国社会科学院党组的重要决策，是广大哲学社会科学工作者深入"走转改"的实际举措。七年来，所党委组织干部群众沿着我国新民主主义革命的历史轨迹，从嘉兴南湖到延安，考察了党的主要革命遗迹和历史纪念地。全所40岁以下人员的91%、45岁以下人员的78%、50岁以下人员的80%参加了上述活动。他们到革命老区，接受革命传统、革命理想教育和爱国主义教育；了解当地情况，以考察成果服务社会和群众，收到了很好的成效。在此基础上，从这次考察活动开始，我所将从两个方面把国情考察向前推进一步。一是拓展选题，即从以到红色老区接受革命传统教育为主同时开展现实问题研究，拓展到以研究当前党和国家关注的重大问题为主，在考察实践中加强中国特色社会主义共同理想信念教育。二是扩展考察队伍，即从以青年学者为主，扩展为以考察所需要的学科研究人员为主。由于考察活动已开展多年，除个别人外，许多青年学者已参加了三四次，这表明青年学者下基层考察已经常态化。今后组织考察活动要更多地选择与考察对象相关的学科人员参加，以保证考察成果的高质量。

需要说明的是，由于考察时间有限，不论是座谈讨论还是实地考察，都不够深入，只能是"走马观花"；由于作者之间讨论和沟通不够，总报告和各篇分报告之间出现引用材料相同、观点重复，而在一些概念和表述上又有不一致之处；有的报告亦存在旁征博引而与现实脱节或文字失之粗糙等问题，敬请读者批评指正。

考察报告完成之时，恰逢党的十八大胜利召开之日。十八大报告要求全面提高公民道德素质，推进公民道德建设工程；并首次提出建设美丽中国的宏伟目标，彰显了我们党治国理政的新理念，显示出推动科学发展、增进人民福祉的坚强决心。这令我们深受鼓舞并充满期待。作为党和国家的哲学社会科学工作者，我们要以强烈的历史使命感和社会责任感，勇于站在时代的制高点上思考问题，为建设美丽中国和实现中华民族伟大复兴提供源源不竭的思想资源、精神动力与智力支持，这既是时代赋予中国哲学社会科学工作者的神圣职责，也是中国哲学社会科学工作者实现自身价值的历史选择。

第一章 打造道德文明建设的 "衢州样本"

崔唯航 陈 明 刘悦笛 徐艳东*

一 衢州样本：道德文明与社会主义 核心价值观建设的新模式

党的十八大报告提出"倡导富强、民主、文明、和谐，倡导自由、平等、公正、法治，倡导爱国、敬业、诚信、友善，积极培育和践行社会主义核心价值观"。社会主义核心价值观问题首次纳入党的纲领性文献之中，为我们树立起了一面社会主义核心价值观的旗帜。"三个倡导"首次从三个层面对社会主义核心价值观进行了概括和凝练，即国家层面的富强、民主、文明、和谐，社会层面的自由、平等、公正、法治，公民个人层面的爱国、敬业、诚信、友善。"三个倡导"的提出，对于进一步培育、践行社会主义核心价值观具有重要的指导意义，体现了我们党勇于探索社会主义核心价值观的巨大理论勇气和理论自信，标志着我们党在新的历史起点上把社会主义核心

---

* 崔唯航，中国社会科学院哲学研究所马克思主义哲学原理研究室主任、副研究员；陈明，中国社会科学院哲学研究所中国哲学研究室博士后；刘悦笛，中国社会科学院哲学研究所青年工作组组长、美学室副研究员；徐艳东，中国社会科学院哲学研究所伦理学研究室博士后。

价值体系建设推进到了一个新阶段和新高度。

2011年10月，中共中央十七届六中全会审议通过了《中共中央关于深化文化体制改革、推动社会主义文化大发展大繁荣若干重大问题的决定》。该文件指出，社会主义核心价值体系是兴国之魂，是社会主义先进文化的精髓，决定着中国特色社会主义发展方向；强调必须把社会主义核心价值体系融入国民教育、精神文明建设和党的建设的全过程，贯穿改革开放和社会主义现代化建设的各个领域，体现到精神文化产品创作生产传播的各个方面，坚持用社会主义核心价值体系引领社会思潮，在全党全社会形成统一指导思想、共同理想信念、强大精神力量、基本道德规范。

浙江省衢州市深入学习贯彻党的十八大和十七届六中全会精神，以社会主义核心价值观引领社会道德建设，将传统文化教育与公民思想道德教育相结合，在全市形成了人心向善、见贤思齐的良好风范。该市以"争做最美衢州人"为主题深入开展公民思想道德建设，把开展"做有爱心、有责任心的衢州人"活动作为建设社会主义核心价值体系的重要载体，使爱心、责任心成为推动衢州经济发展和社会进步的强大精神动力，树立了"大爱衢州、好人之城"的良好形象。2011年以来，该市涌现出一系列"最美"群体，如舍己救人的"最美爷爷"占祖亿，执著寻找缺课学生而挽救学生一家三口性命的"最美教师"陈霞、姜文、江钟红，救人不留名的"最美护士"林小娟，三进火场浴火救人的"最美警察"高剑平、姜方林，一辈子扎根农村服务群众的"最美干部"周言松，无偿捐献器官而挽救四条生命的"最美一家人"徐雨文和她的父母等一大批道德楷模，形成了衢州"最美现象"。其中"最美教师"典型得到时任中共中央政治局常委李长春、中宣部副部长蔡名照、浙江省委书记赵洪祝等各级领导的批示肯定，人民日报社、新华社、光明日报社、中央电视台《新闻联播》和《新闻1+1》等品牌栏目浓

墨重彩报道，震撼衢州、感动浙江、传播全国。"最美爷爷"占祖亿作为中宣部典型被《人民日报》、新华社、央视《焦点访谈》等媒体的专题报道向全国推介。"最美衢州人"的事迹传遍天下、温暖中国，衢州由此也被誉为"最美之城"。

2012 年 8 月，中国社会科学院哲学研究所国情考察组一行 13 人在党委书记吴尚民的带领下，对浙江省衢州市所辖四县（市）二区的道德文明与社会主义核心价值观建设情况进行了全面调研。为确保调研成效，考察组行前研究确定了调研内容，拟定了调研提纲。在调研过程中采取实地走访、座谈、查阅资料等方式进行调研。与衢州市的"最美群体"、市民代表及新闻宣传部门的工作人员进行了多形式多方面的交流，共同分析了衢州道德建设的基本情况和基本经验，较为全面、客观地了解和掌握了衢州市道德和社会主义核心价值观建设的发展状况。

哲学家康德曾经指出："有两样东西我们愈经常愈反复思想时，它们就给人灌注了时时更新、有加无已的惊赞和敬畏之情：头上的星空和心中无上的道德法则。"这句话因其崇高的境界打动过无数的读者。在衢州调研过程中，考察组全体成员在充分领略衢州市道德建设重要成就之余，常常被衢州"最美群体"的感人事迹和他们所代表的"道德法则"所感动。感动之余，我们时时思考着一个问题："衢州为什么会这么美？"那些感人至深的"最美"故事为什么会一而再、再而三地在衢州这块土地上涌现？在调研结束之际，考察组对此有了比较深入的认识。"最美衢州人"之所以不断涌现，乃是偶然中的必然。就每一个"最美衢州人"的个别事迹而言，其出现是偶然的；但就这一群体所展现出来的"最美现象"而言，则是必然的。这一必然源自衢州的人文土壤、历史积淀和社会环境的孕育，源自衢州市委、市政府对道德建设的常抓不懈，源自全体衢州人对社会主义核心价值体系的自觉践行。这一系列因素的有机组合，就构成了道德文明建设和社会主义核心价值观建设的"衢州样本"。

考察组认为，衢州样本是衢州道德建设走在全国前列的基本原因，是道德建设中衢州经验的集中体现。简而言之，衢州样本的力量把衢州打造成为"最美之城"。衢州样本的基本构成集中体现在以下五个方面：

——核心理念，以社会主义核心价值观引领公民道德建设；

——基本特色，高度的自觉意识；

——基本途径，塑造"平民英雄"先进典型；

——基本保障，全面完备的体制机制；

——核心推动力，全方位多角度的立体宣传。

二 衢州样本的基本经验和主体结构

（一）核心理念：以社会主义核心价值观引领公民道德建设

党的十八大报告用"三个倡导"提出了培育和践行社会主义核心价值观的战略任务。"三个倡导"的提出，彰显了中国共产党推进理论创新的自觉意识，是中国特色社会主义理论的重要发展。核心价值观是整个价值体系中最基础、最核心的部分。它是人类社会文明进步的精神标志和结晶，是个人、社会和国家长期秉承的根本原则。社会主义核心价值观是社会主义意识形态的本质体现，它决定着国家意识形态竞争的关键，决定着国家社会的发展和未来。如何在多变的社会文化环境中塑造社会成员正确的世界观和人生观，构建社会主义核心价值观是时代提出的重大课题，加强道德建设是破解这一难题的重要途径。衢州的做法是牢牢把握道德建设的社会主义方向，自觉以社

会主义核心价值观引领衢州道德建设，通过强化公民道德建设，达到增进人民群众对社会主义核心价值体系的认同感，从而推进社会主义核心价值观建设的根本目的。

1. 以社会主义核心价值观建设贯穿公民思想道德建设和精神文明建设全过程

衢州市以学习宣传先进典型人物为抓手，把社会主义核心价值观建设贯穿于公民思想道德建设和精神文明建设全过程，有力地推进了公民文明素质和社会文明程度的提升。①深入推进学习型党组织建设。进一步加强和完善党委中心组理论学习，邀请全国知名专家学者作专题报告；坚持把深入的理论研究与广泛的宣传普及结合起来，及时回答干部群众关心的重大理论和现实问题。②巩固拓展各类学习型城市建设品牌。精心设计"乡土党课"载体，以可见、可听、可感的讲课方式，加强基层思想政治工作的贴近性、针对性和实效性；举办"人文大讲堂""全民学习日""全民读书周"等活动，营造全民学习的浓厚氛围。③强化未成年人思想道德建设，实施"春泥计划"扩面提升工程。遵循"精工出细活，讲求韧性；润物细无声，讲求柔性；细微见真章，讲求理性"的"三细"原则，不断开拓思路、创新载体、形成合力，紧紧围绕学校、家庭、社会三个关键环节，切实营造未成年人成长所需的良好社会环境，全力保障未成年人健康成长。④学习宣传先进典型人物，吸引群众参与，推动实践养成。"最美现象"一经涌现，衢州市就迅即达成共识：要借助对"最美现象"的学习宣传，把社会主义核心价值观渗透到全市各行各业的工作中，渗透到人们日常生活中，渗透到促进衢州全面发展的过程中，通过宣传、表彰、弘扬，让人们在和风细雨中认知认同，在潜移默化中熏陶感染，自觉把社会主义核心价值观"内化于心，外化于形"，人人争做"一个有爱心、有责任心的衢州人"。

2. 把社会主义核心价值观与文化建设中的"衢州元素"有机结合起来

价值观属于文化的范畴，不可能脱离特定的历史文化传统。核心价值观一定是在一个国家、民族长期发展中孕育形成的，反映着这个国家、民族的文化积淀、思想结晶。种子发芽需要"良田沃土"，道德成长离不开"社会营养"。一个人关键时刻的抉择，源于日常行为与精神气质；危难时刻的壮举，更是社会价值观的忠实演绎。衢州的一系列"最美人物"的先进事迹和高尚品德，植根于衢州深厚的道德积淀和历史文化传统，植根于衢州社会主义建设的实践沃土。一方水土一方人，一方文化一座城。衢州是一座具有1800多年历史的文化名城，是南宗孔庙所在地，具有深厚的人文底蕴。长期以来，"仁爱""和合"等儒家思想的精华孕育了衢州的地域文化。衢州民风淳朴、百姓崇善敬德，血脉中流淌着仁爱、谦和、友善、诚信的文化因子。近年来，衢州市高度重视道德文明建设，一方面自觉继承和弘扬传统文化中的精华成分。2004年衢州恢复南孔祭典，让世人知晓了南孔特殊而富有时代现实意义的祭典新模式：由新教师、新学生成为主体，还原"有教无类""德行天下"等儒家思想精神，使其潜移默化于人民群众的心中。同时大力培育"为政以德、执政为民"的从政理念，"艰难困苦、玉汝于成"的坚强意志，"见利思义、无信不立"的道德自律，以及"仁者爱人、推己及人"的大爱情怀。另一方面，自觉把社会主义核心价值观与衢州文化传统有机结合起来，在改革发展的实践中培养和提炼既具有衢州特色，又反映社会主义核心价值观本质要求的精神特质，使社会主义核心价值观根植于衢州这片沃土之中，生长于衢州人民的心中。这最为典型地体现在衢州人价值观核心词的提炼方面。

在开展提炼衢州人价值观核心词活动之初，衢州明确提出了两个首要原则：第一，主导性。遵循社会主义核心价值体系，体现社会主义道德，体现衢州广大市民的思想观念、价值观念和道德追求。第二，地域性。坚持继承与创新相结合，既要传承历史，弘扬崇仁尚和的南孔文化、海纳百川的通衢文化、坚忍不拔的创业文化，延续衢州独特的历史文化基因，又要反映现实，体现经济社会发展对思想文化的影响，体现广大干部群众在建设"两地三城"、共创"两富"衢州进程中应有的价值取向和精神风貌，具有鲜明的衢州特色。衢州人价值观的关键词是诚信、责任、仁爱、奉献，不仅诠释了衢州的历史人文传统，展现了衢州人历经磨砺的精神追求和品格锻造，而且体现了社会主义核心价值观建设的本质要求，得到了全体衢州人的认同，擎起了当代衢州人共有的精神家园。

衢州市在公民道德建设方面的实践经验给了考察组很大启示。我们认识到，公民道德建设和构建社会主义核心价值体系绝不是互不相关的"两张皮"，两者之间乃是一种密不可分、你中有我、我中有你的内在关系。只有将两者有机统一起来，才能取得良好的成效。而要实现这种统一，又必须坚持两个结合：第一，上下结合，即自下而上与自上而下相结合。一方面，道德建设必须有坚实的群众基础，这就要求突出广大群众的地位和作用；另一方面，道德建设又必须有强大的主导和保障力量，这就离不开党委政府在思想、机制、载体、资金等方面的引领与支持，两种路径必须有机结合。第二，普遍与特殊相结合。一方面，公民道德建设必须坚持正确的方向，这就要求必须发挥社会主义核心价值观的主导和引领作用；另一方面，公民道德建设又必须立足于特定土壤之中，才能够将社会主义所要求的核心价值观与传统价值观相交融，进而将其转化为心灵自觉，形成价值判断与行为取向的基本依据。

（二）基本特色：高度的自觉意识

发现和传播"最美"的过程，实际上就是全社会对道德的认同和提升的过程。"最美"人物的频频涌现，说明真善美始终是人们不变的行为准则和价值追求，关键是以高度的自觉意识激发"最美"。从一般认识规律上看，从自发到自觉代表着认识的升华，高度的自觉意识则代表着认识的成熟和深化。考察组在调研过程中发现，在衢州道德文明和社会主义核心价值观的建设中，始终贯彻着一种高度的自觉意识。高度的自觉意识构成了衢州样本的基本特色，这又集中体现在"最美"现象之中。下面我们将以"最美"现象为例予以说明。

1. 以高度的道德自觉培养"最美"

每个人都有善的天性、爱的冲动，但把这种天性和冲动转化为持续的行动，则需要社会的培育。衢州市对此具有高度的自觉意识。他们明确指出："最美的产生，不仅要有发现'美'的慧眼敏思，更要有滋育'美'的道德底蕴。"[①] 基于这一认识，衢州积极发挥其"东南阙里、南孔圣地"的优势，大力弘扬儒家文化精华，将传统文化教育与公民思想道德教育相结合，在全社会促进形成人心向善、见贤思齐的良好氛围。自2004年"南宗祭孔"恢复以来，衢州每两年举行一次学祭、一次孔子文化节，每五年举行一次社会各界公祭，通过这些活动，让"有教无类""德行天下"等传统文化的精华植根于人民群众的心田。同时连续十年开展建设学习型城市活动，以"读书周"活动、"全民学习日"活动、人文大讲堂、百姓讲坛等为载体，

---

① 诸葛慧艳：《以美铸魂　以文化境　以创育民　打造道德文明建设的衢州样本》，中国社会科学院哲学研究所国情考察衢州市专题汇报会，浙江衢州，2012年8月20日。

促进群众学习，形成了"人人爱学习、满城飘书香"的氛围。定期开展十大道德模范、十大杰出青年、十大女杰等评选表彰活动，制定了衢州市民守则、见义勇为奖励制度等一系列规章制度，倡导市民爱国爱乡、诚实守信、奉献社会。

2. 以高度的宣传自觉发现"最美"

从众多纷杂的社会现象中发现具有典型意义的事件需要敏锐的判断力和高度的自觉意识。"最美教师"的先进事迹最早是作为"煤气中毒"事件被披露出来的。倘若报道局限于普通社会新闻的层面，那么"最美教师"将与衢州擦肩而过。令人庆幸的是，衢州新闻工作者以高度的宣传自觉发现了其所蕴涵的典型意义，并在第一时间向相关领导和上级部门进行汇报。衢州市委则以高度的政治敏锐性和强烈的责任感在第一时间对先进人物事迹给予大力褒扬和充分肯定，迅速组织新闻单位深入挖掘、连续报道，并专门作出《关于向"最美教师"陈霞姜文江忠红同志学习的决定》，在全市开展"做一个有爱心有责任心的衢州人"学习实践活动，号召全市人民向"最美教师"学习，在工作中、生活中负责任、有爱心、讲奉献，做一个有道德的人。从学习"最美爷爷"、学习"最美教师"，到学习"最美干部"，衢州党委、政府始终充当第一推手，广泛深入动员，推动学习实践，使各方面群众普遍参与，形成了从被动到主动、从个体到群体、从自发到自觉的道德建设新局面。

3. 以高度的理论自觉提炼"最美"

先进典型的感召力在于他们身上所显现出的典型价值与道德力量。在实际生活过程中，这种典型价值和道德力量往往不会现成地摆在人们面前，而是需要借助于理论的穿透力予以揭示和升华。能否完成这一任务，则取决于是否具备高度的理论自觉能力。以"最美教师"事件为例，在宣传的初期还是停留在好人好事的层面，媒体的关注点也仅集中在一般意义上的救人。倘若局限于此，那么"最美教师"的典型价值将大打折扣。令人敬佩的是，衢州市十分注重发掘先进典型事迹背后的本质意义。他们很快发现"最美教师"救人事迹的背后，蕴涵着"爱岗敬业、忠于职守"这样的普遍价值，这种普遍价值同人民教师的身份相结合，就构成了更具感召力的典型价值。尤其可贵的是，衢州市在深入发掘"最美"精神价值的同时，更加注重发掘"最美"系列典型产生的机制性土壤，他们通过对先进典型产生的时代背景、人文环境、规律特点的调查提炼，使"最美"精神理论化、系统化、符号化，锻造出"大爱衢州"的精神内核。比如他们在提炼出"最美教师"典型价值的同时，又揭示出这些典型价值深深植根于衢州的沃土之中，深深植根于衢州百姓的心中，构成了衢州精神的真正灵魂。

4. 以高度的实践自觉践行"最美"

道德建设贵在实践。没有实践就没有真正意义上的道德。衢州市在实践中坚持以"市民有德，城市才会有品；城市有品，发展才会有力"为基点，着力推动将学习身边"最美"转化为工作的动力、道德的实践和城市的品格。一方面，引导人们从我做起、从现在做起、从身边小事做起，在社会上做个好公民，在单位里做个好员工，在家庭中做个好成员，注重日常言行，注重道德积累，使美德内化于心、外化于形，在全社会形成知荣辱、树正气、作奉献、促和谐的良好风尚。另一方面，强调政府一切工作的出发点和落脚点都是"为民"，坚持在服务民生中践行"最美"。以衢州市衢江区为例。衢江区在教育上推行"零门槛"入学，是极少数不设立外来务工子弟学校的地区，无论是硬件设施还是师资力量，对本地居民子女和外来务工人员子女一律实行无偿共享，一律"零门槛、同待遇"进入公办学校就

读。在医疗上推行"先看病后付费一站式支付"服务。衢江区卫生系统于 2012 年 3 月 15 日开始率先推行"先看病后付费一站式支付"服务，打破了以往"先交钱后看病"的既有模式。此举的可贵之处在于医院相信患者、关爱患者，使公立医疗部门回归了治病救人的本源。

在衢州调研期间，我们感受最深的关键词就是"自觉"。自觉有丰富的内涵，可以从不同层次、不同形式来区分，也可以从不同领域、不同角度去认识。在衢州，自觉体现为理论自觉、宣传自觉、文化自觉、价值自觉等。在所有这些自觉之中，最为炫目的是道德自觉。道德自觉反映了道德主体对于时代的伦理使命和教化责任的自觉担当和深切认同，反映了道德主体引领社会进步、提高精神境界的崇高使命和历史责任。"最美现象"在以下四个方面彰显了社会主义的道德自觉：在道德领域中，自觉与其说是理论认识上的升华，不如说是实践行动上的责任；公民道德建设，既需要大力倡导，更需要努力践行；共同理想只有变成共同行动才有力量，崇高追求只有付诸实践才有价值；只有在脚踏实地的践行中才能真正形成凝聚人心、聚合社会资源、引导和推动社会发展的精神动力。在实践的背后蕴藏着责任的力量。考察组认为，正是对人民群众的高度负责精神，铸就了自觉意识的灵魂，造就了道德实践的动力，也构筑了衢州道德高地的基石。一般来说，大家最熟悉的，往往也是最陌生的；最应该做到的，往往又是最难以做到的。责任如此，自觉也是如此。令人敬佩的是，衢州做到了。

（三）基本途径：塑造"平民英雄"先进典型

人民是真正的英雄，人民群众中蕴藏着无穷的智慧和力量。衢州市在道德建设中牢牢坚持以人为本，积极发挥人民群众的创造精神，充分尊重人民群众的主体地位，善于发现人民群众中蕴藏的积极向上的思想精神，引导群众自我教育、自我提高，把群众认同视为道德建设落地生根的关键，把从群众中发现道德楷模视为道德建设的重要途径。衢州市认为，道德建设需要理论指导，更需要有道德楷模，需要榜样的引领，因此在道德建设中必须十分重视以典型的力量来引领公民道德建设。他们认为一个道德楷模的确立和成功宣传，对于提升一个城市的社会风尚和道德水准具有事半功倍的效果。衢州在道德建设上的一个重要经验就是成功塑造了一批具有时代意义的"平民英雄"，开拓了一条典型塑造的新路径。

1. 从普通人中间发现典型

令人感动的道德故事每时每刻都在发生，有太多的大爱德行值得我们去发现、挖掘和宣传。从哪些人中间去发现典型？这是一个值得深思的问题。衢州的看法是人民群众是道德实践的主体，是道德实践的创造者，是社会主义核心价值体系的践行者，抓好道德实践创新，必须面向最广大人民群众，充分发挥他们的主体作用；衢州的做法是"眼睛向下"，积极发现平凡中的不平凡，挖掘普通人的"闪光点"，推崇基层中的"凡人善举"，褒奖群众身边看得见、摸得着、学得到的"平民英雄"。衢州的"最美"群体无一不是普通群众。"最美爷爷"是普通农民，"最美教师"是普通的小学老师，"最美护士"是普通的医院护士，"最美干部"也是普通的乡镇干部。恰恰因为他们普通，才能更好地发挥榜样的作用，彰显道德的力量。因为人民群众会发现榜样并不遥远，榜样就在身边，榜样可亲、可近、可学。正如衢州市领导同志指出："当今社会需要什么样的榜样？从我们的实践看，只有来自老百姓身边的先进人物和感人事迹，才有说服力、感染力和生命力，才经得起实践和历史的检验。"①

---

① 赵一德：《珍惜维护擦亮"最美衢州人"金名片》，《衢州日报》2012 年 1 月 13 日，第 5 版。

2. 面向现实生活提炼典型

从普通人中间发现先进典型的路径使衢州涌现出一批"平民英雄"。接下来的问题是向这些"平民英雄"学习什么？这就涉及一个提炼典型的问题。衢州市在此方面摸索出了新的经验。他们认识到在以往的宣传工作中存在一些误区，例如把先进典型塑造成不食人间烟火的"高大全"。这些典型固然十全十美，但却远离普通群众，且抽象呆板。就像邓小平曾经指出的那样："宣传好的典型时，一定要讲清楚他们是在什么条件下，怎样根据自己的情况搞起来的，不能把他们说得什么都好，什么问题都解决了。"①

衢州的做法是始终坚持平民化、生活化的路径，关注并放大生活中的真善美，努力挖掘先进典型身上蕴涵的朴素价值观，成功塑造了一批可亲可学的典型形象。比如，对于"最美爷爷"占祖亿，强调他"一辈子做好事的老农民"形象；对于"最美干部"周言松，突出他"一辈子扎根基层为民服务"的可贵精神；对于"最美教师"群体，不仅宣传他们的救人事迹，而且报道学校的科学管理和人文关怀，同时凸显其中朴素却具有道德高度的语言，如"我们学校没有大楼，我们也不是大师，但我们不可以没有大爱""家长不能当老师，老师就来当家长""一个都不能少""不嫌弃、不抛弃、不放弃"。这些源自现实生活的先进典型非常生动、形象和鲜活，具有很强的感染力。

3. 立足群众视角宣传典型

发生在平凡之中，体现于危难之际的"最美"典型涌现出来之后，衢州市立即组织开展"学最美爷爷　倡文明新风"和"学最美教师，

① 《邓小平文选》第 2 卷，人民出版社，1994，第 316～317 页。

做一个有爱心、有责任心的衢州人"等宣传学习实践活动。在活动中，强调贴近实际、贴近生活、贴近群众，以群众观点、群众语言、群众视角组织宣传报道，把先进典型最可爱、最平实、最纯正的东西展现给人民群众，把抽象的道德要求转化为可信、可亲、可学的先进典型；同时积极引导人民群众向身边的"最美"典型学习，做一个负责任、有爱心、讲奉献、有道德的人，真正让先进典型宣传入耳、入脑、入心。从调研中可以看到，学习"最美"、践行"最美"、争做"最美"正在成为越来越多衢州人的自觉行动，并显现出从"最美典型"到"最美群体"，再到"最美衢州"积极演化的态势。

衢州市"平民英雄"群体的涌现及其在道德建设中所发挥的标杆作用表明：第一，公民道德建设和社会主义核心价值观的培育不能仅仅停留在口头上、会议上和报刊上，关键在于真正落到实处，落实到广大人民群众的日常生活之中，落实到每一个人的实际行动之中。要完成这一任务，就必须坚持群众路线，眼睛向下，扎根生活，通过持续不断的社会化、大众化、日常化过程，将价值观念和道德规范转化为社会公德、职业道德、家庭美德和个人品德，最终内化为公民的内在信念和自觉行为。第二，从平民中寻找英雄，从平凡中发现伟大。伟大和平凡之间并不存在不可逾越的鸿沟，伟大往往出自平凡。先进典型来自群众，他们本身就是群众的一员。"最美现象"说明，从身边的小事做起，从本职工作做起，遵守工作和生活的基本道德规则，就能成为一个有道德的人。他们的伟大并不表现为惊天动地的壮举，而是由平凡细小的事例汇集而成的。但是，先进典型的表率作用一旦变成广大人民群众的自觉行动，其改造世界、创造时代的力量将是巨大的。

（四）基本保障：全面完备的体制机制

世界上没有无缘无故的爱，也没有无缘无故的恨。"最美"群体

在衢州的集中涌现有其内在的根源和土壤。在核心理念层面可以说是社会主义核心价值观的自觉引领，在具体行为方面可以说是先进典型的高尚品德，在文化传统方面可以说是对儒家文化精华的自觉继承。除此之外，还有一个重要的层面，即体制机制层面。一个完备的体制机制，可以在很大程度上推进人们对社会主义核心价值观的坚定信念和对公民道德规范的自觉遵守，进而保障人民民主、自由、平等的权利，维护社会公正、法治、和谐的环境，激发人们爱国、敬业、诚信、友善的精神。衢州充分意识到制度建设的重要意义，将制度建设放在优先位置，建立了一套全面完备、运行高效的体制机制。正是由于衢州具有了较为完备的体制机制，才保障了"最美"现象不断涌现，且呈现星火燎原之势。

1. 深入发掘"最美"背后的体制机制因素

文化学的研究表明，在一种文化形态中，核心理念处于最内层，具体行为及其产物处于最外层，在两者之间，还存在一个制度的层面。相对于具体的行为，制度层面处于隐含的位置，看不见、摸不着，却实实在在地影响乃至决定着具体的行为。比如，"最美教师"的感人事迹就存在一个偶然中的必然。就事件的触发因素（煤气中毒的发生）而言是偶然的，但"最美教师"成功救人则蕴涵着必然因素。假如老师不了解学生的家庭情况，假如老师不知道学生家长的电话，假如老师不知道学生的家庭住址……这一系列假如，如果有一项成真，那么"最美教师"事件就不复存在。"最美教师"的出现，恰恰是因为这一系列假如都不是真的。而决定这一切的，则是学校较为完备的管理制度。其中最直接的是建立了"十大知晓学生档案"。这"十大知晓"是：知晓学生的出生年月，知晓学生的家庭背景，知晓学生的成长和学习经历，知晓学生的上下学路径、交通方式和目的地，知晓学生的学习情况，知晓学生的健康情况，知晓学生在学校的朋友，知晓学生的特长和兴趣爱好，知晓学生的饮食喜好，知晓学生最适合的教育方式和最忌讳的教育方式。

2. 大力完善推广激励和保障制度，确立长效机制

衢州市在道德建设过程中，高度重视制度建设，着力推动长效机制的形成。他们认为道德建设的成果要保持、巩固下去，必须物化、转化、具体化，成为法律法规、单位规章、村规民约和风俗习惯，细化为可操作的规则和要求，渗透到工作、生活的方方面面，这样才能为人们所遵循，才能在现实生活中根深叶茂[①]。为此，衢州一方面采取多种形式建立社会各界扶持"道德模范"的长效机制，不断营造"好人有好报"的浓厚氛围。政府部门发挥职能作用，在生活、工作上对"道德模范"予以帮助；金融机构出台政策支持"道德模范"开展自主创业；各文明单位与"道德模范"长期结对帮扶。另一方面，设立专门基金及制定相关政策，专门帮扶有困难的"道德模范"。比如专门设立了见义勇为基金和好人基金，确保不让"英雄流血又流泪"，激励人们崇尚美德、弘扬正义之心。

衢州的实践表明，道德建设这个宏大命题要真正"落地"，必须狠抓制度建设，使抽象的价值观念细化为可操作的规则要求。只有如此，道德建设才能够生根发芽、茁壮成长。

（五）核心推动力：全方位多角度的立体宣传

马克思曾经指出："但是理论一经掌握群众，也会变成物质力量。"[②]衢州市对此的解读是：宣传也是生产力。在他们看来，那些

---

① 参见诸葛慧艳《道德建设的"衢州实践"》，《浙江日报》2012年5月7日，第14版。
② 《马克思恩格斯文集》第1卷，人民出版社，2009，第11页。

发生于平凡之中、体现于危难之际的道德行为，是我们这个时代最为宝贵的精神财富，也是全面推进衢州经济和社会建设的最为强大的精神力量。对道德楷模的有效宣传，将积极引导人们在学习典型的过程中美化心灵，在主题教育中升华认知，在价值提升中凝聚共识，所有这一切，最终将转化为衢州人内化于心、外化于形的自觉行动和工作动力。

1. 以高度的自觉意识发现和推广道德楷模

如何从众多的先进事迹中选择最具典型价值的事迹予以重点宣传，这是宣传工作首先遇到的问题。衢州的做法是重心前移，以高度的自觉意识和敏锐的判断力去发现和推广道德楷模。比如，他们在众多社会新闻中发现了"最美教师"的典型价值，并在第一时间邀请国内各大媒体记者采访，新华社、人民日报社、中央电视台、浙江日报社等媒体纷纷报道，《新闻联播》和《新闻1+1》专题报道，《光明日报》连续刊发8篇文章，短短一个月的时间，"最美教师"就震撼衢州、感动浙江、传播全国，成为舆论关注的热点。

与此同时，他们也非常注重发挥本地媒体的特有优势。外来记者由于时间紧，对当地情况不熟悉，从而难以作系统深度报道。因此，组织本地媒体撰写反映全面、富有深度的系列新闻稿，就很有必要。《衢州日报》为此曾连续发表了三篇"学最美教师"、践行社会主义核心价值体系的述评文章：《衢州：被空前聚焦》《衢州，何以被聚焦》和《衢州：聚焦之后》，系统回顾和阐述了衢州的"最美群体"是怎样被聚焦、为什么会被聚焦和被聚焦之后怎么办的问题，产生了非常好的宣传效果。

2. 以全方位、多样化的立体宣传模式营造道德风尚

衢州的道德建设之所以走在全国前列，和宣传思想工作发展创新

分不开。衢州的宣传思想工作大胆探索、勇于创新，开创了一种全方位、多样化的立体宣传模式。不再是宣传部门单方造势，一家独唱，而是发挥网络、手机报等各类型媒体多声部合唱，宣传部门担当引导角色，各类媒体密切配合，形成全方位、多角度、立体化、多载体的新型的宣传格局。主要方式有：第一，媒体宣传扩大道德影响力，本着"全媒体聚焦，力求感化人心"的原则，发挥新闻舆论的主渠道作用。在市内媒体重要版面、黄金时段，开设"最美衢州人"等专题栏目，报道百姓身边的好人好事。邀请全国主流媒体到衢州采访，推动"最美"精神走出衢州，走向全国。第二，社会宣传增强道德感染力。开展创先争优"闪光言行"展示评选活动，推出衢州群英谱，启动"最美衢州人"十大人物评选活动，举办创先争优群英会，展示新时期党员干部"最美形象"，掀起崇尚先进、学习先进、争当先进的热潮。组织文艺工作者创作了一批反映"最美衢州人"的文艺作品，以群众喜闻乐见的形式再现道德楷模的先进事迹。第三，互动宣传增强道德震撼力。通过新闻发现、现场播报、现场感言、微博互动等形式，使"道德楷模"的先进事迹给人民群众的心理形成震撼，从而使他们自觉向先进典型学习。第四，网络宣传扩大道德传播力。着力打造"文化三衢·书香网络"品牌，依托重点新闻网站加大网上主题宣传、成就宣传和典型宣传的力度，如衢州新闻网《看见》《劳模的价值观》等系列报道，用身边的人和事教育身边的人，形成了昂扬向上的网上主流舆论，受到了网民的广泛关注。

3. 以从下到上的群众路线打造核心价值观念

对于宣传思想工作来说，存在一个立场和方法的问题，即为谁而宣传和以怎样的方式来宣传。衢州市在此充分继承了我们党的群众路线并有所创新。他们始终坚持人民群众是宣传思想工作的服务对象、依靠力量和最终评判者。他们强化百姓视角，将话筒和笔墨投向群

众，从群众中发现典型人物、提炼典型人物的价值。同时注重发挥群众的主动性和创造性，引导他们以主人翁的身份参与到道德建设的事业中来。

衢州宣传部门每当推出重要举措时，总是将群众接受的因素考虑在内，并且从实际出发，因地、因时采取相对应的措施，在措施和群众之间建立起一个个"链接"，从而使相关活动可以有效地影响普通群众的内心，这也是衢州从实践中摸索出来的经验之一。比如，在对"最美"典型的宣传过程中，衢州始终注意让最广大群众积极参与进来，以各种形式将"最美"感人事迹传达到人民群众中间。在组织开展"学最美爷爷，倡文明新风"学习评议活动中，精心组织市作家协会、学校、医院、交警、建行、公交公司、出租车行业和社区代表座谈交流，来自社会各界的代表畅所欲言，谈心得体会，谈经验和建议；会后代表们将活动精神及时传递到各条战线，通过他们的精心讲述和积极行动，各界争相开展了向"最美爷爷"学习的热潮，并在实际行动中积极推广。

再如，在"做最美衢州人——我们的价值观"大讨论活动中，就把道德实践活动推进到价值观层面的公众讨论，充分发挥人民群众的主动性。围绕"我们需要什么样的价值观""什么样的价值观最能体现衢州人的精神追求"，各行各业纷纷行动起来，以各种形式"为最美衢州人画像"。学生们在主题班会上畅谈理想和追求，社区居民办起了好人好事"群英会"，乡里乡亲修订了村规民约，工会、团委、妇联、教育、卫生等部门评选了身边的道德楷模，各自提炼富有内涵的价值观。据不完全统计，衢州各地围绕"做最美衢州人——我们的价值观"共举办各类学习讨论820余场（次），直接参与者达到42万多人。市委宣传部还组织实施了万人问卷调查，共回收有效问卷8762份。经过"认知—实践—提升"这样几个循环，最后提炼确定的衢州人价值观核心词"诚信、责任、仁爱、奉献"，集中体现了衢州人民的精神风貌，凝聚了衢州社会道德的主流，具有深厚的社会基础，得到了最广大人民群众的认可，彰显了"当代衢州人的价值观"。

衢州市公民道德建设之所以能够走在全国的前列，在很大程度上得益于其全方位、多角度的立体宣传模式。这种新型的宣传模式在公民道德建设和构建社会主义核心价值体系工作中发挥了核心推动作用。衢州市宣传工作的实践经验表明，在推进公民道德建设的宣传中，一定要处理好内容、形式之间的关系。首先，内容贴近生活、贴近群众是核心。公民道德建设的宣传工作只有奠基于广大人民群众生活状态和道德经验，才能够拥有深厚的基础和强大的生命力。其次，形式创新是关键。公民道德建设的宣传工作一定要大胆创新，一定要通过多样化的形式，使道德内容具体化、形象化，才能感染群众，改造其原有的道德认知和认同，形成新的道德认知和认同。

纵观人类文明史可以发现，一个国家、一个社会、一个民族要生存发展，要繁荣昌盛，要以高昂的姿态屹立于世界民族之林，离不开特定价值观念和道德法则的维系。一套稳定而持久的道德观念是方向、目标、理想和信念的集中体现。对于一个人来说，它是使人奋发向上的精神支柱；对于一个社会来说，它是维系社会秩序的坚强纽带；对于一个城市来说，它是体现城市精神风貌的内在灵魂；对于一个具有高度文化自信、胸怀远大理想的城市来说，道德建设必须先行。"最美"衢州堪称样本。

三　对策与建议

从国内外经验可以发现，一些地区借助于某些先天优势高速发展经济，但在这一过程中，一些负面的情况，如生态环境破坏、道德伦

理滑落、社会中个人身心的焦虑与不安等问题，开始慢慢暴露，需要回头再去解决这些问题。衢州市虽然在浙江省属于经济欠发达地区，但具有后发优势，可以在稳步发展的过程中充分借鉴发达地区的经验与教训，探索一条经济发展、道德文明与生态环境三者协调发展的新型模式。衢州在前一阶段取得成就的基础上，应系统总结、深化和推广成功经验，同时在实践中继续新的探索，争取在以下五个方面取得新进展。

（一）打造最美品牌，提升公民道德建设的新境界

衢州市委、市政府坚持以道德文明建设引领经济发展，追求"物质富裕、精神富有"的"双富"目标。前一阶段通过宣传"最美"典型来引导社会价值，弘扬社会正气，并以此作为实践社会主义核心价值体系的衢州模式，取得了丰硕成果。在今后的工作中，衢州各级政府部门应响应十八大报告将"学习宣传道德模范常态化"的号召，继续推动"最美"典型的发现、评选与宣传，将发现"最美"、宣传"最美"、学习"最美"打造成为衢州公民道德建设的品牌。这项工作可从广度与深度两个方面着力。从广度上，既可以市、区、乡镇、街道等各个地方层级为范围，也可以不同行业为单位，继续推动"最美"人物的推荐与评选，从而使"最美"典型的发现、宣传与学习，具有更广泛的群众基础，并产生更大的社会影响力，让每个人都能从身边找到可以学习的道德榜样。"最美"典型的评选与宣传，一方面是在重新追问与提炼这样一个重大课题，即我们这个时代，到底需要一些什么样的道德品质，才能既继承我们优秀的历史文化传统，又彰显新时代的特色；另一方面也是在以社会主义核心价值为导引推动公民道德教育过程中，不断探索、发现与丰富社会主义核心价值的具体展现形式。因此，应当有意识地去寻找平凡百姓身上的

道德闪光点，发掘与呈现普通民众日常生活中可贵的道德品质，从而更贴近普通百姓的学习、工作与生活。

1. 在"最美"人物的评选中，除了关注"舍己救人""见义勇为"等特殊事件中涌现的道德模范与感人事迹以外，更应注重发现在百姓的日常生活中的凡人善事

在家庭关系、邻里相处与学习工作中，普通人应该坚强面对生活的困难，坚守自己的责任与信念，对身边人付出关心与爱心，并在此承担与付出中同时享受爱与生活，并拥有更为丰富与充实的内心与人生。所以应当在不同行业领域与社会角色中，挖掘道德典型与道德模范，从而让"最美"典型更加多元化。而注重发现与宣传社会日常生活中的道德典型，可以启发普通百姓在每个人的生活中找到道德实践的落脚点，并意识到关心、关爱他人的行动，并非只是单向的付出，也会令自我的内心不断充实与丰富。而在日常生活的道德实践中不断培育与养成的道德，具有更为坚实的基础，并能够为公民服务社会、建设国家提供内在与持续的精神动力与源泉。

2. "最美"典型的宣传与报道应在深度上着力

前一阶段评选出的"最美"人物，往往是因他们在某些突发事件中的道德展现而为我们所知，但通过媒体对他们身边人的采访，我们获知他们在此前的工作与生活中有着大量看似平凡却非常感人的事迹。也正是因为道德践行与他们的工作、生活早已融合无间，进而他们所具有的那些高尚品质，也仅仅被自己视为做人本该如此的人生信念，所以他们才能在危难之中挺身而出，无私奉献，舍己为人。因此，这也启发我们在对"最美"典型的报道与宣传中，应当更加注意细节性、具体性与丰富性，避免空洞化、类型化与简单化。要通过对报道对象全面深入的发掘，全方位呈现"最美"人物个体的道德

信念、价值情感、工作生活，以更贴近群众的报道方式与语言形式，抵达人们内心，并从精神深处引发道德情感的共鸣，激发出人们内心之爱与道德责任感。在报道中也应当以反思的视角，引导人们由"最美"典型的事迹，反观自我的生命体验、生存状态与生活经验，进而对自己之前的道德、伦理、价值感觉，甚至对自我的价值观与人生观进行积极的调整。

3. 在宣传、学习"最美"好人的同时，应当为那些见义勇为、舍己为人的好人提供必要的制度保障与物质帮助

设立好人基金的做法，非常值得推广。除了对那些因见义勇为而受伤、致残甚至付出生命的好人及家属，给予医疗等社会保障与经济援助以外，还要对那些利用自己有限的资源帮助他人的好人，给予经济与政策上的协助，让他们由原先尽一己之力的"好人行动"，发展成为能有更多人参与的"好人事业"。此外，好人基金的设立与宣传，既可以让社会中更多的人以捐款捐资或亲身参与的方式加入"好人事业"当中，也可以让见义勇为者免去后顾之忧，为人人争做好人营造积极良好的社会氛围。

前一阶段，衢州市委宣传部推动了"为最美衢州人画像"的价值观大讨论，并经过问卷调查、群众辩论、专家研究讨论等环节，最终提炼出"诚信、责任、仁爱、奉献"作为最美衢州人价值观核心词。如何让这些价值核心词所体现的道德理念，在衢州群众心中扎根，在行动中落实，则需要以具体的道德实践来不断充实其内涵。建议衢州市进一步开展"如何践行衢州核心价值观"的主题活动，推动社会各个行业领域，对于如何立足于本行业、本领域的特点，将衢州核心价值观具体落实到日常工作当中展开讨论。并且，要将此项活动与职业道德教育相结合，由讨论"什么才是本行业的最美行为"，进而落实到"人人争做行业最美"的工作实践之中，引领与带动各行业的道德风气。最终，可将讨论成果与实践经验加以总结提炼，制定出本行业的道德行为手册，从而将抽象的道德原则落实到日常工作的具体行为当中。同样，也可以类似的形式进行社会公德的宣传与教育，开展"最美市民"的社会讨论，以及"争做最美衢州人"的主题实践活动，进一步充实与完善社会公德的行为准则，并推动市民将其落实在具体生活实践之中。

价值观的社会讨论，可以引发人们的道德意识与道德自觉，帮助人们厘清道德领域的思想困惑，提高人们明辨是非的判断能力，"弘扬真善美、贬斥假恶丑"。特别是对于成长中的中学生、大学生来说，通过对不同价值观在社会中的展现形式展开辩论，是进行道德知识学习、培养道德认知能力的重要方式，可以作为衢州道德文明建设的一项长期工作继续深入开展。

4. 在价值观讨论中，可以更为关注在经济发展与社会转型中不断出现的最新的社会、道德、伦理问题

要关注和讨论个人所遭遇的道德困境、道德焦虑，以及人生困惑与价值选择。在讨论中，如果能够真实贴近、扣紧群众现实生活中的道德问题，将会在群众中引发更积极的反响与参与热情，并能产生更好的教育效果。同时，通过这些讨论，负责道德文明建设与宣传工作的各级工作人员，也能及时了解群众在道德领域中遇到的新问题、新困惑，从而及时给予更有针对性的价值引导。

学校教育在公民道德建设中处于至关重要的地位。青少年是人生观与世界观逐渐形成确立的重要时期，也是生活习惯、道德品质与价值情感培育与养成的关键阶段。随着经济转型带来的家庭结构的变化，独生子女、留守儿童、单亲家庭、隔代教育等社会情况，对于家庭教育带来了很大冲击。一些青少年往往无法通过家庭教育养成较好的道德行为习惯，反而产生"以自我为中心""社会疏离感"等性格偏弊，

这就使学校教育在育人方面要承担更多的责任。

目前，衢州市全面启动了以未成年人思想道德建设为核心的"春泥计划"。在学校教育方面，衢州市教育主管部门应尝试探索与逐渐改变以升学、考试为价值导向，以知识传授为主要功能的教育理念，转而更为注重学生人格的养成与道德性情的陶冶。要倡导以品格教育为主导的办校理念，推动各个学校根据自身情况制定执行品格教育的具体措施办法，并将推动品格教育的成效作为学校教学质量测评的重要指标。在学校教学中，要通过课程学习、主题班会、板报班刊、学校活动（如征文、演讲、辩论等）、社会实践、亲子互动等多种形式进行品格教育，以提升学生的道德品格来带动知识技能的学习。

5. 学校还应当注重生命教育

特别是针对暴力、性、沉迷网络游戏、吸毒、犯罪、自杀等社会问题，帮助学生形成正确的认知与分析能力，以免误入歧途。品格教育还应当根据学生不同成长阶段的特点，进行内容与重心的调整，对于小学、初中的学生，可以侧重于个人学习生活习惯的培育，基本道德伦理规范的养成，人际交往、互助、合作能力的培养；对于高中生、大学生，则应加强理想信念教育，重在树立正确与积极的世界观与人生观，培养公民的道德意识与社会责任，培育针对各种社会现象进行独立思考与是非判断的能力。教育部门应组织专家学者，针对不同年龄段学生的特点，编制德育教材读本与安排德育课程。要开展品格教育，特别应注意切近学生实际学习生活与时代特点，引导学生从孝顺父母、关爱同学入手，从身边人、身边小事做起，重在落实与践行，避免空洞化与观念化。学校可根据自身条件，组织学生参与社会公益服务活动。在道德实践中，要培养学生的人格品质，锻炼与提高学生待人处事的综合素质与能力。学校可在每周选择一天定为"品德日"，鼓励学生进行道德自省，相互交流，及时发现与矫正自我的行为偏差。

　　此外，对学生进行品格教育，教师在日常教学工作中的身教发挥着潜移默化的巨大作用，这就对教师自身的道德修养与职业素质提出了较高的要求。衢州陈霞、姜文、江忠红三位"最美教师"的事迹，不仅体现出他们尽职尽责、忠于职守的敬业精神，还体现出他们乐于奉献、关爱他人的高尚品德。衢州应当承续前一段时间宣传学习"最美教师"所营造的良好氛围，在全市学校教师中间普遍开展旨在全面提升教师道德素养的学习创建活动。学校对于学生在道德规范方面的要求，教师必须首先做到，并为学生作出表率。教育部门应定期组织中小学校长、老师进行品格教育的进修培训与交流研讨，对于好的经验应及时总结，并积极推广。

（二）增强文化自觉，开拓公共文化服务与文化产业发展的新局面

　　党的十七届六中全会以来，衢州市认真贯彻落实"深化文化体制改革，推动社会主义文化大发展大繁荣"的战略部署，大力推进文化强市的建设。党的十八大报告指出："文化是民族的血脉，是人民的精神家园。全面建成小康社会，实现中华民族伟大复兴，必须推动社会主义文化大发展大繁荣，兴起社会主义文化建设新高潮，提高国家文化软实力，发挥文化引领风尚、教育人民、服务社会、推动发展的作用。"因此，要"坚持把社会效益放在首位、社会效益和经济效益相统一，推动文化事业全面繁荣、文化产业快速发展"。考察组认为，衢州市应当充分发挥其作为国家历史文化名城的地方文化优势，作为国家园林城市、国家级生态示范区的自然生态优势，增强文化自觉，继续推动历史文化遗产保护，提高公共文化服务水平，大力促进文化产业发展。

1. 推动历史文化遗产保护

衢州作为历史文化名城，其所属市、县、区，保存着大量的历史文化古迹，应当以恢复历史文化记忆为宗旨，对这些历史文化建筑、文物遗迹、名人故居、特色街巷进行整修、复建，并将保护与开发相结合，使其具有古迹文物展示、历史变迁介绍、地方文化呈现、传统文化教育等综合文化功能。例如，南孔家庙即可建设为集研究、展示、普及、学习儒家传统文化多种功能为一体的教育基地与研究中心。与历史文化古迹的保护与复建相配合，还应当对地方文史、人物、传说、典故、老照片进行调查、访问、纪录、整理等工作，并最终做好编辑与出版工作。这不仅有助于恢复城市历史文化记忆，并且对于古迹的整修与复建、文化功能的开发与充实，都具有直接的作用。

在加强历史文化古迹保护的同时，也应注重城市新景观的规划与设计，如将临江地带打造成集休闲娱乐、文化健身等功能于一体的生态绿色长廊，营建会集地方特色小吃、地方特产的夜市与形象商业区，及能够展现城市形象的新地标建筑与文化景观等，从而使传统与现代能在同一座城市中达到有机融合。

历史文化记忆的恢复与历史空间的活化，还有赖于对非物质文化遗产的保护与传承。对于能够展示地方历史文化特色的庙会祭典、节庆风俗、传统习俗、戏剧表演、民间技艺等优秀民间民俗文化，应当深入发掘、保护与利用，将其打造为地方特色文化品牌。目前，衢州市共有 207 项列入各级非物质文化遗产名录，应当依类别采取不同的保护与利用形式。对于节庆民俗类的民间音乐、戏曲、舞蹈等表演形式，可作为旅游资源开发的重点项目予以保护与发展。在传承过程中，要重视发展与创新，鼓励传承人以传统艺术形式表现新时代与新内容。对于民间美术、手工技艺，可作为当地的文化产业进行开发与推广。对于一些简单手工技艺类的非物质文化遗产,可在中、小学手工劳动课程中,邀请"非遗"传承人教授学生亲自动手实践,以达到"非遗"的普及效果。政府对当地非物质文化遗产的保护,除应给予必要的宣传推广、资金支持与方向指导外,还要积极鼓励当地年轻人向"非遗"传承人拜师学艺,从而使这些文化遗产可以薪火相传、延续不绝。

衢州在推动历史文化名城规划与建设的过程中,要特别注意借鉴与吸收国外在历史文化名城保护方面的先进经验,一定要避免由于过度开发、过度商业化而带来的对原有历史文化氛围的侵蚀与破坏。

2. 提高公共文化服务水平

随着社会经济的发展,广大群众对于精神文化的需求日益增加,只有不断提高与完善公共文化服务体系,才能满足群众的文化需求,培育地方文化创造力,推动地方文化持续发展。衢州在公共文化服务领域,可从以下几个方面继续着力。

第一,在公共文化设施建设方面,应当建立更多集剧院、音乐厅、电影院、展览馆等功能于一体的综合文化艺术活动中心,邀请国内外的著名演出团体及艺术家来衢州演出。为提高群众观演热情与欣赏水平,应当配合演出活动,举办专题讲座及艺术家与观众的互动交流活动,并可通过高雅艺术、民族艺术、传统艺术进校园的活动,在青少年中间培养出固定的观众群体,这对于民族传统艺术文化的传承,促进衢州文化事业发展,都会产生深远的影响。同时,也应将这些文化设施向社会开放,使它们成为群众开展文化活动的空间与表演、展示的平台。在博物馆、体育馆的建设方面,要特别注重这些设施的有效综合利用。例如,利用博物馆的临时展厅,可不定期推出具有特色的临时展览,并举办文物鉴定、历史文化方面的专题讲座。在体育馆长期举办各种体育、健身的培训课程。此外,在城市规划与改造中，还应当以社区为单位，设置公共文化空间，和其他可供开展文化艺术活动及学习、研究的相关配套设施。在这些公共文化设施中，应设计便于残疾人出行的无障碍空间与通道，以体现整个城市的人文关怀。

图书馆是百姓获取科学文化知识，经由自主学习不断提升自我的重要文化场所。因此，公共图书馆建设是地区公共文化服务的一项重要内容。衢州市为解决农民读书难的问题，在全市农村建立农家书屋，取得了很多成绩。考察组认为，要长期有效地解决农村地区读书资源匮乏的问题，实现城乡公共图书资源普遍、均等、优质的发展目标，应借鉴国内外一些地区的经验，逐步建设城乡一体化的公共图书馆总分馆网络体系。以市（县、区）图书馆为核心，以乡镇分馆为纽带，以村（社区）图书流动站和图书流动车为基础，实现市（县、区）、镇（街道）、村（社区）三级公共图书资源网络的全面覆盖。例如，浙江省嘉兴市采取政府主导、统筹规划、多级投入、集中管理、资源共享的发展模式，构建完成城乡一体化的总分馆运行体系，即在全市图书馆总分馆体系中，乡镇分馆的建设与运营，由市、区、镇三级政府共同投入。乡镇分馆的建设与运营经费、业务活动、人员配置均由总馆进行统一管理与考核。这样一方面可以保障城乡图书馆服务水平实现均衡化发展，另一方面也可最大限度地实现公共图书资源的共享与一体化。这些在公共图书馆服务建设模式方面的成功经验值得借鉴与学习①。衢州在公共图书馆的建设方面，可采取由城区分馆的探索，逐步向乡镇分馆辐射的渐进发展模式，最终形成以城带乡、全面发展的整体局面，并应在发展过程中，结合本地情况，不断创新管理与服务模式。

---

① 有关嘉兴市在公共图书馆建设方面的经验，中国社会科学院哲学研究所国情考察组曾于 2010 年 5 月亲赴实地展开考察，考察成果参见刘悦笛主编《公共文化服务的"嘉兴模式"》，社会科学文献出版社，2012。

　　针对一些乡镇文化站投入不足、运转困难、设施老化的问题，应加大政府财政投入力度，加强乡镇公共文化站、村级文化活动中心（室）建设，并与市（县、区）文化馆形成网络联动。也可充分运用现有机关、学校、企业内部的体育、文化、图书设施与资源，采取有条件向社会公众开放的方式，实现资源有机整合与高效利用。对于基层文化人才数量不足、结构不合理、专业素质低的问题，应根据文化服务人口比例，给乡镇综合文化站配备专职文化工作人员。要实现基层文化人才年轻化与专业化，对地方公益性文化单位及基层文化站工作人员应进行专门培训，并定期开办各类进修课程班，不断提高基层公共文化服务骨干队伍的整体素质。

　　第二，衢州市深入推进文化惠民工程，在全省率先启动农家乐文化大篷车，至今演出1000余场。针对一些地区仍存在有效供给不足，许多文化活动与群众欣赏习惯、兴趣爱好和文化层次不相适应的问题，建议在组织文艺下乡活动之前，通过调研工作切实了解群众需求，从而做到有的放矢、按需供给，提供有针对性的文化服务。

　　欲从根本上解决基层文化活动内容单纯，缺乏时代感、没东西可看的问题，还需不断完善文化创作机制，鼓励文艺创作者深入基层，了解经济转型、社会发展过程中广大群众在社会生活、工作学习、人情交往中出现的新现象、新问题、新困惑、新苦恼，并针对这些现象与问题，采取多种多样的文艺表现形式，创作出更为丰富的精神文化作品，同时给予群众正向的引导与启发。也可将文艺下乡与文艺采风相结合，通过与当地百姓的直接接触与互动，获取创作灵感。

　　此外，欲解决基层文化活动形式老套，吸引力不强的问题，则需逐渐由"送文化"转变为"种文化"，根据当地历史文化传统与特色，以及群众的兴趣与爱好，帮助群众组织建立如歌舞、戏曲、器乐、曲艺、体育等各类基层文化娱乐活动团体，使广大群众成为文化活动创造的主体，并努力打造民间文艺品牌，培养乡土艺术家。基层

政府对于群众文化团体，应在活动场地、表演平台等方面提供必要的支持，并派专业文艺工作者给予相关指导，从而让文艺活动能够在基层生根发育。

第三，衢州将"建设学习型城市"作为一项文化发展目标，通过设立"全民学习日""全民读书周"，营造全民学习的氛围。建议政府宣传部门本着终身学习的理念，采取多种方式，激发群众读书与学习的热情，并提供相关帮助与指导。例如，通过书展、书市为群众购书提供方便；通过主题宣传活动，对于解决如何有效利用公共图书馆资源的问题，给予必要帮助与指引；通过在报纸中设立读书版面，在广播、电视节目中开办读书栏目等方式，为群众及时提供新书、好书资讯，激发群众的阅读兴趣；倡导阅读经典、名著，利用人文讲堂等平台，邀请海内外专家学者、作家艺术家，开办传统诗词鉴赏、传统经典细讲、中外名著导读等专题讲座，并可录制成电视精品节目，打造新的电视文化品牌；利用电视、广播等传播平台，针对不同社会群体的文化需求，推出一系列高品质的文化节目；创办特色网站，为群众阅读与学习，提供综合信息服务；等等。

此外，在公共文化服务方面，还应通过制度创新，在政府主导下，广泛吸纳社会各方面资金力量，如鼓励个人或企业兴办图书馆、博物馆、美术馆、艺术工作坊、传统文化书院等，推动形成公共文化服务供给主体多元化的新格局。

3. 大力促进文化产业发展

公共文化服务与文化产业相互依赖、关系密切，因此在推动公共文化服务水平不断提高的同时，必须大力发展文化产业，以形成两者的联动发展、相互促进。建议衢州市结合自身特点，以振兴地方经济、推动地方文化建设为目标，兼重文化与经济价值，从生态文化旅游、艺术品制作、特色文化产品生产等方面，推动地方文化产业化发展。文化产业的发展也将有助于衢州重建地区经济生态，发展地方文化特色，缩短城乡差距，创造就业机会与吸纳专业人才。

第一，充分发挥历史文化积淀深厚、山水生态保护良好的地区优势，大力发展生态文化旅游。应将钱江源、乌溪江、江郎山等生态景观带，建设成为生态环境保护中心、科普教育和休闲旅游基地。通过自然生态环境、历史人文景观、地区风俗人情、地方生活美学的综合呈现，满足旅游者对观光品质的深层次需求。对于历史文化街区、古镇文化的开发利用，还应注意地方日常生活中传统因素的再生，如传统商业、手工技艺行业、特色饮食小吃、民俗文艺的恢复，将有助于营造地方文化独特的生活氛围，对观光者产生更大的吸引力。此外，也应注意将地方文化特色与元素，注入餐饮食宿、休闲娱乐、地方特产营销等配套服务产业当中。

第二，地方特色艺术品的制作生产，有别于以追求商业利润为最大目的的标准化批量生产形式，而是依托地方历史文化传统、文化生活气质、人文精神内涵，强调艺术家独特的创意与想象力。特色艺术品如开化根雕、常山石雕等产业应当通过不断探索创新，使其艺术品创作展现出更为丰富与多元的历史文化内涵与地方文化特色。

第三，对于龙游造纸印刷、江山羽毛球等衢州特色文化产品生产业，应当通过技术创新，不断提高产品质量，并积极拓展国内外市场。

（三）创建城乡社区新风貌，促进基层社会生活共同体的培育与发展

伴随中国经济发展与现代化进程，社会结构也处于新旧转型当中。我们看到西方现代化进程花了一二百年的时间，社会变迁与经济发展之间可以有较长时期来相互协调、逐步展开，新旧观念的转换与

交替也可以较为缓和的方式在不断调试中推进，这就让在社会中生活的人有一个逐渐适应的过程。但是，由于我们经济发展与社会转型的速度非常快，难免会出现个人因不能很快适应发展变化而产生身心的焦虑与不安，一些新的社会问题也不断出现：伦理危机、道德滑落；城乡差距加大；农村青壮年大量外出打工，导致劳动力与人才的流失；留守儿童与独居老人无人照顾；生活品质与幸福感下降；公民意识的欠缺与群众参与公共事务的积极性不高；邻里关系的冷漠与人际关系的疏离；社会生活归属感缺失；等等。如何有效应对与解决这些社会问题，从而在社会结构转型过程中，重建基层社会生活共同体，完善基层组织与教化的社会功能，提高公民道德文明素养与生活幸福感，是当前亟待解决的重要课题。

衢州市可以由城乡基层社区推动，开展以"创建社区精神新风貌、营造幸福生活共同体"为主题的整体创建工程。社区介于国家与家庭之间，既是政府行政管理的基层组织，也是人们参与社会生活的基本单位。基层社区生活共同体的创建，可以承续传统熟人社会所具有的互助与协作功能，满足人们寻求归属感的社会心理需求，并通过参与社区事务，培育公民的社会参与意识与能力。因此，城乡社区生活共同体整体创建工程，旨在改善社区生活环境，增进社区居民的人际交往，增强社区认同感、凝聚力，提高公民的社会参与意识和道德水平，培养基层社会创新活力，丰富社区文化生活，提升群众生活品质与幸福指数，进而达到改造生活经验、创造生活世界的目的。整体创建工程应涵盖社区日常生活的各个领域，包括社区环境美化，社区文化艺术培育，社区学习，扶老育幼、助残帮困等社区福利，社区综合志愿服务，社区民情与民意调查，社区公共事务参与等多项内容。

具体内容可包括：

第一，社区生活环境的美化与保持。针对城市社区中公共空间乱堆私人杂物、宠物随地便溺，农村社区环境脏、乱、差，院内干净、院外杂乱等情况，通过社区公共空间卫生责任分片、各家轮流负责、组织卫生评比等形式，增强社区居民保护环境的责任意识，让人人都能参与到保持社区清洁环境的工作当中。

第二，社区文化艺术培育。根据本社区的具体特点与社区居民的文化需求，以社区文化站为载体，组建社区文化团体，开展如社区运动会、社区舞会、音乐会、游艺竞赛、传统技艺表演、歌唱比赛、绘画比赛等各项文体、休闲、娱乐活动，营造社区文化艺术氛围，丰富社区文化生活。通过这些活动，增进社区人际交往，改善社区人际关系。对于社区特殊群体，如青少年、残疾人、外地打工人员，也要根据他们的特点与需求，提供相应的文化服务。

第三，社区学习体系创建。开办社区学校，对于子女教育、家庭相处、医疗保健、心理健康、就业创业等居民关切的问题，邀请相关专业人士，以专题讲座、一对一咨询等形式，给予专业指导。有关外语、计算机等专业知识和书法绘画等艺术门类，也可开办学习课程班，邀请专业老师授课，满足社区居民的学习要求。此外，建立生活价值观、培养审美意识与艺术欣赏水平、提高生活内涵与品位、乡土历史文化等人文素质教育，社区技艺、农畜养殖技术等专业知识技能，都可成为社区学习的方向与内容。对于农村社区，也可在外地务工人员大量返乡期间，组织打工经验交流、维权法律指导、亲子互动等活动。

第四，扶老育幼、助残帮困等社区福利。要为空巢独居老人提供送餐、洗衣、卫生保洁等生活帮助；为民工子女、农村留守儿童提供看护照顾与教育辅导等帮助，设立社区小饭桌解决孩子因家长工作繁忙不能按时就餐问题；对于社区残疾人，除给予必要的生活帮助之外，也可结合个人条件，为其在社区就业提供机会；为社区特困家庭提供必要的资金援助与物资援助，可通过设立社区帮扶基金，汇集社会各方援助，并将资金与物资进行合理分配。

第五，社区综合志愿服务。由社区党员义工带头组织成立社区志愿者服务团队，发挥各自的特长，为社区居民提供医疗保健、法律援助、纠纷调解、心理疏导、创业指导等综合服务，并成为社区扶老育幼、助残帮困项目的直接行动者与主力军。社区志愿服务作为公民道德实践的一种日常形式，既可以通过邻里互助，增进社区居民间的感情，也可以改善整个社区的道德风气。

第六，社区民情与民意调查。由党员义工定期走访社区百姓住家，了解百姓生活状况、困难与需求，征询社区工作的不足与改进意见。并可设立服务热线，由专人负责，随时根据百姓的困难与需要，与社区志愿服务团队联动，及时予以帮助与解决。

第七，社区公共事务参与。对于社区管理、规划、设施添置、活动筹办等公共事务，也可组织社区居民共同商议，鼓励大家积极献计献策，并通过民主协商、投票等方式加以决策。这既有助于提高基层群众对于公共事务的参与意识，培养民主参与能力，也可激发社区创意与想象力，增强基层社会活力。

第八，通过社区之歌、社区之花、社区代表物、社区代表景观等形式，展现社区特色与凝聚社区情感。考察组在江山大陈村调研时，曾在现场观看大陈村百姓合唱《大陈，一个充满书香的地方》《妈妈的那碗大陈面》两首村歌。百姓合唱村歌时自然流露出的幸福与快乐，令考察组成员非常感动。在两首村歌的歌词中，包含了大陈村移民的历史、当地重视读书的文化理念与传统、萃文书院等代表建筑与景观、凝聚集体记忆的特产——大陈面等丰富的文化内涵。即使当地的外出打工者，听到或唱起这两首村歌，也定能随时唤起故乡记忆与思乡之情。由此可见，优秀的社区之歌，对于凝聚社区集体情感能发挥巨大作用。

涵盖以上八项内容的社区生活共同体综合创建工程，可由城乡社区、街道等基层党委、政府部门主导，会集文史研究者、城市环境设计者、社会文化学者、医生、律师及文艺工作者等各方面人才，并整合财力、物力及公共文化资源推动展开。在推动过程中，可由社区党员义工带头，并通过成立社区志愿服务团队等方式，发掘社区人才、吸纳社区群众参与，不断拓展壮大群众基础。随着创建工程的深入展开，应在社区党委、政府部门引导下，逐渐让社区居民发挥更积极的作用，并通过社区与学校合作，将社区服务纳入中小学社会实践课程，或通过城乡社区结对帮助乡村社区发展。

以上构想最早来自衢州市柯城区提供材料中有关兰花热线与荷花街道义工联合会报道的启发。当地通过设立兰花热线，增强了政府与基层民众之间的互动，随时征集百姓意见与建议，了解百姓生活上的困难与需求，并及时给予相应解决。与兰花热线相配合，当地由街道党工委、办事处等基层政府部门，组织成立荷花街道义工联合会。由党员带头，建立街道、居民区、楼道三级组织网络，并在楼道设立党员义工先锋岗，采取"实数楼道"网格细化分工方式，定期走访楼道住户，了解需求、反馈信息、结对帮扶，社区义工志愿者利用各自特长，为社区居民提供各项家政服务。此外，开化县创立留守儿童俱乐部，荷花街道义工联合会对社区空巢老人的照顾，江山市以"春泥计划"净化未成年人的成长环境等实践经验，也都非常宝贵，值得借鉴与推广。

（四）弘扬南孔文化，推进传统道德教化资源当代实践的新形态

中国近代以来经历了现代化的巨大变革，在社会构造以及文化面貌上发生了很大变化，但实则传统并未断绝，而是通过语言文字的运用、社会习俗的保存、文化心理的积淀等方式延续在我们当下的生活之中。也正是这些以隐而不显的方式存在的传统，对于我们

的价值感觉、道德理想、美好生活的想象、幸福感的来源起着深层塑造的作用。特别是儒家文化对于理想生活的规划，不满足于个体生活的富足与自由，更为看重社会整体的和谐与安适；个人往往通过对他人的责任与关爱来获得内在自我的充实、饱满，亦通过理智的道德反省与知识探究，不断追求人生境界的提升，并回应时代的挑战。

同时，儒家的礼乐构想是通过一整套具有精神性的日常生活形式，让我们在人与人之间的相处中，获得人生意义的安顿，并在日常生活的礼俗实践中，使道德与价值感得到自然的培育与养成。儒家崇尚仁爱的道德精神、以民为本的政治理念，与社会主义所强调的社会整体的利益和谐，人与人之间互助合作的关系，以及个人的无私奉献精神，正有其相通之处。

其实，儒家传统并非一成不变，而是在持续回应中国历史所面临的挑战中，不断调整、发展与完善，并展现为不同的文化与学术形态。儒家文化的现代化，其实也就是因应当代中国在政治、社会、文化生活等领域的时代特点，在继承发展中探索儒家文化在当代发展与实践的新形态。这就需要我们以充分的文化自觉与深刻的现实理解，在当代中国的语境中，重新激活儒家文化传统的思想资源，为克服与解决人们在精神文化、社会生活等领域中所遭遇的问题，提出新的思路，为丰富人民群众的文化生活提供精神食粮。

衢州作为南孔圣地，对于在新时代继承、发展与弘扬儒家文化传统的宝贵遗产，探索与推动儒家文化的现代化负有历史使命。衢州南孔研究中心、衢州学院孔子研究所、衢州市历史文化研究会等研究机构，应当围绕儒学与现代生活、儒学现代化、儒学道德教化资源的当代实践、儒家与其他地区文明比较等重大理论和现实课题进行深入研究，定期组织国际大型学术研讨会，邀请海内外专家学者就相关议题共同展开研讨，推动儒学传统与当代发展的深层研究与高端对话。

如何在新时代激活儒家道德伦理教化资源与继承儒家礼俗教化传统，是两项非常重要的课题，对于儒家文化的弘扬与发展具有重要意义，期待衢州在这两个方面能够有所推进。

一方面，儒家文化传统特别注重社会伦理道德的培育及个人道德人格的养成。儒家认为从人对于父母、兄弟的自然之爱中，即可确证人性本善的价值信念。孝顺父母、友爱兄弟既是人类最基本、最自然的道德情感，也是个人道德实践的起点，并应终身不舍。因此，儒家强调家庭伦理道德的教育，在孩子很小的时候，即教导孩子懂得孝亲、尊师、友爱兄弟朋友的道理，并在与家人的相处中，培养他们尊敬长辈与关心他人的意识与能力。随着年龄增长，再引导他们将这种对于父母、亲人的尊敬与爱心，推及于师长、朋友，以及天下之人。在当前社会，由于独生子女与隔代教养的问题，孩子往往因受到过分溺爱而形成以自我为中心的性格，在早期教育中，家长也更多地要求孩子学习英语、乐器等知识技能，反而对于伦理道德的教育重视不够。当前，应当弘扬孝亲尊师、仁爱友善的儒家传统美德，深入发掘儒家道德伦理教化资源，并以此充实家庭与学校教育中有关道德教育方面的内容。

另一方面，儒家传统中礼俗教化的形式，可以为我们今天进行道德文明建设提供一些新的思路。所谓礼俗，包括成年礼、婚礼、丧礼等人生礼仪，祭祖、祭孔等祭祀仪式，节日民俗，人际交往与日常生活中的礼仪形式等方面的内容。虽然这些礼俗形式有来自民间的基础，但经过知识分子提炼提升、整齐创新的过程，从而将道德教化的内容注入礼度节文当中，成为一套具有文化内涵与精神性的社会日常生活形式。透过这些礼俗的实践，可以激发人性中最自然的道德情感，并通过恰当的言行方式，让这种情感得到合乎节度的表达。同时在人与人之间，依循社会伦理关系，创造一种充满仁爱与关怀的道德生活，也让个人在这种和谐的伦理关系与人际交往中，获得对生命意

义的定位和身心的安定感，并不断激励内心向上，去创造和拥有充实而饱满的人生。

礼俗教化，不是通过言教宣讲的形式，而是让人们在生活礼俗的实践中，以最为自然的方式，接受道德伦理的教育，明白应当尊重长辈、孝顺父母、友爱兄弟朋友等这些为人处世的基本道理，并通过生活中随时随地的躬行践履，使价值与道德感不断地得到培育与长养，可谓化人于无形。但是，由于近代以来的社会变迁，很多传统的礼俗形式，或被我们遗忘，或不再直接适用于现代的社会生活。这就需要我们深入自己的文化传统，在继承发展中，融合传统精神与时代特点，去创造一些适合现代生活的礼俗形式，使其可以继续发挥传统礼俗的教化功能。衢州市柯城区余家山头村有正月十八出嫁女儿回家看望父母的风俗，当地以"女儿节"申报并入选了省级非物质文化遗产，并依托这一节日民俗宣扬孝文化，这是一个非常好的实例。

由于青少年阶段是个人生活习惯与道德品质养成的关键时期，衢州应当推动将儒家有关伦理道德教育方面的内容，纳入幼儿园与学校的课程学习。在幼儿园、小学、初中阶段，可以偏重《弟子规》中有益内容的学习，应当采取多种多样的学习与实践形式，让学生能够将《弟子规》中所涉及的日常生活礼仪方面的内容，具体落实在自己的学习生活，及与父母、老师、同学的相处之中。在高中、大学阶段则应重视《论语》的学习，老师不仅要能够准确讲解《论语》的文义，更应结合《论语》中涉及立志、为学、待人等方面的内容，将读《论语》与学做人结合起来，让学生在学习儒家经典过程中受到传统伦理道德的教育，这对于引发学生对于人生问题的思考，形成正确的价值观与人生观，都将有极大的帮助。由于这种教学方式，对于授课老师有很高的要求，可事先组织授课老师进修深造，邀请儒学研究领域的专家、学者进行授课。因为推动儒家伦理道德教育需要长期过程与持续展开，故可发动当地退休的中小学语文教师、文史学者，利用寒暑假期在社区学校中为学生、家长开办相关学习课程，扎根社区、从基层培力。

儒家传统中对于道德知识传授的一个重要方式，就是将古圣先贤的教诲，同历史人物好学求知、践行道德的事迹与故事相结合，通过榜样示范的作用，引发人们积极向上的道德情感，并通过效法前贤而将道德知识的学习，应用落实在自己的生活当中。教育机构可以组织相关学者，编辑适合各个年龄段的道德伦理读本，也可将相关内容，制作成电视、电影及动漫短片，在电视台播放，以达到更广泛的普及效果。此外，为帮助人们对于儒家文化进行深入了解与学习，也可根据不同兴趣需求，编辑一系列儒家文化读本，或邀请专家学者开办系列电视讲座，并制作成 DVD 发行。推动儒家传统文化与伦理道德教育，应当整合学术研究、编辑出版、电视传媒等当地文化资源，成为衢州文化事业的一个重要方面。

本着"泗淛同源""两岸一脉"的历史文化渊源，衢州孔庙与曲阜孔庙、台北孔庙之间，应开展更为积极的文化交流与合作。在每年的孔子圣诞日，可进行海峡两岸同步的祭孔大典，并依托衢州祭孔典礼及孔子文化节，开展更为丰富的学术交流与文化普及活动，以产生更大的宣传与教育效果。

（五）提高生态意识，探索生态保护与经济建设协调发展的新模式

衢州地处钱塘江上游，保护源头水质环境，对于保障下游饮用水安全，构建浙江省绿色生态屏障，具有重大的战略意义。衢州在城乡建设发展过程中，一直遵循"绿色发展、生态富民、科学跨越"的总体目标，坚持经济、社会、生态效益相统一的原则，努力实现人与

自然的协调发展。考察组在调研中，数次听到地方领导在谈及当地的发展理念时讲到，宁可发展速度慢一些，也要本着对子孙后代负责任的态度，保护好当地的青山绿水。党的十八大报告提出五位一体的总体布局，强调要把生态文明建设放在突出地位，融入经济建设、政治建设、文化建设、社会建设各方面和全过程，并首次提出"努力建设美丽中国，实现中华民族永续发展"的宏伟目标。由于衢州在浙江省的生态地位极其重要，历届市委、市政府高度重视当地的水土保持生态建设工作。2013 年初，经过水利部组织专家评审，衢州市正式成为全国第二个国家水土保持生态文明城市，这既是对衢州在生态建设方面所取得成就给予的肯定，也对今后的工作提出了更高要求。考察组认为衢州在生态建设方面今后应当继续推动以下方面的工作。

第一，通过制度创新为生态文明建设提供保障。要把资源消耗、环境损害、生态效益纳入对各级政府及企业单位的评价体系，推动建立体现生态文明要求的目标体系、考核办法、奖惩机制。

第二，对于高污染企业进行整顿与治理，推动改进排污净化处理设备。为保护水源地生态环境，必须制定严格的企业污染排放标准，控制全市污染物排放总量。对于造纸、建材、化工等传统产业的落后产能，要逐渐淘汰，并辅助相关企业完成转型与升级。要严格制定项目准入门槛，强化项目的环评与能评，防止新污染源产生。同时应建立健全配套的生态环境监督管理机制，随时监控，发现问题，及时整治。

第三，调整优化产业结构，努力把生态环境优势转变为经济优势，结合当地情况，大力发展生态工业、绿色农业、生态旅游，逐渐使生态产业在产业结构中居于主导地位，成为经济增长的主要来源。在生态工业发展方面，应当优化工业布局、提升产业结构和产品结构，逐步实现资源利用的低能耗、低排放、高效益与产业发展的绿色化，促进工业经济与生态环境协调发展。要重点发展新材料、新能源、电子信息等新兴战略产业，不断吸引和集聚一些大型绿色、高端产业。要建立高新技术产业园区,大力发展高技术密集型、高附加价值型的装备制造业,带动区域绿色发展。在发展生态农业方面,应当努力实现经济效益、社会效益和生态效益协调并重,走可持续发展的现代生态农业道路。要大力建设现代农业园区,逐步实现规划发展园区化、基础建设设施化、农业产品品牌化、企业发展科技化、农户发展组织化、产业集聚规模化、主体投资多元化[①],发展特色有机绿色农业及观赏花卉产业,不断拓展海内外市场,并可通过加快发展农家乐和来料加工业等方式,以多渠道促进农民增收。

第四,推进城市环境整治优化和美丽乡村建设,构建绿色优美的城乡生态人居体系。应加强环境基础设施建设,扩大资金投入,引进能够有效清除污染、净化环境的新技术,推动相关技术创新。要大力推进城镇垃圾和污水处理等生活污染治理设施建设,增建垃圾渗滤液处理站、垃圾处理厂、污水处理配套管网,提升垃圾与污水无害化处理能力,提高生活垃圾和污水无害化处理率。应当继续深入推进"绿色城镇"行动。要加强公园绿地、住宅区绿地、城镇专用绿地、道路绿地、风景林地等公共绿化建设。要加大对公共环境的治理力度,解决城乡环境"脏乱差"问题。对于农村地区,应加强以农业面源污染为重点的农村环境整治。在治理农村养殖排泄物污染的同时,可从循环应用入手,通过相关技术引进与创新,实现污染物的集中收集与综合利用。此外,在城镇化发展过程中,应加强环保意识,坚持绿色发展、低碳发展,防止人居环境的破坏。2013年初,我国中东部地区数次出现持续多日的雾霾天气,部分城市空气质量达到重度污染,再次敲响了环境问题的警钟,引起国内外新闻媒体的高度关注。这也提醒衢州在城市发展过程中,要以节能减排为重点,保持城市空气环境质量。对此,要制定更加严格的地方油品标准,加大对油

---

① 参见郑明富《多元化规模化打造现代农业园区》,《绿色中国》2011年第11期。

气污染的检查力度。要淘汰老旧机动车，实施严格机动车排放标准，控制私人汽车的增长速度。

第五，生态建设需要全民参与，因此要加强生态教育。要大力宣传尊重自然、顺应自然、保护自然的生态文明理念，增强百姓的节约意识、环保意识、生态意识，改变人们旧有的生活观念，鼓励绿色消费、绿色出行，提升全民生态素质。对于龙游县推动垃圾分类回收等在环保方面已经取得成效的地区，可以作为示范点，在实践中不断总结提炼经验并加以推广。

在全国上下掀起深入学习宣传、贯彻落实十八大精神热潮的形势下，希望衢州市在十八大精神指引下，在建设最美生活家园与最美精神家园两个方面，取得更新、更大的成就，愿衢州的"最美"之花长久绽放。

第二章　传统文化与道德文明建设

姜守诚*

衢州市是一座历史传承悠久、文化底蕴深厚的城市。现代化进程需要文化的积淀和传统的支持。在城市发展中，当代衢州人十分注重传统文化的传承和发展，发掘历史内涵、彰显文化底蕴，使传统文化在公民道德文明建设中发挥了积极影响力。以传统文化熏陶衢州人，以传统文化繁荣衢州市，已经成为当地政府部门及社会各界人士的共识。衢州将群众身边的真实感人事迹进行深入挖掘和大力宣传，通过凡人善举展示道德力量。这些"最美"典型人物的高尚行为和崇高品格，引导当地干部群众树立了良好的社会风气，极大地提升了衢州城市的知名度和美誉度，也促成衢州市民文化意识和道德意识的觉醒。

一　传统文化在三衢大地上的滋生和延续

衢州市是中国历史文化名城，有着丰厚的历史文化遗产与人文景观。独特的人文环境造就了衢州历史上的经济发达和文化繁荣，这也

* 姜守诚，中国社会科学院哲学研究所中国哲学研究室副研究员、博士。

是当代衢州地区经济稳步发展和道德文明建设的历史文化背景和动因之一。据此次国情考察所接触的文献材料及文物古迹来看，衢州文化传承具有明显的多元性和复杂性：儒家文化、道家隐士文化、佛学文化及民间慈善文化共同构成了三衢大地上的四大元素，并从思想、文化、建筑及衣食住行等各个领域深深影响了人们的生活，给衢州人民留下了一笔宝贵的文化遗产和精神财富，也体现了这座历史文化名城的丰富内涵。

（一）"东南阙里，南孔圣地"——孔氏南宗的发祥地

自古以来，衢州儒学氛围浓郁。这里民风淳朴，百姓崇善敬德，重教崇学之风日盛，仁爱思想深入人心。这种良好民风的营造，在很大程度上得益于孔氏南迁、儒学南传及其在民间的传播和推广。

公元 1128 年，金兵进攻曲阜，部分孔氏族人在衍圣公孔端友及其堂叔父孔传的带领下，携带"孔子及亓官夫人楷木像""唐吴道子绘孔子行教像"等传家圣物，随驾"扈跸南渡"，终于在 1130 年抵达衢州，宋高宗感念孔氏后裔的忠孝之心特颁旨赐居此地，孔氏宗室至此分裂为南北两宗（衢州孔氏世称南宗，曲阜孔氏称为北宗）。衢州作为孔子后裔的第二故乡，在这里传承了五代衍圣公，也成了南宋儒学的研究中心。孔氏大宗南迁是中国儒学史上的一件大事情，为儒学的南传和理学的发展传播作出了贡献，由此奠定了"东南阙里"的历史地位。元代统一中国后，孔子 53 代裔嗣孔洙自愿让出衍圣公爵位（改由北孔世袭），孔氏南宗从此丧失了大宗地位。明代正德年间，衢州孔子 59 代孙孔彦绳被敕封为世袭翰林院五经博士，享受衍圣公次子之待遇。从此，衢州孔氏南宗世代相袭此封号，直至民国初年。

孔氏南宗始终坚持崇文重教、薪火相传的优良传统，积极推动儒

学走向民间，一时间三衢大地上书院林立，好学之风遍及城乡。崇教办学的良好风气造就了一批德才兼备的知识分子，这里人才济济。据相关史料记载：自南宋至清代，衢州籍人士中进士科者就达 1013 名。此外，读书求学的热潮也带动了造纸业和印刷业的繁荣，南宋时衢州一度成为全国刻书业的中心，这里刊刻出了数量众多的精美书籍，为传播和推动儒学作出了巨大贡献，也成为珍贵的文化遗产。

儒家文化在衢州的兴起和发展，推动了衢州地方文化的发展，并深远地影响了衢州人的性格塑造。在这里，尊老爱幼、勤俭持家、邻里和睦、互帮互助等优良品德已深深地扎根于衢州民众的血液中。衢州市委、市政府有关部门在全国开展道德文明及社会主义核心价值体系建设的新形势下，充分认识到"东南阙里，南孔圣地"的地方文化优势，大力弘扬儒家文化精华，采取多种形式积极促进传统文化的复兴。20 世纪八九十年代，衢州市政府多次拨款修缮孔氏南宗家庙，并复建了家庙西轴线和孔府。孔氏南宗家庙 1989 年被浙江省政府列为省级重点文物保护单位，1996 年被国务院列为全国重点文物保护单位。除了硬件设施建设外，当地有关部门十分重视从深层文化内涵等方面入手打造"软件"。2004 年衢州"南宗祭孔"恢复以来，每两年举行一次学祭、一次孔子文化节，每五年举行一次社会各界公祭。迄今，衢州已连续举办了三届国际儒学论坛活动，成为国内外儒学研究者交流的平台，也极大地影响和带动了市民道德文化素质的提高。

（二）"烂柯仙境，洞天福地"——道家隐士文化的杰出代表

中国古代很早就有了隐士传统及隐逸文化。"隐"是相对于"显"而言的，所谓"隐士"是指知识分子中隐居不仕的人。古人眼中的"隐士"俨然就是品德与文采兼备的化身，诚如《南史·隐逸

传》所言："（隐士）故须含贞养素，文以艺业。不尔，则与夫樵者在山，何殊异也。"

众所周知，《后汉书》始创《隐逸传》，此后历代典籍如《南史》《新五代史》《宋书》等纷纷仿效，遂成正史撰写之固定体例。范晔在《后汉书》卷八三《逸民列传》开篇解题中对隐士的类型及背景成因作了如下介绍："或隐居以求其志，或回避以全其道，或静己以镇其躁，或去危以图其安，或垢俗以动其概，或疵物以激其清。然观其甘心畎亩之中，憔悴江海之上，岂必亲鱼鸟乐林草哉，亦云性分所至而已。"这里分析和列举了有关隐士形成的几条成因，虽不能涵盖全部类型，但也足以窥视出古代隐逸之士的心理特征。

归隐山林，历来就是古代知识分子逃避现实政治的内心向往和精神寄托。盘点中国古代的知名隐士，有几位人物可谓最具代表性：西汉"商山四皓"、东晋陶渊明、魏晋"竹林七贤"、南朝陶弘景。这些隐士各有其之所以"隐"的动机和背景，似乎也印证了前引范氏的说法：商山四皓经历了秦乱战火，看淡了王朝兴衰，才选择了蛰居山林、避祸全身；东晋诗人陶渊明不愿屈服于当时黑暗的官场政治，在度过了 13 年的仕宦生涯后，毅然辞官回家，从此过着"躬耕自资"的田园归隐生活，并写下了脍炙人口的"采菊东篱下，悠然见南山"等不朽诗作；竹林七贤等魏晋名士则因不愿卷入严酷动荡的权力斗争旋涡，故选择了放浪形骸、呼啸山林；"山中宰相"陶弘景虽然名为"辞官归隐"，但却以"身居山林、心在朝野"的方式实现了其对王朝政治的实际影响力。"隐"，成为他们追求理想的精神家园。

有关烂柯山与隐修仙境的最早记载，当属东晋永和年间虞喜所撰《志林》："信安山有石室。王质入其室，见二童子方对棋。看之，局未终，视其所执伐薪斧柯已烂朽。遽归乡里，已非矣。"文中砍柴樵夫王质所遇仙人对弈之地，就是位于衢州市柯城区的烂柯山。这里也成为道家著名的隐修之地，在道教"洞天福地"学说中名列"第二十福地"（或云"青霞第八洞天"），吸引了历代文人墨客在此驻足、流连忘返、吟诗题字、畅怀今古，从而留下了众多不朽诗篇。

当今社会比较注重文化多样性，与之伴随的是价值取向多元化趋势。在这种情况下，"隐"与"不隐"就变成了个人对生活方式（处世态度）的一种自我选择。这就好比有人爱吃米饭、有人喜欢馒头，对每种选择（只要是合法、正当的）都不必大惊小怪，不必大加赞叹，更没有必要厚此薄彼。近年来，隐居之人数量不断增多，逐渐构成了一个特殊的社会群体，已然成为一种文化现象，当然也是在特定社会背景下的生存选择。我们对于现代社会中出现的隐居现象及隐士群体，应当给予一定程度的理解和尊重，尽可能做到客观地予以评价。每个人都有权选择适合自己的生活方式，面对日益加剧的社会竞争和生活压力，他们或选择迎面直击、勇敢面对，或选择逃避退让、明哲保身，或在迎击过程中伤痕累累、败下阵来。无论哪一种情况，事后他都需要一个安静的环境慢慢疗伤，抚慰受创严重的心灵，抹平伤痕，遗忘过去（痛苦），以便于展开一个全新的人生阶段。这是人的生理本能，也是生物界的共性，尤其在灵长类动物身上表现尤为突出。这种方式，对于个人抑或社会而言，都是具有积极意义的，不仅有助于个体身心的健康发展，也有利于建构和谐稳定的人类世界。

（三）"众生平等，慈悲为怀"——佛教慈悲济世的人文关怀

据方志史料的研究证实，佛教传入衢州始于三国末年，南朝梁以后，衢州佛教迅速发展和壮大起来，营造了正觉寺、天宁寺、天皇寺、石桥寺、龙华寺、施水寺等著名寺庙，并在当地掀起了建寺高潮。历史上，涌现出明果禅寺、开元寺、莲花寺、保安寺、华严寺等著名佛教寺庙，也涌现出法载、大义、大彻、桂琛、道义、惠闻、遇

缘、永明延寿等高僧大德，为传播佛学及中华文化作出了杰出贡献。

佛教以救度一切众生为最高目标，唐代高僧释道世撰《法苑珠林》云："菩萨兴行救济为先，诸佛出世大悲为本。"佛教秉承慈悲济世、救度众生的理念，号召信众将对自身及家人的关爱延伸到他人，体现了对众生平等的深切关怀。佛教文化在衢州地区的传播，使"众生平等""慈悲为怀""普度众生""救人一命，胜造七级浮屠"等观念被衢州人普遍接受，并对他们的人生观、价值观及日常行为方式产生了积极的影响。至今，衢州仍保留了一批历史悠久的佛教寺庙，吸引了无数的游客及信众前来游览和参拜，并在潜移默化中将慈悲救世的佛教人文关怀精神带入了衢州人的心田。

位于市区南街的天宁寺，是古代浙西佛教中心，始建于梁天监三年，由高僧卧云禅师创建，距今已有 1400 余年的历史。该寺原名"吉祥寺"，唐代改称为"开元寺"，宋朝更名为"报恩光孝寺"，后赐名为"天宁万寿禅寺"。天宁寺的历史悠久，保存了大批的珍贵文物和名人遗迹，如清康熙皇帝御书朱熹诗碑、道光二十二年衢州知府汤俊所撰楹联等。抗日战争以后，天宁寺遭到了严重破坏，寺内佛像全部被捣毁，原有堂舍亦多遭拆毁。1982 年，衢州市政府将天宁寺列为重点文物保护单位，此后多次拨款修缮，现该寺焕然一新，香火鼎盛，又恢复了浙西佛教重镇的地位。

地处衢江区杜泽镇的明果禅寺，始建于唐代，原名为兴善寺，距今已有 1300 多年的历史，曾香火鼎盛、人才济济，有着深厚的佛教文化内涵。这里曾经涌现出一批高僧大德，如大彻、延寿、咸杰、弘一等，尤其是南宗大师马祖道一的两个衢州弟子——鹅湖大义禅师和大彻惟宽禅师，更是于唐德宗、宪宗时应召入京弘扬佛法，一时名动京城，被时人美誉为"京禅"。唐代著名诗人白居易多次拜谒惟宽禅师，并以师礼待之，相交甚厚，并留下了千古名篇"传法堂碑"，成为禅坛佳话。惟宽禅师圆寂后被谥为大彻禅师，并留下了不朽肉身保存至今，现部分肉身遗骨供奉于肉身殿，吸引了众多善男信女前来祈福礼拜。

位于衢江区樟潭街道的金仙岩，旧称石岩寺，又称寿圣仙岩院，这里保存了 40 余幅珍贵的摩崖石刻和题记，其年代跨越了唐、宋、元、明、清，其中尤以宋绍兴年间的题刻为最多。这些摩崖石刻及题记是十分珍贵的历史资料：从署名看，其中有杨杰、监察御史刘一止等历史名人，有赵伯年、赵师厚等宋代皇族成员，也有朱元璋亲笔题词等；从内容来看，有叙述方腊起义军被镇压时间、地点等极具价值的文字材料。鉴于它的历史价值，浙江省人民政府将这里列为省级重点文物保护单位。

（四）悯老济幼——清代廿八都的慈善事业

廿八都镇今属浙江省衢州江山市，它地处仙霞山脉的深处，是浙、闽、赣三省边境的商贸集散地。晚清及民国早期，是廿八都最繁华的时期，当时这里的商业发展达到了鼎盛，一时间商贾云集、货运频繁，富甲一方。富裕了的廿八都人，自发地筹措、募捐资金，兴办了各种民间自发性福利及慈善机构，矜恤局和保婴局就是其中最具代表性的民间慈善机构（基金会）。矜恤局的主要职能就是资助鳏寡孤独及残障人士，为他们提供基本的生活保障和死后的殡葬服务。保婴局则是给予贫苦家庭一定的经济援助、协助他们抚养新生女婴，借此禁止溺弃婴儿之行为。这两种慈善机构是由当地民众发起成立和经营管理的，其资金也全部是人们自愿捐资筹集而来的。

浔里街文昌宫始建于清宣统元年（1909 年）。宫内现收藏清代碑石 12 块，这些石碑原散落于廿八都古镇的各处，为了更好地进行保护，当地文管部门统一征集，移至此宫内。1999 年，文昌宫进行修缮复原时将它们全部镶嵌在文昌殿左右两侧的墙壁上。这些碑石资料

中涉及设立矜恤局的"邹恩师写示劝办矜恤序文"并附有捐资人名单及金额（分刻在两块石碑上），设立保婴局的"设保婴局禁溺女婴告示"碑（自拟）和"保婴记"碑。

（1）"邹恩师写示劝办矜恤序文"碑：碑长100厘米、宽61厘米，碑阳镌文16行，每行26字，立碑时间为宣统三年（1911年）春月谷旦。这块石碑叙述了当地人士在东岳大帝扶鸾降笔的号召下，慷慨解囊、助产捐金，设立矜恤局以救助鳏寡孤独及残疾者，为他们提供必要的经济援助，使其老有所养、死得殓葬。碑末逐一列有捐资人名单及金额，勒石铭记以期倡导良善之举。

（2）"设保婴局禁溺女婴告示"碑：碑长130厘米、宽66厘米，碑阳镌文20行，每行45字，立碑时间为清光绪十四年（1888年）八月。这块石碑开篇即点明了此碑文乃系告谕，即廿八都乡民就设立保婴局之事及草拟的规章内容呈报县衙请求审议和备案，时任江山知县的洪氏予以批复核准，并令将其镌刻石碑之上、公之于众，借此向民众宣示了"设局保婴"的合法性和公信力，表明此举获得了官府的承认和肯定，这就意味着受到了官方的支持和保护，同时确立了条规章程的严肃性和约束力。碑文还谈到设立保婴局的议案是由廿八都镇浔里村的绅士姜兆隆等人首创发起的，其宗旨在于救护女婴、严禁溺杀。廿八都乡绅设立保婴局、酌拟章程，希望"恶习永除"、杜绝溺杀女婴之风。保婴局创办者酌拟了7条规章制度，并呈报县衙核准、公示。这7条规章均系针对贫家生女发放抚养金而设的，可谓事无巨细地将受助人资格、操作流程及可能出现的各种情况逐一列举出来，详细解说。

（3）"保婴记"碑：碑长130厘米、宽66厘米，碑阳镌文18行，每行35字，首行铭刻标题曰"保婴记"，碑文落款是"里人宋登庸记、曾文光书"。此碑的刻立时间为光绪十五年季冬（1889年12月）。此碑是前述"禁溺女婴告示"碑的翌年所立，是对前者的补充说明。如果说，"禁溺女婴告示"碑具有官方色彩，乃系将官府批文刊刻公示，那么"保婴记"碑则是纯粹的民间行为，乃将创办保婴局的缘起、发起人、捐助人及出资金额等情况逐一进行了介绍。

这几块石碑见证了清代廿八都的民间慈善事业的优良传统及民间公益力量的强大。事实上，前述矜恤局和保婴局之类的民间慈善组织在清代衢州地区是十分普遍和常见的现象。而这些传统，至今对现代衢州人的道德文明建设及当地慈善事业和公益服务领域仍发挥着深远的影响。

（五）清代江山县育婴堂及其官方背景

翻阅清同治十二年（1873 年）文溪书院刻本《同治江山县志》，我们发现：衢州府江山县其实早在清乾隆年间就已设置了救助女婴的慈善机构——"育婴堂"。据《同治江山县志》卷一《舆地·风俗》记载："溺女之风，江邑不免。自蔡东轩学博劝谕后，读书明理之家幡然改革。今置育婴堂，收贫无以养者，此风顿息矣。"①

有关江山县育婴堂的详细情况，《同治江山县志》卷二《沿革·公署》有过介绍："育婴堂，在城内市心街。乾隆十四年，知县翁晟奉同本府捐建。（宋成绥志）旧有田租一百零八硕，向归礼书经理。咸丰八年，兵燹后，堂屋损坏。同治四年，知县戴枚捐廉修葺，延邑绅周以恺、王开泰、毛以雅、姜鸿钧、毛金兰董其事。八年，知县王景彝拨善后局余款三千串，由董发店生息、以资接济。诸绅又公捐田亩修葺旁屋九间，以作仓房，期为久远计。"② 这段文字后又"附育

---

① （清）朱宝慈等：《同治江山县志》卷一，载《中国地方志集成·浙江府县志辑》第59 册，上海书店，1993，第248 页。

② （清）朱宝慈等：《同治江山县志》卷二，载《中国地方志集成·浙江府县志辑》第59 册，上海书店，1993，第280 页。

婴堂新旧田租"如下："旧遗田租一百零八硕。毛金兰劝捐新置田租五硕两斗，镇安同善局拨入田租四十硕，毛朝禄妻徐氏捐助田租七硕五斗，王以德捐助田租九硕四斗，王开泰捐助田租一十六硕零五升，余全五捐助田租七硕四斗，毛玉峯先后捐助田租五十九硕七斗三升……"①

据上述记载可知，江山县育婴堂始建于清乾隆十四年（1749年），由时任知县翁氏捐建而成，咸丰八年（1858年）曾遭兵燹损坏堂屋（当系太平天国运动波及此地），同治四年（1865年）知县戴氏捐俸修葺，同治八年（1869年）知县王氏及乡绅又修葺了旁屋9间。换言之，江山县育婴堂在从乾隆到同治的150余年间一直延续不断，不仅保持了正常的机构运转，而且应当发挥了积极的社会效果，故而能够在历经毁损后而得以复建和修葺。江山县育婴堂虽然几经修缮，但均系在原址复修，并未挪动位置，其地址应当就是始创时的"城内市心街"。对于育婴堂的社会功能及运营模式，清代《同治江山县志》并未花费太多笔墨，但前引"溺女之风，江邑不免。……今置育婴堂，收贫无以养者，此风顿息矣"之句则对其进行了大致勾勒：育婴堂就是收容那些因家庭贫穷、无力抚养而遭遗弃的婴孩。就功能而言，这十分类似于当今的孤儿院、福利院了。

与晚清廿八都保婴局的纯民间性质不同，清代江山县育婴堂则始终具有强烈的官方背景，后者的创立、复建及修葺，无一例外都是在当地最高行政长官（知县）的主导下完成的。事实上，设立育婴堂是清代官方旨在遏制溺弃女婴而普遍实施的一项重要举措。据史料记载，康熙元年京城广渠门内建立育婴堂，雍正八年谕令"通都大邑、人烟稠集之处"仿照京城酌情推广，乾隆帝更明令地方官员"实力

① （清）朱宝慈等：《同治江山县志》卷二，载《中国地方志集成·浙江府县志辑》第59册，上海书店，1993，第280页。

奉行"，并将此作为政绩考核的一项内容①。自此，全国各地纷纷响应设置收养弃婴之机构，大多冠以"育婴堂""育婴社""留婴堂""接婴所"等名。江山县育婴堂也是在此背景下设立的。

尽管一些省、府、县级的育婴堂遇到经费短缺时，清代皇帝（中央政府）也会赐拨银两予以补助或由地方财政施予资助，但在大多情况下还是以自筹经费为主②。故而，经费的筹集、管理及经营运作就尤为重要，否则资金链断掉、融资渠道受阻，育婴堂恐怕就难以为继了。据前引文字可知，江山县育婴堂的创建及修缮大都是由时任知县自掏腰包或动用公款来完成的，并且官府直接介入，指定董事、核验财务，加强监督和管理，这些都显示出明显的官营色彩。不过，由于育婴堂的经费开销无法由官府独自支撑，通常情况下是由官府出面劝募民间资金，吸纳当地乡绅和民众参与其中，乃至后者逐渐成了捐输的主要来源，从而在最大限度上减轻了官府的财政负担。前述《同治江山县志》"附育婴堂新旧田租"中罗列的出资人名单及捐助金额充分说明此时私人捐款已占据了重要地位。此外，官府聘请地方士绅出任董事（堂董），操办日常事务，极大地避免了育婴堂的官僚化和行政化，同时有效防止了各种弊端的滋生，充分调动了民间人士从事社会慈善事业的积极性。育婴堂俨然就是一种官督民（绅）办的慈善机构。

考究同治年间江山县育婴堂的经费来源，大致有三种途径：其一，昔日盈余的田租108石；其二，同治八年获拨善后局余款3000

---

① 《钦定大清会典事例（光绪重修本）》卷二六九记载："康熙元年，于京师广渠门内建立育婴堂。遇有遗弃、病废之婴儿，收养于堂。有姓名、年月、日时可稽者，一一详注于册。雇觅乳妇，善为乳哺、抚养。有愿收为子孙者，问明居址、姓名方与之，仍补注于册籍。至本家有访寻到堂识认者，亦必详细问明，与原注册籍无讹，方许归宗。（雍正八年）又谕：闻广渠门内有育婴堂一区，凡孩稚之不能育养者，收留于此。数十年内，成立者颇众。……于通都大邑、人烟稠集之处，若可以照京师例推而行之。其于字弱恤孤之道似有裨益，而凡人怵惕恻隐之心亦可感发而兴起矣。"

② 《钦定大清会典事例（光绪重修本）》卷二六九。

串（吊），本金生息、以资接济；其三，乡绅及民众的捐款。值得注意的是，引文附录中罗列的民众自发捐输的田租已将近200石，远超过了以往结余的旧有田租数目，足见私人捐募在清后期育婴堂经费来源中开始占据了重要地位。对于捐资之管理，引文也作了简略交代：咸丰、同治以前，育婴堂的公捐田租通常由"礼书"之职执掌打理——"向归礼书经理"；同治四年，知县延聘周以恺、王开泰、毛以雅、姜鸿钧、毛金兰等士绅董理日常事务。这一举措，乃系恪守了乾隆皇帝所颁发的上谕。据《钦定大清会典事例（光绪重修本）》卷二六九："（乾隆）六年覆准，通行直省督抚，将各处现设育婴堂，严饬地方官实力奉行，择富厚、诚谨之人董理，并令州县率同佐二不时稽查，将实在无依遗弃婴儿，收入养赡。每于年终，将所育婴儿及支存细数分析造报查核。如有怠玩、克扣、需索等弊，即行查参。"这份诏书清楚地揭示了清代地方官员对辖地育婴堂的经营必须施予宏观性干预：地方行政长官挑选那些家境富裕、人品敦厚的乡绅任职育婴堂、全权处理堂务；州县官僚对辖地育婴堂的营运状况随时进行监督和检查；年终将育婴堂的收支账目及所育婴儿人数等情况逐一稽核、审计，若发现贪渎、虚报、舞弊等现象立即查办，借此从制度上杜绝了中饱私囊行为的发生。据此可知，清代政府对于育婴堂的监控和督导已十分严格和完善，乃至呈现出了制度化、规范化和常态化等特点。同治时期江山县育婴堂的营运及管理大抵也应是遵循了这一套模式。

二 传统文化在公民道德建设中的
体现和落实

衢州市委、市政府在日常工作中深入贯彻科学发展观，十分重视公民的道德文明建设，秉承历史传统，发挥地域优势，努力实现从传统向现代的转换，对现有的文化遗存、历史遗迹、名人故居等给予大力保护，注重传统与现代的有机结合，同时有效地将传统文化与公民道德文明建设相结合，在全社会促进形成人心向善、见贤思齐的良好氛围。这对于提升衢州市的文化形象有重要作用。而近些年涌现出的一系列"最美"感人事迹也充分体现了传统文化的精神价值及其对现代衢州人的深远影响。换句话说，在衢州浓郁的传统文化氛围感召下，这些"最美"感人事迹的出现不是偶然的、孤立的，而是有着历史必然性的。

（一）"最美教师"体现了"有教无类"的儒家教化理念

"有教无类"是孔子最早提出的教育理念（语出《论语·卫灵公》）。这句话的意思是说：人不分地域、族类、贵贱、贤愚，都属于受教育之对象，都有平等地享受教育之权利。这充分体现了孔子朴素的人性论和人格素质教育思想，是孔子思想中最光辉的亮点之一。孔子不愧是中国历史上最伟大的教育家。"有教无类"的教育原则要求教师心怀一颗平常心、公正心，在日常教学中用同一种心态、眼光和态度来看待学生，公平地对待学生，尊重学生人格，保证每个公民都能享有接受教育的平等权利，在具体教学实践中则有针对性地因人施教，循循善诱，实施个性化教育，注重每个学生的个体化差异，尽可能地发挥每个人的优势，激发出他们的主观创造力。"有教无类"原则成为后世儒家伦理教化的核心宗旨。现代公民化教育也恪守了"有教无类"原则，每位公民都要接受必要的知识训练和技能培训。而我们看到"最美衢州人"系列人物及事迹中，相当一部分与教育、教化密切相关，其中"最美教师"最具典型意义。

衢州市衢江区第四小学（下张小学）的三位"最美教师"——姜文、陈霞、江忠红，忠于职守、尽职尽责，在例行晨检中发现班上

的两名江西籍学生翁进城、翁明冲姐弟没有按时上课，就立刻向学校汇报，并根据学生档案中记录的租住地址，结伴前往寻找，几经周折后终于联系到了孩子的母亲（姚女士）打工的超市店长夏肖艳及姚女士的弟弟，得以打开紧锁的房门，将一氧化碳中毒的一家三口及时送往医院，保住了他们的生命。

这所乡村小学地处衢州经济开发区、衢江经济开发区、柯城经济开发区交界处，在校学生中72.3%是外来务工人员子女，但该校领导及教师对他们并没有歧视之心，而是一视同仁，用爱心来教育和感化每一位学生，无私地帮助他们克服在成长道路上遇到的障碍和困惑。在马建红校长的带领下，下张小学确立了"仰望大爱教育的星空，脚踏常规管理的实地"的办学理念，提出"没有大楼，不是大师，但不能没有大爱"的教育口号，秉持"一个都不能少"的大爱理念，倡导"日常教育，慈悲为怀；日常教学，敬畏为上"的工作态度，要求每一位老师都拥有强烈的责任感和事业心，心怀菩萨般的大爱情怀，对学生给予无私的关怀，秉持"不嫌弃，不放弃，不抛弃"的做事原则，将外来务工子弟视如己出，以对待自己孩子的心态来处理日常教学事务，从而取得了令人瞩目的成绩，短短数年学校发生了很大变化，一举由差校转变成名校。当地教育部门将此誉为"下张现象"，并系统地开展了"远学洋思，近学下张"活动，号召中小学机构认真学习和积极推广衢江区第四小学的成功经验。

所以，上述三名"最美教师"出现在该校不是偶然的，而是有着必然性，是与学校及当地的优良教育传统密切相关的。从"最美教师"典型事迹的报告材料中，我们可以看到：姜文、陈霞、江忠红，是当代教师队伍中的普通一分子，下张小学同其他乡村学校一样存在规模小、设施差、生源不好等一系列现实问题，但该校不是一味地追求名次和分数，不是一味地追求升学率，而是着力于培养教师的爱心和责任心，重视学生的德、智、体、美、劳综合素质，着眼于教师与学生之间的感情交流，增强教师的责任感和亲和力，有针对性地强化外来务工子弟的自我归属感和社会认同感，从心理上消除他们的自卑感和遗弃感，从小培养自尊心、自信心、上进心，进而通过"小手拉大手"来带动学生家长（暂住衢州的外来务工人员）的文化素质和道德文明的提升，从而为公民道德建设贡献力量。

（二）生态文明建设体现了"上善若水""道法自然"的道家哲学精髓

　　水，是人类生命的源泉，水能滋养万物、造福人类，同时也是生产之要素、生态之基础。以老子为代表的道家文化对水给予了高度的肯定，如《道德经》第八章云："上善若水。水善利万物而不争。"第七十八章说："天下莫柔弱于水，而攻坚强者莫之能胜，以其无以易之。"这就是说，水具有十分崇高的谦虚美德，它赋予了万物以无限的生机和活力，却不与万物争高下。水，是天下至柔之物，却能穿透世界上任何坚强的东西，这是因为弱能胜强、柔可克刚，借此也彰显出了水的"柔德"之美。道家主张天人合一，注重人与自然的和谐共生。

　　衢州市地处钱塘江上游，山清水秀，有着一片好风光。当地政府及相关部门领导始终注重生态保护，大力推行生态文明建设，其中尤以开化县为代表。开化县地处钱塘江源头，地处浙皖赣三省七县交界处，经济发展相对落后，工业总量比重不大，属于浙江省6个重点欠发达县之一。但是，开化县历届县委、县政府高度重视生态文明建设，强化生态可持续发展，率先在全国提出并实施了"生态立县，特色兴县"的发展战略，将生态文明建设和生态环境保护作为推动社会发展的重要内容来抓，大力发展生态工业、生态农业和生态旅游业，从而取得了显著成效：山地占全县版图的85%，山林总面积达

285 万亩，森林覆盖率达 80.4%，林木绿化率达 81.1%，全县绿色生态农业比重超过 90%。

该县共计有全国环境优美乡镇 16 个，省级生态乡镇 17 个，市级生态示范村 212 个，省级绿色饭店 1 家，省级绿色企业 6 家，省级绿色学校 12 所，省级绿色社区 6 个，保护母亲河省级生态监护站 2 个，城镇人均公共绿地面积达 18.7 平方米，其中县城人均公共绿地面积达 21.6 平方米。其中，古田山被列为国家级自然保护区，成为中国区域性气候研究中心。开化县地表水水质达到一类水标准，大气质量、水体质量、生物丰度指数、植被覆盖指数均列全国前 10 名，生态环境总体质量位居全国第 16 位，是全国 9 个生态良好地区之一，全国 17 个具有全球意义生物多样性保护的关键地区之一，是当之无愧的华北地区重要的生态保护屏障。2002 年建成国家级生态示范区，2011 年被环境保护部命名为"国家生态县"，同时又被列入全国第三批生态文明建设试点县。

"道法自然"是道家文化的精华，也是中国古代哲学的最高境界。老子《道德经》第二十五章说："人法地，地法天，天法道，道法自然。"这是说：人取法地，地取法天，天取法道，而大道则纯任自然。这 13 个字虽然简短，却提出了一个至关重要的行为原则：人居天地之中，乃为万物之一种，必须遵从和效法自然界的客观规律。大道作为宇宙万物的最根本的规律，它的本性就是自然而然。换句话说，"自然"就是大道的一种性质和状态。人类以本真为依据、参悟"天地之道"，进而遵循物质世界的运行规律，才能达到顺应自然的最终目的。基于此，我们可以深切体会道家对个体生命与外界自然之关系的深刻认识。

究其实质，"法自然"包含了两个方面的含义：其一，人类只有效法自然才能保持生命的本真，而个体生命的历程不过是"道法自然"的阶段性表现；其二，自然作为和谐的整体，孕育万物（包括人类）而不自倨，善待生灵而任本真，不断赋予个体生命以充分、自由的发展空间。这里，道家是把人与万物平等看待，将人视为大自然中的一个成员，进而推衍出万物平等的朴素理念。这种"泛爱万物"的自然观念（"爱物"），充分体现了中国古人的天人合一观念及人与自然和谐统一。这一主张不仅与儒家倡导的"为天地立心"人类中心主义（"爱人"）有显著差异，更不同于西方"人为自然立法"（康德语）的思维模式，彰显了老子道家的远见卓识与非凡智慧。

开化县以发扬"生态文化"为核心宗旨，推进人与自然的和谐发展，契合了道家"道法自然"的传统，牢牢地抓住了一个"水"字，运用多种手段、花大气力、不遗余力、全方位地保护水资源。短短几年内，开化县就关闭了高耗能、高耗材、高污染企业约 210 家，并且努力培养居民的生态意识和环保理念，将生态思想渗透到人民群众的日常生活中，使尊重自然、敬畏自然、崇尚自然、顺应自然的良好社会风气，成为每个开化人自觉遵守的道德规范和意识习惯，从而真正地实现了人与自然的和谐共处。这些措施不仅有效地保护了浙江省母亲河——钱塘江的水质安全，有效地保障了输出水源的高品质、无污染，实现了"把一江清水送出开化"的郑重承诺，而且将"天人合一"、人与自然"和谐共生"的哲学理念深入贯彻到日常生活的消费观念中，引导群众建立起"绿色消费""健康每一天"的正确观念，使当地居民普遍地认同生态保护的重要性，由衷地以绿色、天然为荣，崇尚优美的自然环境，在生活观念上倡导"绿色消费"，追求健康和谐的生活观念，自觉抵制铺张浪费、奢侈浮华、过度消费的生活观念，在社会人际交往中形成了一种和睦友爱、奉献互助的信念。

（三）"最美爷爷"体现了"慈悲为怀"的佛门博爱精神

2011 年 7 月 31 日傍晚，常山县天马镇富足山村的 65 岁老人占祖

67

亿在常山港湾中游泳时，见到 12 岁男孩洪志杰在湍急的江水中拼命挣扎、时沉时浮，情况万分危急。他不顾个人安危，挺身而出，纵身一跃，托起溺水少年逆流向江中的小木船游去，并用最后一点气力将其推向木船。孩子得救了，他自己却沉入了水底，献出了宝贵的生命。占祖亿老人奋不顾身、舍己救人的英勇事迹经媒体和网络报道后，引起了社会各界的广泛关注，越来越多的人在传颂老人的感人事迹和高尚美德，称他为托起生命的"常山好人""最美爷爷"。有网友评论道："你托起的不仅仅是一个生命，更是人间的大爱！"8 月 6 日，占祖亿离世的第七天，5000 多位常山百姓和外地网友自发组织起来，前往老人坟前及不幸遇难的江边，向他献花、点亮烛光，追思这位"最美爷爷"。占祖亿的事迹感动了整座山城。

占祖亿老人为人正直、善良，一生乐善好施、助人为乐，曾经有过多次救人、救火的壮举，体现了一个平凡人的伟大之处，奏响了三衢大地上的凡人善举、舍生忘死的感人乐章。"草根英雄"占祖亿老人在危难关头舍身救人，把生的机会留给与自己素不相识的他人，体现了中华民族的传统美德，诠释了"慈悲为怀"的佛门博爱精神，老人用自己的行动书写了"大爱"，用自己的生命轨迹诠释了"大爱"的真正含义。老人走了，爱却留下了。这无私的爱永远留驻在人们心底、灵魂深处。"大爱成就最美。"

此外，衢州大地上还涌现出了一系列舍身救人的感人事迹："浙江骄傲"毛水标，在衢江区上方镇金牛村遭遇百年一遇的特大山洪袭击中，忠于职守，及时发现险情、组织村民转移，保障了人民群众的生命安全；"最美大学生"徐建龙，勇救跳河女子；"最美退伍军人"毛磊，舍己救人再显军人本色，跳入激流中救出祖孙三人；"最美警察"高剑平、姜方林三进火场勇救村民，傅晓忠、张明不顾安危，替换人质，控制犯罪嫌疑人；"最美同学"雷晗勇敢机智救助掉入窨井里的 9 岁女孩邓婕好；"最美护士"林小娟利用医学知识抢救庐山晕厥妇女。这些见义勇为、舍己救人的感人事迹激励了每一个衢州人。

"慈悲为怀"是佛教博爱精神的集中体现，普度众生、心怀善念，是佛祖教化世人的精髓。有善心，才有义举。有信仰，才会有普世的情怀和大爱的精神，才能激发出人性的光芒、向善的力量。前述舍己救人的"最美"衢州人虽然不是佛门弟子，但却悲天悯人、心存善念，同样拥有善待生灵的终极关怀精神，诠释了"大爱"的真谛。

（四）"中国好人""最美学生"体现了"大爱无疆"的慈善救济传统

衢州自古以来就有乐善好施的优良传统，在这片热土上不断涌现出一批关爱他人、扶危济困、热衷公益的慈善人物。历史经验及现代社会实践已经证明，慈善事业对改善民间社会关系、维持社会物质文明再生产和弘扬中华民族的优秀文化都具有重要的意义。在当前社会主义精神文明建设的新形势下，我们应该继承以往优秀的慈善救济传统，将个人的奉献精神与社会的互助精神结合起来，从而为推动核心价值观体系的塑造贡献力量。

余竹云，生于衢江区高家镇斋堂村，他在踏入商界、将企业做大做强的同时，以极大的热情投入慈善事业和公益实践中。2001～2010年，他先后向希望工程、"汶川大地震"、抗旱赈灾、军企共建等项目捐款近60次，金额总计2200万元。余竹云十分关注农民工、服刑人员子女、城市特困家庭等社会弱势群体，2007年设立了全国第一个专项救助监狱服刑人员未成年子女的希望工程救助基金——"中环竹云助学基金"。此外，青年创业、文化事业也是余竹云关爱和资助的中心之一，2009年设立安徽青年创业基金，2010年成立中环新

徽派艺术交流基金。2010年，余竹云在中宣部、中央文明办主办的"中国好人榜"评选中获"助人为乐好人"称号，他领导的"大爱中环志愿服务团"获评"全国十大优秀志愿组织"。

开化县17岁的农村女孩徐雨文因患脑瘤去世，她的父母（徐志明、徐萌仙）决定捐献女儿的遗体（且一个月后他们两个人也签写了捐献遗体志愿书），共计捐献心脏、肝脏、两只肾脏和一对眼角膜，挽救了四位危症病人，使其重获新生。徐雨文患病期间，得到了社会各界的慈善援助和人道救济，她的父母无私地捐献出心爱女儿的全部有用器官，回报社会、感恩他人，演绎了人间真情，也将女儿的大爱留在了人世间，使其生命得以延续。

在上述两则典型事例中，一个是慷慨捐资、回报社会，一个是无私捐献器官、延续生命，都体现了一个原则，那就是：大爱无疆。这些捐资、捐献的感人事迹，体现了衢州人的慈善救济传统，弘扬了中华民族胸怀大爱、助人为乐的传统美德和高尚品德，培养了市民的爱国心、集体观及道德感，树立了感恩社会、不图回报、扶危济贫、无私奉献的社会主义核心价值观。

（五）"留守儿童俱乐部"体现了关爱儿童的优良传统

儿童，是人类的未来，也是社会发展的动力之源。重视青少年儿童的成长，是衢州人的传统。翻阅清同治十二年（1873年）文溪书院刻本《同治江山县志》，我们发现：衢州府江山县其实早在清乾隆年间就已设置了救助婴儿的慈善机构——"育婴堂"。江山历史上，有一位重要人物在推动反溺弃婴儿的移风易俗中起到了积极作用，他就是乾隆时人蔡英。蔡英长期担任江山县学训导，任职期间不遗余力地改造民风、民俗，尤其针对当地盛行的溺杀女婴之恶习痛加鞭笞，并提出了五条做法，借此倡导良善之举。《同治江山县志》卷一《舆地·风俗》中以小字附录《蔡东轩劝救溺女法五条》全文如下：

溺女之惨，素所痛心切齿而拯之无术。若以官法相治，虑有多事小人即从此借端诬陷转滋扰；累第以空文劝戒则听者藐藐，尝于无可拯救之中。拟为随力禁援之法，愿同志、仁人、君子推广此意，共谋革回弊俗……

——祖父立法以禁子孙。凡其派下无论贫富，有溺女者即削其谱、逐出宗祠。盖彼既以残忍之心戕其儿女，则我亦不必认为子孙。此条当书之遗嘱、载之宗谱，告之祖先、鸣之族长，俾世世守之勿易。

——宗长立法以禁族众。凡其共祠、共谱中有溺女者，阖族会议，无论绅衿、齐民必于祖灵前杖责。若于如情愿输银赎责者，则当随家产多寡严定罚例，即公储其银以分给族之贫而育女者。

——士人多方以劝其房分、亲戚、朋友。读书，实际首在敦伦。以父母而溺无辜之女，岂非人伦大恶！故凡师徒讲论、妇邻聚谈，同室、同侪居游出入，常常以此事之伤心惨骨往复告诫，必有天良默动自悟习俗之非。而已溺者不至再犯，未溺者不忍开端矣。且彼自戒于已必将复为人戒，转相劝止。不溺者日多，溺者日少，此即转移风俗之功。此是读书人分内责任，务共勉之。

——富家捐产立法以救贫女。如生齿不多而有田百亩者，析捐十分之一。于其家计，必无所损。而此十亩中除净粮课户费，通丰歉而计之，每岁可得谷十石。遇亲属、邻里贫不能举女者，劝令弗溺，即予谷一石。置簿登记姓名及女生年月，嗣后每年予谷若干。女年渐长则谷亦渐加。约谷四十石，分作十五年以给之，而此女长大出嫁矣。彼嫁则续救一女，十亩之产，十五年中可救养四女，则一百五十年中可救养四十女矣。千田而析捐百亩者，十五年中即可救养四十矣。自为经营，俾与者无所侵蚀，受者无可假冒。没身后则以此田附入祀产，使子孙之贤者掌理遵守。迩来义仓、义学大都有名无实，而此项则人受实惠，是永为子孙造福。且家产罕有传至十代，而此产可存之不朽。能如是积德者，必世世有佳子孙以继之。盖以救人身命为事，而其后人不大获天，佑者理之所必无也。

——家长、族长时常申戒妇女以溺女之罪。妇人柔而多狠，不读书、不明理。贫者忧女难养，富者忧女难嫁，无子者忧育女则男迟。又或以女为无益，或以抚字辛苦，或托言恐其后日贻羞。父母为家族长者当晓以女，若难养何妨早予至亲家为养媳女，若难嫁何妨嫁从俭省，究竟免得罪过。若忧男迟而溺女则罪益重，男益不可得。若厌女无益，则已（己）媳从何而来？怕育女辛苦，则已（己）身何由长大？怕女后日贻羞，则生男后日岂能必其尽佳。况男女定自天命，一人该得几女，溺死者即不算数。故每见人溺一女，又生一女，必要补足其数而后已。徒多吃临盆之苦，痛积杀命之恶孽耳。使妇人习闻此言，共知此理，则此风可息[1]。

综观蔡氏提出的五条"劝救溺女法"，大致可归纳为三个要点：①以家庭、家族为单位，对溺杀女婴之行为进行批判、严惩及监控、引导（详见第一条、第二条、第五条）；②士人阶层是社会的文化精英，他们是读书明理之人，是民间知识分子，理应承担起劝勉人伦、移风易俗的重任，应当利用各种机会对自己身边的家人、亲属、朋友等宣讲溺杀女婴的危害及悖德（详见第三条）；③号召富家捐产以救

---

[1] （清）朱宝慈等：《同治江山县志》卷一，载《中国地方志集成·浙江府县志辑》第59册，上海书店，1993，第248~249页。

贫女，借此解决抚婴的经费问题（详见第四条）。下面，我们针对这几点内容进行深入分析和论述。

第一，中国古代宗法制社会以血缘关系为纽带，始终强调家族内部的凝聚力和制约性，而溺杀女婴终究是发生在床帏之中，属于家庭内部的私人行为，故而杜绝溺杀女婴之风必须首先从源头抓起、从家族内部入手，建立起一套内部监督、制约和震慑的机制，才能做到标本兼治、事半功倍。这也是为何"蔡氏五法"中竟有三条（法）是围绕家庭及宗族而展开的原因。

蔡氏五法中首条规定：本家子孙若溺杀女婴，祖父应当将其从家谱中除名、逐出宗祠。对于古人而言，这是十分严厉的惩罚，极具震慑力。这意味着他无论生时抑或死后均被剥夺了家族身份，生时不能进祠堂而形单影只，死后不得入葬祖坟而为孤魂野鬼。为了加强此条法则的有效性和持久性，蔡英还建议"（祖父）当书之遗嘱、载之宗谱，告之祖先、鸣之族长，俾世世守之勿易"。

蔡氏五法中次条规定：若族内发生了溺女事件，宗长必须召开阖族会议，对于溺婴者（男性）施予杖责或罚银。凡溺杀女婴者，无论身份贵贱（绅衿、齐民）均需在祖灵前杖责以示公开惩戒，若"情愿输银赎责者"则视其家产多寡按照一定比例而罚银充作公产，并资助本族中正在抚养女婴的贫户以示奖勉。

如果说，上述两条都是针对男性成员的话，那么蔡氏五法中的第五条就是针对女性成员作出的规定。此条谈到家长、族长应当时常训导和劝诫本家、本族中的妇女，让她们明白溺杀女婴的罪过，对于抚育女婴而引发的种种顾虑要逐一进行劝导和化解，并通过轮回报应、天命定数等宗教学说对妇女施予说教和恐吓。

第二，在中国古代的城镇及乡村中，地方乡绅及名士的影响力绝对不容忽视。他们是一个特殊群体，在当地拥有较高的名望，扮演着独特的社会角色，在某种程度上具有引领风气的作用，事实上他们在

下层民众中的号召力远非官员、商贾及普通百姓所能企及的。蔡英清醒地意识到若能赢得这一批领袖人物的支持和配合，将会极大地促进溺杀女婴之风的改善。

蔡氏五法中第三条即着眼于士人乡绅，希望他们以身作则，最大限度地发挥自己的名望和人格魅力的作用，在言谈交往、出行游乐等日常生活中利用一切机会向身边的家人、亲戚、朋友宣讲溺杀女婴的惨绝人寰，劝谕仁慈、激发爱心，倡导良好的人伦秩序。通过他们的道德说教及知识传播来带动乡邻，最终达到移风易俗的效果。最后，蔡英指出，抑恶扬善、改善民风、教化民众，是知识分子理应承担的社会责任。

第三，若想禁绝溺婴之风，不仅要从观念上正本清源，还需在经济上给予切实援助。针对贫户无力抚养女婴的现实问题，蔡英提出了富裕人家捐助 1/10 田产的设想，借此解决抚婴经费紧张的难题。蔡氏五法中的第四条即云：人丁不多且有百亩田产的富裕之家可自愿认捐田地的 1/10（即 10 亩）作为不动产，对富家大户来说并没有造成太大损失，但这 10 亩田地每年收租可获谷 10 石，用以接济亲属及邻里中贫困无力抚养女婴的人家，使他们不必因生计而溺杀女婴，先施予 1 石谷，并登记造册、详录女婴姓名及生辰，此后随着女孩年龄增长而逐年递增口粮，直到女孩长到 15 岁为止，总计发放 40 石谷。富人捐出的这些田产在其生前仍由自己经营，死后归入公产，择其子孙中贤良者执掌打理。如此一来，这些田产就可以代代相传、造福子孙，认捐富室也会因积德行善而获天佑。

蔡英所倡"劝救溺女法五条"是否得到实施尚不得而知，但他提出的上述设想在当时堪称难得的创举，由此显示出了他本人十分独特的眼光、见地和胆识。蔡氏五法首先着眼于家族、宗族，试图借重家长、族长的权威和强调宗法血脉的延续性来震慑溺杀女婴的行为，同时注重地方士绅对民众的教化作用，希望借助他们的影响力来推动乡村陋俗的扭转。

对儿童及青少年的救助及教育培养是慈善事业的重要内容。2007年，开化县推广"留守儿童俱乐部"建设，将关爱农村留守儿童的身心健康作为大事来抓，并逐步将服务对象从留守儿童向所有农村未成年人延伸，发动社会力量献爱心，形成了人人参与、人人关爱农村留守儿童及未成年人思想道德建设的良好社会氛围，为农村留守儿童及青少年解决了生活困难及情感交流等现实问题，同时为外出打工的劳务输出人员解除了后顾之忧。据此次国情考察所掌握的材料看，截至目前开化县共计建有"留守儿童俱乐部"219个，乡村文化活动室199个，农民书屋97个，市、县特色文化村126个，体育小康村286个。同时改善了农村的基础设施，完成了有线电视、广播村村通工程，实现了电视、电话、互联网入村入户的既定目标。这些惠民利民的措施，不仅有助于加强乡风文明教育，也不断优化了农村未成年人成长环境。

此外，当地有关部门利用寒暑假、节假日等课余时间，开展青少年主题实践活动，加强未成年人爱国主义教育。为了实现农村未成年人教育的常态化、机制化，当地政府将原有以社会自筹为主的"留守儿童俱乐部基金"纳入财政预算，每年安排一定的专项资金作为活动经费，在政府主导下，调动全社会力量，多渠道筹集资金，开展公益事业。在多方支持下，开化县"留守儿童俱乐部"每年都会推出一系列活动项目：有针对性地设置文娱互动演出和社会实践活动，组织机关党员干部开展"书送希望、情达四方"好书好刊捐赠活动，还有亲子书信交流活动、环保小卫士活动、流动青少年宫活动，不定期开展义诊活动，设立青少年维权岗开展法律援助活动，开展净化网吧网上环境专项行动。同时，深化"双向结对、共建文明"活动，将全县128个省市县级文明单位与各"留守儿童俱乐部"结对，实施对口支援，为留守儿童捐款、捐物、送衣、送书，促进乡村"俱

乐部"硬件设施和文明理念的全方位提升。

关爱儿童、呵护未来，是全社会的共同责任。在社会各界的齐心合力下，衢州市现已形成人人关爱、人人参与未成年人思想道德建设的良好社会氛围。

（六） 扎根民间的非物质文化遗产

衢州市各级政府十分重视非物质文化遗产的保护工作，将其作为弘扬传统文化的重要内容之一。迄今为止，衢州市 8 项民俗活动列入"国家级非物质文化遗产名录"：西安高腔、南孔祭典、烂柯山的传说、九华立春祭、龙游皮纸制作技艺、婺剧、廿八都木偶戏、开化草龙。另有 71 项（含国家级 8 项）民俗活动列入"省级非物质文化遗产名录"，其中民间文学 4 项，传统音乐 3 项，传统舞蹈 17 项，传统戏剧 10 项，曲艺 2 项，传统体育、游艺与杂技 2 项，传统美术 1 项，传统技艺 19 项，传统医药 1 项，民俗 12 项。此外，207 项（含省级 71 项）列入"市级非物质文化遗产项目名录"，其中民间文学 20 项，传统音乐 11 项，传统舞蹈 42 项，传统戏剧 13 项，曲艺 6 项，传统体育、游艺与杂技 6 项，传统美术 13 项，传统技艺 52 项，传统医药 4 项，民俗 40 项。衢州市现有全国重点文物保护单位 4 处：孔氏南宗家庙、衢州城墙、湖镇舍利塔、三卿口制瓷作坊。另有省级文物保护单位 78 处。

位于柯城区的"邵永丰"麻饼店（今为衢州市邵永丰成正食品厂）是一家百年老店，始创于清光绪二十二年（1896 年），是衢州市唯一一家被商务部首批认定授牌的"中华老字号"、省级非物质文化遗产企业。该店以生产衢州传统食品麻饼为主，因历史悠久、做工讲究而享誉海内外，于 2010 年在台湾开设连锁店，成为浙江省首批赴台投资的企业之一。经过这些年的快速发展，该企业不仅积累了雄厚的经济实力，而且十分重视制作技艺的传承和保护，近年来投入巨资建设了一座集"中华老字号"传统文化、非物质文化遗产手工技艺项目表演、旅游产品制作观光、手工技艺传承人培训基地等为一体的展示中心。作为知名品牌，"邵永丰"将企业文化与传统文化有机结合起来，将"食不厌精"的传统食文化注入"顾客至上"的现代企业精神之中，对食品质量、制作流程等始终坚持严格要求，力争将传统手工艺提升到艺术水平。"邵永丰"麻饼制作技艺的整个流程共计100多道工序，纯由手工完成，尤以"飞饼""百叠灶"闻名遐迩，是一份珍贵的非物质文化遗产，它的生产和消费习俗集中体现了中华传统文化的丰富内涵。2007年被列入第二批浙江省非物质文化遗产名录，目前正酝酿申报世界"非遗"（民俗类）项目。

开化县在推广生态文明建设的过程中，十分重视民俗文化对加强公民道德建设的积极作用，注重民俗文化的传承和保护。当地政府及有关部门定期举办各类庙会、古佛节、保苗节、中秋舞草龙等民俗表演，有意识地发掘民俗信仰中有价值的成分，秉承"寓教于乐"的宗旨，编排弘扬传统美德的文艺节目，通过文化下乡等多种形式，将优秀的传统价值观念在民众中进行传播和推广。这些喜闻乐见的娱乐形式不仅易于被广大民众所接受，而且传承了优良的传统文化，凝聚了人心、民心和向心力，将传统文化及民俗信仰转化为经济发展优势和道德教化方式，有效地提升了地方文化软实力，有力地加强了公民道德建设。这些努力也得到了国家及省市有关部门的认可和肯定：开化县苏庄以"舞草龙"这个特色项目被浙江省首次确立为"中秋节文化标志地"，中国根雕艺术博览园被确立为国家级文化产业示范基地、浙江省"非遗"宣传展示基地与"非遗"生产性保护基地。

三　对策与建议

优秀传统文化是中华民族几千年累积的宝贵精神财富，我们必须

加以继承和发扬。目前，全国各地陆续开展了各种形式的传统文化宣传和教育，这不仅可以使人民群众了解我国古老的传统文化，从而激发爱国心，增强自信心和自豪感，而且对日常行为举止和人格塑造有很好的提升作用，在潜移默化中培养爱心和责任感，树立良好的价值观念，使人们懂得关心别人、甘于奉献，进而促进社会人际关系的和谐稳定。

（一）优秀传统文化与基础教育的接轨与互动

通过本次考察我们可以看出，衢州市民及各级地方政府对传统文化在公民道德文明建设中所起的作用基本是持欢迎和肯定的态度。必须指出的是，传统文化教育及良好道德观念的树立必须从基层抓起，从教育入手，真正做到持之以恒、润物细无声。只有实现国学教育与国民教育（尤其是基础教育）的接轨和互动，才能保证传统文化对公民道德文明建设产生源源不断的生命力。由于现行的课堂式教育体制相对缺乏伦理道德和价值观念的引导和宣扬，开展传统文化启蒙教育恰好能弥补这一空缺。将传统文化及乡土教育纳入中小学日常课程，有利于国学教育的规范化和长期性，也有利于中华优秀传统文化的保存和发扬。结合当地的实际情况，不断推进传统文化及"非遗"保护工作的制度化、规范化，多渠道、深层次抓好传统文化的普及工作，尤其注意从孩子抓起，从幼儿园及中小学开始普及，积极推进传统文化及"非遗"文化进教材、进校园、进课堂、进头脑，使其融入国民教育全过程；应建立一批传统文化及非物质文化遗产传承教学基地，将表演艺术与手工技艺展示相结合，将静态展示与活态体验相结合，全方位地展示传统文化的魅力，从而激发更多民众自愿参与到传统文化的传承与保护中来。

当然，在中小学开展国学及乡土教育时要掌握方式和方法，应当注意取其精华、去其糟粕，结合现实情况积极引导孩子正确领悟传统文化的精髓。对此，我们有针对性地提出几点建议。

第一，中小学开展国学教育应该长期坚持，定期开展，每周集中开展 1~2 次，平时加强训练。建议配备专业国学教师和电教设备。在课程中纳入一定数量的国学内容。

第二，中小学开展国学教育要渗透到学习的过程中，起到润物细无声的作用，要注重孩子的品行教育。

第三，在中小学开展国学教育应把握度，在不影响日常课程学习的情况下有选择地开展，不可以不传，也不可以误传，深浅必须谨慎把握。而且要取其精华、去其糟粕，建议筛选那些有意义、有价值的内容，分年级和年龄段进行汇编整理。

第四，开展相关的活动来丰富、完善这一教育的内容。小学开展国学教育不能仅仅停留在背诵等形式上，要让孩子学以致用，和实际生活相结合，采用多种形式推进，辅以相关的讲座，真正让学生了解经典，将文明、礼仪融入思想深处。

第五，当地政府有关部门应不断完善和提升祭孔大典及儒学论坛的档次和品位，进一步开发与南孔有关的文化项目。同时注意调动广大群众的积极性，欢迎市民参与到活动中来，使每位市民都成为推动传统文化与道德文明建设中的一分子，使他们在参与过程中受到熏陶，自觉提高认识和素质。

（二）烂柯山仙道文化的保护与开发

当地有关部门已认识到"南孔"对于当地文化及旅游业的重要性，不断推出各种措施进行宣传和开发。建议在继续打好"南孔"这张牌的同时，也应注意保护和彰显衢州地区历史文化的多样性、多元性。烂柯山及其传说，是衢州人民的宝贵物质财富和精神财富。但

就目前状况而言，当地有关部门对烂柯山的保护和开发尚需投入更多的时间和精力，也有很多工作需要落实，应从硬件设施和文化内涵两个方面入手充实和加强，在不破坏人文自然环境和原有建筑风格的前提下，尽可能增添一些功能性设施、仿古式建筑及文化展示馆，同时也应结合当地实际情况定期开展相关的文化宣传和推介活动。

烂柯山传说流传很广，以至于全国各地出现了不少以烂柯山命名的山峰，如河南洛阳新安、广东肇庆高要、山西晋城陵川的棋子山等。在这种局面下，衢州市有关部门应该有一种紧迫感和危机感，正本清源，借助学者的力量、利用方志文献考证烂柯山传说的发源地——"信安县"就在浙江衢州市区，从而树立衢州烂柯山的正宗地位，将衢州"烂柯"这一金字招牌做大做强，让全国人民知道"王质遇仙"就在这片三衢大地上，这里才是"烂柯仙境"的真正祖庭。

当地民众流传一种说法："南孔庙是空的，烂柯山是滥的。"这种说法虽然夸张，但在某种程度上反映出南孔庙、烂柯山的现状以及人们对衢州两个文化地标的认识和看法。如何努力扭转这一不利局面，应是当地主管部门值得深入思考的问题。目前，当地旅游部门将烂柯山定位为"围棋文化"的发源地进行宣传和报道，包括景区内人文景观的设置都是以围棋为背景，2007年"烂柯山——围棋仙地传说"也被列入浙江省非物质文化遗产名录。这固然没有错，但过于狭窄和片面了。其实，烂柯山传说的核心不在于"棋"，而在于"仙""隐"。从烂柯传说的情节构成分析，"童子对棋"仅是渲染仙境的一种辅助手段，并非主题。事实上，北魏郦道元《水经注》引《东阳记》中记载了另一版本的烂柯传说："信安县有悬室坂。晋中朝时，有民王质，伐木至石室中，见童子四人，弹琴而歌。质因留，倚柯听之。童子以一物如枣核与质，质含之，便不复饥。俄顷，童子曰：其归。承声而去，斧柯漼然烂尽。既归，质去家已数十年；亲情凋落，无复向时比矣。"这里谈到王质在烂柯山见到"童子四人，弹琴而歌"，其中并无"对棋"或"观棋"元素，由此见证了古人对于烂柯传说的理解和诠释。当地文化部门在对烂柯山进行宣传和包装时，应注意将围棋文化与仙道文化结合，将其定位为"围棋胜地"与"洞天仙境"的复合体，充分发掘烂柯山传说中所蕴涵的仙道文化并重视其在道教"洞天福地"学说中的地位，从而将烂柯山打造成为仙道文化、养生文化的旅游胜地。

现代城市人生存压力大、生活节奏快，这就极大地激发了人们内心中寻找世外桃源的渴望。人们希望在现实世界中寻找到类似人间仙境的精神寄托，可以暂时忘却人世间的烦扰和忧愁，实现心灵的放松和超脱。"烂柯仙境"给人以无限遐想的空间，这正是历代文人墨客驻足此地、流连忘返的原因。有鉴于此，当地部门应充分发掘烂柯山的历史文化资源，推动旅游、拉动经济，实现开发和保护的双重效果。

（三）非物质文化遗产的传承与延续

复兴传统文化、关注文化遗产，保护城市遗存、彰显城市个性，正日益成为衢州244万人的共同期待和美好愿望。全市各级地方政府及相关文化主管部门应该进一步深入开展"非遗"普查工作，打破旧有的条条框框，将流传于民间的优秀文化遗产尽可能挖掘、抢救出来，并妥善加以保护。同时也应努力扭转"非遗"工作中长期存在的"重申报、轻保护"的不良倾向，相关部门应将"非遗"文化的传承与延续问题提到重要议程上来。在基层工作的一线干部群众应该有充分的认识：经过发掘和申报，一些传统民俗项目被列入国家级、省级、市级、县级非物质文化遗产保护名录，这仅仅是第一步，更为重要的是"非遗"项目的传承与延续，要花大气力来思考如何使这

些优秀的民族文化代代相传，焕发出新的生机和活力。我们认为，其中关键的工作就是让广大群众深切地感受到民俗文化的魅力与传承的重要性，从而调动他们的积极性，让他们自愿、主动地参与进来。

这就要求有关部门在进行"非遗"工作时，要充分考虑群众的品位和需要，让"非遗"项目的保护和宣传工作尽可能地贴近基层、贴近群众、贴近实际，尊重人民群众的生活方式和宗教信仰，在文化宣传时注意将传统节日与民间习俗结合，适时提供经费和场地，最大限度地调动当地乡民、企业和社会团体参与进来，这样既保护了民俗文化（"非遗"项目）的传承和延续，保护了地方文化和民俗特色，又调动了群众的积极性，增强了凝聚力和向心力，让广大群众在自娱自乐中深切领悟到传统文化的精髓和魅力，使他们自觉成为非物质文化遗产的创造者、传承者和保护者，同时促进非物质文化遗产与自然生态、人文生态的和谐共存。

此外，当地政府在"非遗"资源的开发和市场培育过程中，应当把握好分寸，尊重非物质文化遗产的原生态性、本真性及自身传承的规律性，坚持就地保护、濒危优先、科学利用、合理开发的原则，防止过度包装和表演程式化，警惕恶意炒作和虚假宣传，杜绝有损传统文化的行为方式，以免使民俗文化失去自身特色和艺术感染力或沦为庸俗和低俗的文化。同时应注意"非遗"文化及民俗传统与农村文明新风建设相结合，充分发掘和保护培育农村特色文化和传统习俗，加强卫生、礼仪等知识的普及教育，积极引导农村健康文明的生活与消费理念，努力将平安、和谐的生活理念渗透到农民日常生活中去。

（四）生态环境保护与经济发展的可持续性

衢州地处浙江母亲河——钱塘江的上游，这里生态环境的好坏将直接关系到钱塘江中下游地区乃至整个浙江省的饮水质量。有鉴于此，衢州各级地方政府始终将生态环境的保护和利用视为头等大事来抓。

我们必须清醒地认识到，当前在现代化产业快速发展的大趋势下，生态环境保护仍面临诸多挑战。当地有关部门应该将生态环境保护与当地经济发展相结合，推动绿色经济发展，促进经济发展与生态建设良性互动，走生态富民的可持续发展道路。当地政府应将生态文明建设与农村基础设施建设有机结合起来，进一步改善农村人居环境和广大农村居民生活品质，大力推进"生态乡村"建设，继续深化村庄建设、村庄绿化，改善农村人居环境，进行环境污染整治建设，开展垃圾处理、污水治理、厕所改造等惠民工程，落实退耕还林、下山脱贫等惠农政策，促进有利于农民增收的新兴产业的发展，增加农民收入，培育农村新的经济增长点，不断增强农民创业增收能力，要让人民群众尤其是广大农村居民从生态保护中得到实惠、尝到甜头，从而自觉、自愿地承担起维护生态环境的重任。

有关部门应结合当地生态优势，发展绿色环保行业，推动绿色旅游发展，大力扶植生态产业。根据此次国情考察，我们归纳出几点有益的尝试。

（1）建设"美丽乡村"，大力发展生态旅游。当地政府有关部门应对生态旅游业予以高度重视，将其作为新兴战略产业加以培育，加大资金投入和扶植力度。在部分条件成熟的农村及林区开展以休闲度假为主的农家乐和休闲产业，将生态环境的保护与开发合理利用结合起来，增加农民的经济收入，从而调动当地村民的积极性。开化县提出了"钱江源生态文化休闲旅游度假区"的建设目标以及建立草龙生态保护区等，对拉动当地旅游业和地方经济发展都是可喜的尝试。

（2）打造"绿色农业"，大力发展生态养殖产业和果蔬农产品行业，大力发展无公害农产品、绿色食品和有机产品，加快培育绿色食品生产基地。譬如，清水鱼产业和蚕桑产业成为开化县的一大特色产

业，2011年全县清水鱼养殖面积达1290亩，实现产量1460吨，产值达4100万元；2011年全县蚕种饲养量达1.0787万张，产蚕458.5吨，产值达1515万元。龙游县大力推广荷花种植，如今万亩荷塘连成一片、蔚为壮观，不仅吸引了外地游客慕名前来参观，而且与荷花有关的系列产品也成为拉动当地经济发展的重要支柱。

（3）推进绿色产业的转型升级。有关部门应从资金和政策上扶持新兴绿色产业，拓展新能源、新材料，培育和壮大新兴支柱产业，强化农林产品的深加工和综合利用，提高附加值，形成特色产业。

（4）推进"资源再循环"建设，变废为宝，实现部分资源和能源的良性循环和再利用。当地有关部门扎实推进城市及农村环境的综合治理工作，通过垃圾分类处理及厕所改造工程，实现沼气资源的合理化利用，通过污水净化和再处理工程，实现淡水资源的可循环使用，对规模化禽畜养殖场给予一定的资金和技术上的倾斜和支持，大力推进养殖业与种植业的良性循环，并实现排泄物的资源化处理和综合利用。

第三章　当代文化视野中的
公民道德建设

刘　丰[*]

随着我国社会主义现代化建设的飞速发展与顺利推进，在切实加强社会主义法制建设、实现依法治国的同时，进一步加强社会主义公民道德建设，把法制建设与道德建设、依法治国与以德治国紧密结合起来，通过公民道德建设的不断深化和拓展，逐步形成与社会主义市场经济、当代社会发展相适应的社会主义公民道德体系，成为我国社会主义现代化建设过程中的一项重大任务。

现代社会是一个利益诉求和价值观日益多元化的社会，多元是现代社会与现代文明的重要特征。多元化发展的社会要求我们除了用法律维系利益关系的公平与和谐之外，公民道德对于调节人们之间的利益关系也具有重要作用。良好的公民道德以及团结、向善、平等、互助的社会氛围，可以调整各种利益矛盾与冲突，消除矛盾激化的潜在因素，从而达成谅解、构成共识、凝聚力量、协调行动，形成谅解宽容、和睦相处、友爱向善的人际关系，对于实现社会的良性发展，构建和谐社会，具有非常重要的意义。

* 刘丰，中国社会科学院哲学研究所中国哲学研究室副研究员、博士。高颖参与了本章的前期写作工作，特此致谢。

　　自2001年《公民道德建设实施纲要》发布以来，全国各地在公民道德建设领域涌现出了一大批道德文明建设的典范事例和道德楷模，代表了公民道德建设所取得的重大成就。近年来，衢州市先后涌现了舍己救人的"最美爷爷"、拯救学生一家三口性命的"最美教师"、救人不留名的"最美护士"、三进火场浴火救人的"最美警察"、一辈子扎根基层的"最美干部"、勇救跳河女子的"最美大学生"等一系列"最美"人物。他们舍己救人的英雄壮举，在平凡的岗位上数十年如一日默默地奉献自己帮助他人的感人事迹，以及衢州各界开展的以"争做最美衢州人"为主题的讨论与实践活动，在全国范围内产生了极大的影响。"最美衢州"成为衢州城市亮丽的名片，衢州也成为近年来公民道德建设过程中的一个样本与典范。及时研究、总结并大力推广这些"亮点"，对于弘扬社会正气、聚集社会正能量、唱响时代主旋律、推进社会主义公民道德建设以及践行社会主义核心价值观，都具有重要的理论意义与指导作用。

一　社会经济发展与
公民道德建设

　　我国实行改革开放以来，在经济建设以及社会整体发展方面取得了举世瞩目的重大成就，极大地满足了人们的物质需求，城乡居民生活水平有了显著提高，但与此同时，在思想文化和精神文明建设方面也出现了一些问题。比如，追逐个人利益、金钱拜物教的盛行侵蚀了人们的道德意识；拜金主义、享乐主义、极端个人主义流行，权钱交易等腐败行为模糊了人们对是非、善恶、美丑的评价与判断；人际交往的冷漠化、生疏化成为困扰当代人的精神病症。这些当代社会问题阻碍了社会的健康发展，是我们在实现社会全面进步的过程中必须认真对待的。

但是另一方面，我们也要看到，一定的经济基础是道德建设与文化发展的必要条件，高尚美好的道德情操与丰富多彩的文化建设需要一定的物质条件作保障。中国古代思想家早就指出，对于广大民众要"先富后教"，道德教化在物质生活富裕之后才可以进行，并且认识到"仓廪实而知礼节，衣食足而知荣辱"，这也说明了道德意识与教化要建立在充足的物质基础之上。在当代社会进行文化建设以及道德建设，同样需要充足的物质条件。

（一）经济发展的总体成就

衢州市位于中国改革开放、社会主义市场经济发展前沿浙江省的西部。衢州自古以来就有"四省通衢"之称，位居浙江、福建、安徽、江西四省交汇处，为四省边界中心城市。地域优势使衢州交通便利，能够融合各地的资源、文化优势，为经济发展创造了有利条件。虽然在浙江省内来看，衢州在经济发展方面还属于欠发达地区，但是在全国范围内来看，衢州的社会经济发展在整体上依然属于比较发达的地区。尤其是 2011 年以来，由于国际国内经济形势复杂严峻，全球经济增长乏力，国内经济增长速度放缓，在这种异常复杂的经济发展环境下，衢州市的地区生产总值、财政收入和居民收入都保持了较高速度的增长。

2011 年，衢州市实现生产总值 890.29 亿元，同比增长 11.0%，增幅位居全省第三。分产业来看，第一产业增加值为 75.96 亿元，同比增长 4.3%；第二产业增加值为 489.62 亿元，同比增长 11.7%，其中工业总产值为 417.55 亿元，同比增长 14.0%；第三产业增加值为 324.71 亿元，同比增长 11.5%。2011 年，全市人均 GDP 达到了 35344 元，约合 5472 美元。全年实现财政总收入 95.02 亿元，比上年增长 26.1%，其中地方财政收入 57.57 亿元，同比增长 22.6%。这

些统计数字表明，衢州市近年来经济运行状况良好，为人民群众提供了充足的就业岗位，人们生活安居乐业，社会稳步发展，这为衢州市开展文化、教育以及公民道德建设奠定了坚实的物质基础。

在我国社会主义现代化建设过程中，我们逐渐认识到精神文化与物质文明同等重要，经济发展与文化建设、公民道德水准的协同提高，对于我国社会经济文化的可持续发展，对于实现中华民族的伟大复兴，具有重要的战略意义。浙江省在经济率先发展、经济建设取得举世瞩目的成就之后，又适时提出了"建设物质富裕、精神富有的现代化浙江"的口号。在这种具有战略意义的原则指导之下，衢州在经济快速发展的同时，教育、医疗、城乡统筹发展等民生事业也取得了很大进展。

（二）文化产业迅速发展

与浙江沿海发达地区相比，衢州市总体上在浙江省属于经济欠发达地区，但这种滞后性反而成为衢州现代发展的后发优势，使衢州在经济发展方面避免走传统工业经济"先污染，后治理"的老路，能够综合协调经济与社会发展，大力发展现代新兴产业。近年来，衢州把文化产业看做重要的战略新兴产业，使之成为经济发展新的增长点。

文化产业是随着我国社会主义市场经济的逐步完善和现代生产方式的不断进步而发展起来的新兴产业，它是当代文化发展的一个重要组成部分，也是促进经济可持续发展、建设文化强国的一个战略点。衢州市依托现有的文化资源，对全市文化产业发展进行科学规划，推出中国围棋谷、中华龙谷等在建或拟建项目 85 个，总投资达 144 亿元。重点扶持已初具规模的根雕、莹白瓷、动漫等文化产业，实现从数量规模向优质高效的转变，从粗放型向集约型的转变。例如，投资

4.5 亿元建设的中国根雕博物馆，已入选国家文化产业示范基地。另外，衢州黄龙玉、江山彩陶、常山观赏石等文化产业也逐渐发展壮大，在浙江省内具有较高的知名度。

从文化产业的整体布局来看，衢州市正在着力构造"一核四区"文化产业发展总体布局，以衢州市为全市文化产业发展内核，积极推进龙文化产业聚集区、世界自然遗产休闲文化产业聚集区、石文化产业聚集区、生态文化产业聚集区的建设，大力实施文化产业发展"128 工程"，即精心培育 10 家高新文化企业、20 家重点文化企业、8 个重点文化产业园区（基地）。据不完全统计，目前衢州共有文化产业单位 2129 家，从业人员为 3.2 万余人，年产值达 17 亿元。

文化产业的发展为城市注入了新的活力。衢州市各区县大力推进文化与城市相融合，注重将文化元素融入城市建设、城市宣传、城市发展之中，结合历史文化街区和文化遗产的保护管理，充分发掘衢州市特有的文化底蕴，通过中国儒学馆、水亭门和信安湖一带的城市项目布局，在提升城市级别的同时，也使城市更好地传承了文化血脉。

（三）公共文化服务体系建设

随着社会经济的发展，衢州市的公共文化服务体系建设也有新的进展与突破。衢州市大力实施百亿文化力工程，把文化基础设施建设与城市同步规划、同步实施，多渠道、多形式筹措建设资金，加快推进全市文化基础设施建设，基本形成了以市区为枢纽，连接各县、辐射村镇的公共文化设施网络。在加大政府投资的同时，积极鼓励社会资本参与文化建设，以博物馆、广电大楼、文化艺术中心等为标志，政府投资型大型公益性项目成为主城区公共文化服务的平台，宏泰电影大世界、衢州人文博物馆、开化根雕博物馆等民营文化设施也相继涌现，政府主导、社会参与的公共文化投入格局初步形成。衢州所辖

各县（市、区）文化设施建设步伐加快，龙游、江山、开化等地的一批文化艺术中心建成使用。乡镇文化站实现 100% 覆盖，村级文化活动场所覆盖率提高到 88%。

据《衢州市主要经济社会指标和文化发展指标情况（2011）》提供的数据，2005～2010 年，衢州市主要文化发展指标中的文化事业费、人均文化事业费、每万人拥有公共图书馆面积、人均拥有公共图书馆藏书、人均购书费、每万人拥有群众文化设施面积、艺术表演团体数、艺术表演团体观众总数、博物馆参观总人数等，都有不同程度的增长[①]。

在公共文化服务体系建设过程中，满足广大农民的文化需求是特别重要的方面。为此，衢州市在全省率先启动了"农家乐文化大篷车"，至今演出 1000 余场，受益群众达近 100 万人，并得到了中宣部领导的肯定；针对农民看书难的现状，在全市农村建立农家书屋 872 个，免费配送书籍 84 万册，这一做法得到了省委宣传部的肯定并在全省推广；适应农民工文化需求，建立了农民工文化俱乐部，先后推出农民工艺术团、《民工文化报》等 13 个特色服务项目，55 万多人次从中受益；适应居民健身娱乐的需求，着力抓好"彩色周末文化广场""康乐广场"等建设，基本建立了"十五分钟文体活动圈"。

综上所述，衢州市经济发展与公共文化服务体系建设方面取得了巨大成就，这为开展公民道德教育与建设提供了坚实基础。在经济发展、社会进步的同时，衢州市在公民道德建设方面也取得了骄人的成就，成为令人瞩目的"道德高地"。近年来衢州出现的一系列"最美"人物与事迹，就是公民道德建设成就的集中体现，在这些"最美"人物身上洋溢着感动社会的道德力量，彰显着凡人善举的人性光辉，既体现了中华民族优秀的传统美德，又闪烁着时代精神的

---

① 参见浙江省文化厅网站公布的统计数据。

光芒。

衢州市委副书记李剑飞在衢州市道德模范事迹表彰报告会上的讲话中指出："十二五"时期是衢州发展的黄金期、转型升级的突破期和民生事业的提升期，要加快"两个崛起"，实现"三大目标"，既取决于经济实力，也取决于文化实力。市民素质是最重要的软实力，这就要求我们高度重视公民道德建设，在全市形成诚实守信、爱岗敬业、乐于奉献、善于创新的社会风尚，为经济社会发展营造良好氛围、提供重要保障。可以说，衢州市各级领导都已经充分认识到，加强公民道德建设，不仅是个人修身养性的事情、是为了提升个人道德素质，而且对于社会风气的净化，对于经济发展与社会进步，对于整个社会的和谐稳定与可持续发展，都具有极其重要的意义。

二　当代文化发展与公民道德建设

（一）传统文化的深厚资源

当代文化的发展首先是对传统文化的继承，是在对传统文化继承之上的发展与创新。在中国近代历史上，由于列强的入侵，在西方文化的强势面前，很多人具有激烈的反传统倾向，至"五四"时期发展至高潮。当时很多先进的中国人认为，中国要实现国家的强盛与文化的更新，必须坚决抛弃传统文化这个沉重的包袱。反思中国传统文化，从西方引进民主与科学"德、赛二先生"，对于中国社会的进步与现代化，产生了非常深远的影响，其历史地位是不容抹杀的。但是另一方面，经过近百年的发展，在历史的反复中我们逐渐认识到，传统与现代是不能截然断裂的，而是一个延续的整体。中国当代的文化与社会发展必然是传统文化的进一步延续与展开。我们当下所进行的

经济建设、文化建设与社会发展，包括公民道德建设，首先面对的依然是我们在几千年的历史发展中积淀形成的传统资源。因此，对于传统文化与传统资源，我们应当采取积极的态度。

《公民道德建设实施纲要》指出，在社会主义公民道德建设的实践过程中首先要继承中华民族几千年形成的传统美德。《浙江省公民道德建设纲要》也指出，在公民道德的建设过程中要积极发挥传统美德的传承作用，深入挖掘和利用传统文化中的道德精髓，弘扬中华民族的优秀传统美德，注重从传统文化中发掘符合当今时代发展方向的优良道德。坚持继承优良传统与弘扬时代精神相衔接，传承和弘扬中华民族几千年来形成的勤俭、慈孝、礼让、感恩、诚信等优秀传统美德。由此可见，继承和弘扬中华民族传统美德，并结合时代精神在新形势下加以发展创新，成为当前公民道德建设过程中的重要方针和原则。

道德是伴随人类社会始终的现象，任何社会都有一定的道德规范。道德原则除有创新性的一面外，还有继承性的一面。道德建设不能割断历史。对于包括中华民族传统道德在内的传统文化要取其精华、去其糟粕，并结合时代精神加以发展，推陈出新，使之发扬光大，这是我们在当代进行公民道德建设首先需要明确的指导原则。

衢州自然条件优越，历史文化传统悠久深厚。在夏商周时期，衢州属于百越之地，春秋初为姑篾国，后为越国姑蔑之地，战国时属楚。秦王政二十五年，衢州置太末县，从此衢州就有了县治。东汉初平三年，衢州开始建城，距今已有 1800 年的历史。1994 年，衢州被国务院命名为国家级历史文化名城。

衢州在中国历史文化中的重要性主要是从"南孔"开始的。北宋末年，孔子的后裔、衍圣公孔端友背着孔子的楷木像跟着赵构南迁，由此赐家衢州。至南宋时期，南宗有六代袭封为衍圣公，衢州也成为当时孔氏家室和孔学的活动中心，成为"东南阙里，南孔圣地"。

衢州地处闽、浙、皖、赣的交汇处，南宋时期，以朱熹、吕祖谦为代表的一批理学家活动于东南闽、浙地区，影响波及衢州。因此，理学与儒学的影响成为衢州主要的传统思想文化资源。

朱熹（1130～1200年）为徽州婺源（今属江西）人，是南宋时期理学的集大成者，在中国儒学发展史上是继孔子之后对儒学的发展起到承前启后重要作用的人物。他综合了自北宋儒学复兴过程中形成的各种流派的思想，同时还兼收并蓄了佛教和道教的一些思想资源，把儒学的发展推向了一个高峰，成为理学的集大成者。朱熹的哲学思想规模宏大，体系严密，富于理性精神，影响了其后学术思想的发展达六七百年之久。

吕祖谦（1137～1181年）字伯恭，婺州（今浙江金华）人，是南宋理学派别之一的代表人物，他创建了浙东的"婺学"，与朱熹、张栻齐名，时称"东南三贤"。全祖望在《宋元学案》中说："宋乾、淳以后，学派分而为三：朱学也，吕学也，陆学也。三家同时，皆不甚合。朱学以格物致知，陆学以明心，吕学则兼取其长，而复以中原文献之统润色之。"① 吕祖谦有深厚的家学渊源，史称"祖谦之学本之家庭，有中原文献之传"②。吕氏一家从北宋吕公著始，"登学案者七世十七人"③，在浙东地区影响深远。

朱熹一生主要讲学于福建、江西一带，学术影响遍及东南地区，而吕祖谦的婺学又源于浙江金华。衢州古属金华，位于理学传播的核心地区，朱熹、吕祖谦等人的理学思想很早就传播到了衢州。衢州在理学发展史上曾占有重要位置。

朱熹与吕祖谦以及他们所创立的学派均属于南宋时期东南地区兴

---

① 《宋元学案》卷五一。
② 《宋史·本传》。
③ 《宋元学案》卷七三。

起的理学，但是他们的思想、学问之间还是存在较大差异。相对来说，朱熹的思想偏重于经学与哲学，而吕祖谦则偏重于史学。为了讨论学问，他们于淳熙三年（1176 年）在衢州会晤论学，史称"三衢之会"。为了能够深入讨论，他们都不想让其他人知道相见的地点。淳熙三年朱熹在给吕祖谦的信中说："须一至衢，正以不欲多历郡县，故取道浦城以往，只拟夜入城寺，迟明即出，却自常山、开化过婺源，犹恐为人所知，招致悔咎。今承诲谕，欲为野次之款，此固所深愿。但须得一深僻去处，跧伏两三日乃佳。自金华不入衢，径趋常山道间尤妙。"① 最后"野次之款"定在开化县的僻静之处。朱熹与吕祖谦这次讨论了七八日，就《诗经》学、《尚书》学、《易》学、《礼》学以及儒佛之辨等问题展开了深入讨论。

正如有学者指出："三衢之会是朱熹经学与理学思想发展史上的又一块重要里程碑。如果说寒泉之会表明了朱熹同吕祖谦两人理学思想的一致，那么三衢之会却表明了朱吕两人经学思想的对立；如果说寒泉之会朱熹以《近思录》对周张二程理学思想作了历史的概括总结，那么三衢之会他以《杂书记疑》对吕张（无垢）二陆心学作了现实的批判清算。在三衢之会后，朱熹开始一面批判婺学（直至永嘉学、永康学）的功利史学，一面批判陆学的禅悟心学，克服自己学问的'支离'，对自己的生平学问著述初步完成了一次由博返约的总结。"② 在衢州开化县举行的三衢之会不但是朱熹思想发展过程中的一次重要经历，而且在整个宋代理学发展史上都具有重要的意义。

在吕祖谦去世后，朱熹还"与浙东学者吕祖俭等聚会于常山，为吕祖谦《吕氏家塾读诗纪》作序，刻版于江西漕"③。朱熹一生多次巡历衢州，一些重要的学术活动也在衢州举行，在朱熹、吕祖谦等

① 《朱子文集》卷三三。
② 参见束景南《朱子大传》，福建教育出版社，1992，第 358～359 页。
③ 参见束景南《朱熹年谱长编》卷上，华东师范大学出版社，2001，第 747 页。

理学大师的作用下，儒学、理学在衢州大地产生了深远而持久的影响。

儒学是中国传统文化的主体。由于衢州"东南阙里"的地位，儒学思想成为衢州当地思想文化的主要内容。据文献记载，南宋绍兴六年，衢州州学与孔氏家庙合一，自此重教崇学之风日盛。据元代马端临《文献通考》记载，当时全国 22 大书院，其中就有衢州烂柯山的梅岩精舍。在重教崇儒风气的影响之下，衢州历来儒风兴盛，自宋迄清，仅中进士者就有 1013 名，中举人及贡生者就更是数不胜数。由此也可见衢州教育文化之发达与儒学传统影响之深厚。

儒学的影响不仅限于士大夫精英团体，而且更为主要的是渗透到社会的各个方面，对社会风俗起到了引导作用。这也正是理学家特别重视移风易俗的缘由。例如，朱熹常年居于福建武夷山，活动范围遍及浙、闽地区，朱子门人有一些就来自三衢，对衢州地区的文化传统影响深远。朱熹还写有《衢州江山县学记》，记述了熊可量为衢州江山尉后整治荒废多年的孔庙的事迹。朱熹写道："子之邑故有儒先曰徐公诚叟者，受业程氏之门人，学奥行高，讲道于家，弟子自远而至者，常以百数，其去今未远也，吾意大山长谷之中，隘巷穷间之下，必有独得其传而深藏不市者，为我访而问焉，则必有以审乎此，而知所以为教之方矣。……熹不得而辞也，因悉记其事，且书其说如此。俾刻焉，既以励熊君，且以视其徒，又以告凡后之为师弟子而食于此者，使知所以自择云尔。"① 朱熹写此县学记的目的就是勉励后人积极向学。这对于衢州地区民风、学风的影响是积极而有力的。

又如，吕祖谦兄弟居明招山讲学，创丽泽书院，"四方之士争趋之"②，影响深远。"明招学者，自成公（吕祖谦）下世，忠公（吕

---

① 《朱子文集》卷七八。
② 《宋史·本传》。

祖俭）继之，由是递传不替，其与岳麓之泽，并称克世。……明招诸生，历元至明末绝，四百年文献之所寄也。……为有明开一代学绪之盛。"① 据明代弘治《衢州府志》记载，衢州当地风俗、学校设置、人物等均流露出浓烈的以儒家伦理道德为是非标准的倾向。例如，江山之风俗是："自元以来，习俗挠犷，颇尚华靡。国家教养兼至，民务本业，士知向学。"开化县"士夫好学习礼，自国朝以来益务本业，士风日盛，科第迭出"。常山是理学家讲学之地，"先贤朱考亭、吕东莱、张南轩游此讲道，又赵鼎、范冲流寓于此，故士习向学，迨入国朝，士有贤声，民无终讼，昔人谓君子多亢言而励行，易知而难狎，常之俗近之"。从《衢州府志》收录的理学、事功、节义、文士四类人物来看，无论是理学名臣徐霖、徐存、柴禹声、郑升之，还是事功之士舒国清、郑仲熊等，他们共同的一个特点就是遵循恪守儒家所宣扬的礼义廉耻道德规范，其言行无不合乎仁义礼智、忠恕孝悌的儒家伦理。

总之，由于衢州"东南阙里"的独特历史地位，以及自南宋以来以朱熹、吕祖谦为代表的理学所产生的深远影响，数百年来儒学的积淀成为当今衢州社会文化发展以及伦理道德建设的深厚的文化资源。近年来衢州市在积极推进公民道德建设与践行社会主义核心价值观的过程中，也自觉地、有意识地重视衢州的历史文化资源，积极发挥衢州"东南阙里"的文化优势，大力弘扬儒家文化精华，将传统文化教育与公民道德教育相结合，在全社会形成了人心向善、见贤思齐的良好氛围。

自2004年衢州恢复南宗祭孔以来，每两年举行一次学祭、一次孔子文化节，每五年举行一次社会各界公祭，让儒家重德行、重和谐的思想精华融入全市人民的日常生活。在衢州近年来涌现出的各类道

---

① 《宋元学案》卷七三。

德楷模的事迹当中，临危赴难、见义勇为、舍己为人的壮举等，都与儒家传统思想当中重视仁爱德性、杀身成仁、舍生取义的思想是相通、一致的。需要特别指出的是，在衢州频频出现的各类道德模范典型中，不仅有危难关头舍生忘死的英勇壮举，更有许多是在平凡的日常生活中凸显出来的高尚的道德典型，如扎根基层28年的干部周言松、调解邻里纠纷化解矛盾的叶兰花、龙游县评选的历届"十佳文明市民"等，他们在日复一日的平凡生活当中坚守了道德准则，从某种角度来说，他们的道德影响力更为持久深远。从文化传统的角度来看，这也与儒家道德重视中庸、重视伦常日用的特点是相通的。

孔子认为，中庸是一种极为高尚的道德标准，他之所以感叹人们难以做到中庸，不是因为中庸有多么高妙玄远，而是恰恰因为中庸就体现在现实生活的伦常日用当中，在日常生活中践行无过无不及的原则，这才是把握住了中庸的真谛。儒家重视在日常生活世界中体现道德情操，衢州市所弘扬的这些平凡的道德模范，正体现了中国传统文化当中对普通民众的道德要求，因此，这些道德模范因贴近传统而更易为广大民众所接受和认可。

总之，衢州市在加强公民道德建设的过程中，继承和弘扬以儒学为代表的中华民族传统美德，既是贯彻落实中共中央在《公民道德建设实施纲要》中提出的各项要求，也有助于全民族思想道德素质的提高。衢州出现的一系列道德模范事迹，从文化根源上讲，与中国传统文化中所蕴涵的深厚的道德理想是相通的，在衢州不断涌现"最美"人物，也绝不是偶然的，这也说明中国传统文化可以作为当代道德文化建设强有力的思想资源。

（二）当代先进文化与公民道德建设

弘扬先进文化，倡导社会主义核心价值观，是当代中国社会发展的时代主旋律。胡锦涛同志指出："社会主义先进文化是马克思主义政党思想精神上的旗帜。面对当今文化越来越成为综合国力竞争重要因素的新形势，我们必须以高度的文化自觉和文化自信，着眼于提高民族素质和塑造高尚人格，以更大力度推进文化改革发展，在中国特色社会主义伟大实践中进行文化创造，让人民共享文化发展成果。"①《中共中央关于深化文化体制改革推动社会主义文化大发展大繁荣若干重大问题的决定》还指出："社会主义核心价值体系是兴国之魂，是社会主义先进文化的精髓，决定着中国特色社会主义发展方向。"我们要用中国共产党所代表的先进文化来引导和塑造社会主义公民的高尚品德。正如浙江省委制定的《浙江省公民道德建设纲要》所规定的，要"把社会主义核心价值体系贯穿公民道德建设全过程"。"弘扬以爱国主义为核心的民族精神和以改革创新为核心的时代精神，坚持用以创业创新为核心的浙江精神凝聚力量、激发活力、鼓舞斗志，引导广大干部群众始终保持昂扬向上、奋发进取的精神状态。树立和践行社会主义荣辱观，深入开展社会主义荣辱观教育，引导全体公民增强知荣辱、明是非、分善恶、辨美丑的道德判断力和道德荣誉感。"这些指导原则明确表明，没有先进文化的积极引领，没有人民精神世界的极大丰富，没有全民族精神力量的充分发挥，一个国家、一个民族就不可能屹立于世界民族之林。

当前，在党的十八大精神指引下，我国正处于深化改革开放、加快转变经济发展方式与全面建成小康社会的攻坚时期。社会的转型与飞速发展，一方面极大地促进了人们思想、个性的解放，调动了人们的积极性、主动性和创造性，推动了生产力发展；另一方面也引起了人们思想道德观念的震荡，中西文化、价值观的交流碰撞使人们的价

---

① 胡锦涛：《在庆祝中国共产党成立 90 周年大会上的讲话》，人民出版社，2011，第 23 页。

值取向和价值标准呈现多层次、多样化的态势，人们思想活动的独立性、选择性、多变性、差异性明显增强。在这种复杂的新形势下加强公民道德建设，我们应当充分面对道德观念日益多元的现实，积极地、有意识地用先进文化、核心价值观来引导社会风尚与公民道德建设。近年来衢州市在公民道德建设的过程中，坚持从当代文化发展的角度出发，牢牢把握时代主旋律，有意识地用先进文化、社会主义核心价值观来引导公民道德建设。

浙江省是我国改革开放与社会主义市场经济建设的前沿地区，衢州市大力弘扬民族精神、时代精神和以创业创新为核心的浙江精神，连续开展"特色竞争，科学发展""创四最环境（办事效率最高、服务质量最好、创业成本最低、社会环境最优）、促和谐发展""转型升级创新业，科学发展作表率""富民强市开新局，科学跨越在衢州""建设两地三城，实现富民强市"①"突出一个中心，打响两大战役"② 等主题宣传活动，将国家的发展战略、大政方针与衢州的社会经济具体实际相结合，突出了时代精神，振奋人心，鼓舞民心，唱响了衢州发展的主旋律，树立了积极向上、富有效率的时代氛围与舆论导向。在这种背景之下，衢州市深入开展"争做最美衢州人"为主题的实践活动，把开展"做有爱心、有责任心的衢州人"作为建设社会主义核心价值体系的重要载体，巩固和塑造"最美衢州"的城市精神，积极倡导以"诚信、责任、仁爱、奉献"为内涵的衢州精神，对于弘扬时代主旋律与衢州发展的主旋律，加强公民道德建设，促进衢州经济发展与社会全面进步，起到了积极的推动作用。

---

① 衢州市第六次党代会提出，今后五年要把衢州建设成为浙江海洋经济的绿色腹地、山区经济的示范高地、神形兼备的人文生态城、开放包容的活力创业城、和美富庶的民生幸福城。

② 衢州市委六届二次全会提出，要开启新的征程、实现新的目标，必须从衢州实际出发，突出"工业立市"中心不动摇，打好城市建设和管理、旅游大发展"两大战役"。

衢州市坚持把社会主义核心价值体系融入国民教育、精神文明建设和党的建设全过程，实施中国特色社会主义理论体系的普及计划，深化学习型党组织建设，完善党委中心组学习制度，针对当前人们关注的热点、难点问题，开展有针对性的课题研究和宣讲活动，把深奥的理论用群众听得懂的话说明白。依托学习型城市建设，不断培育"高级论坛""人文大讲堂""全民学习日""社科普及周""微型乡土党课"等学习品牌，以广大民众日益接受的新方式和喜闻乐见的新形式传播科学理念和发展举措，大力推进中国特色社会主义理论和社会主义核心价值体系通俗化、大众化，使之内化为人们的价值观念，外化为人们的自觉行动。衢州市为此展开了"做最美衢州人——我们的价值观"大讨论和主题实践活动，组织开展学习讨论、问卷调查、价值观提炼、主题实践等形式多样的活动，爱国、团结、仁爱、诚信、责任、奉献、创新等内容得到社会公众的高度认可。

总之，衢州市通过各种形式、各种活动，用充满时代精神的先进文化加强各级党组织建设，并以此影响到社会的各个领域。我们看到，衢州市在大力宣传道德楷模的先进事迹、着力塑造衢州精神的时候，充分肯定衢州各级领导自觉用社会主义核心价值引领时代思潮与舆论导向的努力，以正气压倒邪气，用社会的主导价值从正面引导民风民俗，从而达到社会主义公民道德建设的目标。

（三）大众文化与公民道德建设

大众文化是当代社会发展中出现的一种文化现象。它主要是指兴起于当代都市、与当代大工业密切相关、以全球化的现代传媒（特别是电子传媒）为介质大批量生产的当代文化形态，是处于消费时代，由消费意识形态来筹划、引导大众的，采取时尚化运作方式的当代文化消费形态。它是现代工业和市场经济充分发展后的产物，是人民大众大规模地共同参与的当代社会文化公共空间或公共领域。大众文化不同于民间文化或通俗文化（虽然它也具有民间性、通俗性），它是伴随着现代社会的发展而兴起的。

中国的大众文化崛起于 20 世纪后半叶。随着中国改革开放的日益推进，社会主义市场经济的日渐成熟，大众文化也随之产生，在短短的不到 20 年的时间里，便迅速壮大为与来自官方的主流文化、来自学界的精英文化鼎足而立的社会主干性文化形态。它的发展壮大从根本上改变了中国文化的传统格局，积极影响了国民人格塑造和社会发展面貌，但也引发了多重社会效应和多种不同的评价及议论，这促使人们不得不去思考它的价值、效应及其发展控制问题。

大众文化从实质上说是在现代工业社会中产生、与市场经济发展相适应的一种市民文化。它一方面同官方主流文化、学界精英文化相互区别和对应，另一方面也同传统自然农业经济社会里的各种民间文化、通俗文化有着一些原则差异，商业性、流行性、通俗性、娱乐性和普及性是其最基本的特征。也正因为大众文化具有流行性、普及性这一特点，因此成为当代文化和社会发展中不可忽视的因素。

衢州市在公民道德建设的过程中，非常有效地利用了大众文化的特性，使公民道德和主流价值观以广大民众乐意接受的方式得以有效、广泛传播，取得了非常好的成效。例如，衢州各地举行的各类文化节，如柯城的合唱节、衢江的杨炯出巡、龙游的龙文化节、江山的毛氏旅游文化节、常山的胡柚文化节、开化的根雕文化艺术节、钱江源生态文化休闲旅游等，都是民众普遍参与的文化活动。通过运用多姿多彩、各具特色的文体活动来丰富人们的业余生活，通过运用大众参与的有文化、有意义的文体活动来引领社会风尚，从而使广大民众远离不良习气，树立乐观向上的社会正气。

再如，为了适应居民娱乐健身的需求，衢州市广泛开展"彩色周末文化广场""康乐广场"等活动，在机关、学校、企业等层面组

建专业水平较高、规模较大的合唱团队 50 余支，建设"康乐广场"
30 多个，每天吸引 2 万余民众跳排舞、健身心，真正体现了"唱出
幸福、跳出健康"。在周末休闲时间组织民众参加各种喜闻乐见的文
体活动，既适应满足了民众休闲、健身的需求，同时也娱乐了身心，
提高了情操，丰富了人民群众的业余生活。

利用大众文化通俗性、普及性的特征，把道德塑造、文化培养蕴
涵于全民参与的文体活动当中，以广大民众喜闻乐见的活动潜移默化
地影响人们的文化修养与道德选择，这是衢州市在公民道德建设过程
中所采取的行之有效的方法之一，同时也是值得推广的加强公民道德
建设的一项措施。

衢州市在宣传不断涌现出的"最美"事迹的过程中，充分利用
了大众文化当中极为重要的元素——大众传媒。衢州各级宣传部门不
仅利用传统的宣传手段，如海报、条幅、宣传画报、广播、电视、报
纸以及组织先进事迹报告会、演讲比赛、学习会等，而且积极利用新
兴的电子网络传媒手段，如网络、手机、微博等方式。这种多方位的
宣传不但增加了宣传效果，而且使"最美"事迹能够贴近普通民众
的日常生活，尤其重要的是，乐于为年轻人所接受。

20 世纪 80 年代以来，随着信息、通信技术的飞速发展，互联网
已经成为当代社会人类生活当中不可或缺的重要组成部分，从日常生
活的方方面面到社会的政治、经济、文化事业，都离不开网络。我们
已经进入了网络时代，网络也无疑成为当代大众文化最有影响力的代
表。在新的时代、新的形势下建设公民道德，同样也离不开互联网。
衢州市各级党委、政府及宣传部门借助网络手段推进公共文化体系建
设，主动适应"网络时代""微博时代"的到来，高度重视互联网的
应用和管理，着力抓好衢州新闻网等重点网站建设，壮大网络宣传阵
地，发挥新兴媒体在现代文化传播中的生力军作用。主要体现在以下
三个方面。

第一，公共文化宣传的网络化。积极开展文明办网、文明上网活动，建立和完善网络舆情研判预警和网上重大突发事件、敏感热点问题统筹协调与应急处置机制，创新开设"通衢——政民对话网络平台"，努力将互联网建设成为社会主义先进文化的新阵地、公共文化服务的新平台、群众精神文化的新空间。其中最具特色的是龙游县通过手机短信、微博平台等开展"我们的价值观——微言微语"活动，用最短的语言传递最具哲理的道理。他们还组织中央、省、市主流媒体聚焦龙游，实地采访"最美群体"，挖掘精神内涵，树立了一批具有"公信力"的先进典型和文明标杆。网络化宣传为衢州市的道德文明建设的繁荣和发展提供了有效途径。

第二，公共管理的网络化。在我国高速城市化和公共管理日趋现代化的今天，公共管理成为社区与城市文化和谐发展的重要内容，社区作为城市居民自治的微观单元，其建设和发展已经成为构建和谐社会的关键性要素。如何加强社区管理来推动城市发展是现代公共管理需要解决的一个问题。由此，利用网络化手段将社区建档，完善社区管理系统，成为现代公共管理的重要手段之一。

近年来，衢州市针对农村基层民主政治建设和基层组织建设面临的新任务、新问题，在全市农村推行了以"建立民情档案，定期沟通民情，为民办事全程服务"为主要内容的"三民工程"建设，寓管理于服务之中，寓监督于参与之中，进一步健全和完善了党领导下的村民自治运行机制。"三民工程"中的建立民情档案，就是衢州市对公共管理网络化的探索。

目前，衢州市建立民情档案包括三个方面。

一是全面收集民情信息。按照"一村一册、一户一档、一事一表"的要求，以村为单位，组织乡镇驻村干部、大学生"村官"和村干部，进村入户开展调查，分村情、户情、事情三大类建立民情档案。村情档案包括村情概况、近远期发展计划、村务及公开情况、村

级资产、致富能手、困难群体等内容。户情档案包括家庭成员及社会关系、创业就业情况、面临的主要困难等。事情档案包括重大项目和工程建设情况、重大事项决策、实施情况、群众评价等。目前，全市1743个村、61万多农户全部建立了民情档案。这一做法，改变了以往干部、工人、学生有档案，农民世世代代无档案的历史，增强了服务群众的针对性。

二是实行网格联户管理。按照网格化管理要求，以自然村、村民小组或固定的若干户为网格管理单元。每个网格确定1名村干部，负责了解掌握本网格内村民的动态情况和意见建议，按月收集、更新民情档案信息，并及时帮助村民解决实际问题，实行动态化管理。目前全市共确定22万多个网格和3万余名网格管理员，掌握信息101万条，帮助解决问题43万多个。

三是建立网络化运行机制。借助电子办公技术，分内网和外网分别建立民情档案信息管理系统和"三民工程"门户网站，实行市、县、乡、村分级授权管理，乡、村两级主要负责采集信息，市、县两级主要负责管理监督，全市民情档案实现层级化管理、电子化操作、网络化运行。同时，建立随机互认、点户分析、村情剖析等制度，对调查发现的问题，分普通、关注、紧急处理、重大事项四个等级，按照管理权限，视情况及时采取有针对性的措施。

第三，民生档案的网络化。从2000年起，衢州市档案局着手开展馆藏档案目录数据库建设，建成了120万条目录数据库，彻底告别了手工查档的方式，实现了数字化查询。2006年，又全面启动了"数字档案馆工程"，构筑了"档案在线接收""档案资源管理"和"档案信息发布利用"3个信息化管理平台，建成85万页、近3亿汉字的全文扫描数据库。"民生档案信息数据库"在极大地方便市民查询的同时，也可及时转换和接收房管、社保等其他部门涉民的档案数据，为档案工作"大民生、大服务"提供了空间①。

为保证信息的安全，民生档案信息数据库构建在市档案局内部局域网上，与互联网等各种外网完全物理隔离。而且实行实名查阅制度，市民查阅需出示有效身份证明，查阅内容也仅限于与自己有关的档案。如果市民需查阅现行"红头文件"和政府政策信息，即可直接到设在市档案馆的现行文件查阅中心和政府信息查询中心进行免费查阅，也可上网登录"衢州档案信息网"上开设的"现行文件查阅中心"和"政府信息查询中心"窗口实时查阅，网站上从职称聘任政策，到全市经济运行状况等文件一应俱全。

衢州市利用网络化手段有效整合公共管理中各领域、各部门的资源，将有关民生的公共资源开放，服务于市民，方便了市民，为加强群众文化建设提供了有力的基础保障。

网络是当代大众文化的典型代表。衢州市近年来将网络建设与发展作为公共文化服务体系建设的一个重要方面，与民生工程密切联系在一起，使网络能够覆盖到社会所有的方面，这成为衢州市能够积极、充分利用网络的及时性、大众性、普及性作为宣传公民道德建设的重要手段与载体，并且取得了非常好的效果。

（四）生态文明与公民道德建设

随着全球经济的发展，人们在享受现代工业文明带来的成就与便利的同时，也逐渐意识到在某些领域、某些地区，经济发展是以环境污染、资源衰竭与生态平衡的破坏为代价的。进入 21 世纪以来，环保、生态已成为全球经济、文化领域中的一个突出主题，成为各国在社会发展过程当中必须面对与应对的一个严肃话题。我国在经济发展

---

① 仲建敏：《衢州"民生档案"服务市民提速》，《中国档案报》2009 年 5 月 11 日。

的过程中，也逐渐认识到环境、资源与生态对于经济发展与社会发展的重要性，因此提出了可持续发展、科学发展的战略主张。党的十七届四中全会把生态文明建设提升到与经济建设、政治建设、文化建设、社会建设并列的战略高度。党的十八大进一步提出"大力推进生态文明建设"，并且指出："建设生态文明，是关系人民福祉、关乎民族未来的长远大计。面对资源约束趋紧、环境污染严重、生态系统退化的严峻形势，必须树立尊重自然、顺应自然、保护自然的生态文明理念，把生态文明建设放在突出地位，融入经济建设、政治建设、文化建设、社会建设各个方面和全过程，努力建设美丽中国，实现中华民族永续发展。"这为我们建设生态文明提供了明确的理论依据与政治保障。

生态文明建设是当代文化建设的一个重要组成部分，也是当代文化建设的薄弱环节，需要我们彻底转变观念，从实现社会的可持续发展、全面落实科学发展观的战略高度去大力提倡、推广。衢州市位于浙江的母亲河钱塘江源头。为了全省人民能够饮用到干净清洁的水，衢州市的工业发展受到了限制，因此整体上工业经济发展水平相对于浙江全省来说比较落后。但是，正是由于经济发展较为滞后，前期工业开发力度不大，使自然生态环境得到了最大限度的保护。目前，衢州市的森林覆盖率、空气质量、地表水质量等自然环境的主要方面在浙江省以及全国都居于前列。在生态文明受到重视、生态经济成为推动经济发展新的增长点之际，衢州优美的自然环境也转变为社会经济的后发优势。

衢州市曾经面临在经济发展与环境保护之间进行艰难抉择的困境。一方面，衢州市经济发展各项指标处于浙江平均线以下，为了满足人民不断提升的物质生活水平、促进就业，经济增长是头等大事；另一方面，衢州工业主导产业以造纸、化工、建材为主，相当一部分企业资源消耗大、能耗高、污染重，环境保护迫在眉睫。在科学发展观的指导下，以建立新的生态文明为引导，自 2004 年开始，浙江实施 "811" 环境整治工程，衢州市也确立了以环境整治促进区域产业结构调整、加快经济发展方式转变的思路，全力淘汰高能耗、高污染的落后产业，腾出环境容量发展优势产业。出台限制和禁止高能耗、高污染产业目录、工业空间布局指导意见等一系列政策，各级财政安排专项资金用于淘汰整治。衢州市已经转变了单纯以 GDP 增长、以工业发展速度来衡量社会经济发展的片面模式，转向重视社会经济的整体良性发展，从生态文明的全新高度来促进社会经济的可持续发展。

在农业生产方面，衢州市在大力发挥传统农业生产优势的同时，高度重视发展生态农业，实现传统农业向高效生态农业的转化，大力发展有机、绿色、无公害农产品。衢州市开化县获得了 "浙江省农业特色优势产业综合强县" "茶叶产业强县和食用菌强县" "全国科教兴农与可持续发展综合强县" 等称号。着力发展生态旅游，充分发挥衢州市以及所辖各市县的自然环境优势，旅游正成为衢州市生态经济发展新的增长点。从 2003 年起，衢州关停所有污染严重的竹料腌塘和土法造纸企业，这一举措使钱塘江源头山溪河流水质得到彻底改观。环境的改善带动了生态旅游业发展。柯城区七里乡、衢江区大洲镇等许多原先以腌料为主业的竹农，改行搞起 "农家乐" 旅游服务。竹拉丝、竹胶板、竹炭等竹加工企业纷纷落户，有效地解决了竹农增收的问题。衢州市各级政府以及广大民众从现实的发展中清晰地认识到，没有优美的环境与人民群众的健康幸福，我们的社会经济就不可能持续稳定地发展。

所谓生态文明，是指以人与自然、人与人、人与社会和谐共生、良性循环、全面发展为基本宗旨的文化伦理形态。我们建设生态文明，不仅仅是要发展生态经济、保护环境资源，在建设人与自然和谐关系的同时，也要大力营造人与人之间、个人与社会之间的和谐关

系。人与自然关系的和谐以及人与人之间关系的和谐，应当是生态文明的两大支柱。从这个角度来看，加强公民道德建设、培育公民良好的道德素质，促进人的身心的全面健康发展，也是建设生态文明过程中的一个重要环节与组成部分。它要求我们从更高的角度来看待公民道德建设的意义，保护自然环境、人与人关系的和谐发展以及人与自然关系的和谐，都是生态文明当中的有机组成部分。

为了适应现代人的生活观念，衢州人在敬畏自然、顺应自然、享受自然的同时，树立了环保节能意识，在生活观念上倡导"绿色消费"、崇尚自然、追求健康的生活观。这不仅仅是一种生活观，也是符合现代文明发展的具有积极意义的道德意识，即注重环境保护以及人与自然的和谐共生。

需要特别指出的是，衢州市的一些做法与努力，对于改善整个社会的"道德生态环境"、提高全民道德素质，具有特别重要的意义。

第一，倡导奉献精神。在现代社会，个人自由、个人利益是现代文明发展的基础，这是需要充分尊重和重视的。但是，在倡导个人自由、追求个人利益的同时，也需要为了整个社会的和谐发展在某些时候奉献个人的自由、利益。衢州市在全民讨论"衢州精神"内涵的时候，特意包含了"奉献"一词。在各种宣传当中，也特别倡导奉献精神，如有忠于职守、甘于奉献的"最美工商人"姜良权，有数十年如一日为困难家庭提供免费修理服务的下岗职工姚有明，有城镇、农村地区自发组织的团结互助团体（如柯城区荷花街道义工联合会）为弱势群体和困难群众提供帮助与服务，还有捐献人体器官挽救他人生命的感人事迹，等等。提倡奉献、互助精神，倡导"赠人玫瑰，手有余香，互助为乐，传播幸福"的服务精神和互助理念，对于在市场经济快速发展过程中出现的过分注重个人利益、追求个人利益而忽略群体利益的现象，具有一种纠偏与示范作用，更有助于促成人与人之间、个人与社会之间的和谐共生。

　　古今中外的思想家都特别重视社会风尚对于人心（民众普遍的道德意识）的影响作用。孔子说："君子之德风，小人之德草，草上之风，必偃。"① 这里说的就是道德楷模对于普通民众道德风尚的引导作用。近年来衢州大力弘扬以"最美"为典型的各种道德楷模，通过评比道德模范、"十佳文明市民"等活动，深入宣传这些道德模范的先进事迹，以典型引路，引导社会崇尚奉献、互助，促进家庭、邻里、社区以及全社会的人与人之间的相互关爱，这对于净化社会风气，促使整个社会形成积极向上的良好道德风尚，都具有非常深远的作用与意义。

　　第二，关注弱势群体（农民工）的道德状况。农民工是当代中国社会经济发展过程中出现的一种独特现象。农民工为中国经济的发展、城市的建设作出了巨大贡献，但是由于社会体制等诸多复杂原因，他们的子女大多还留在农村，"留守儿童现象"成为近年来经常触动人们神经的一个话题，他们的身体、心理、教育以及道德状况等，在整个社会的发展过程中属于弱势，尤其是他们的道德状况，更是我国在加强社会主义公民道德建设过程中的一个薄弱环节。

　　从2007年开始，衢州市开化县在全县推广"留守儿童俱乐部"建设，形成关爱留守儿童健康成长的良好工作机制。2009年浙江省实施"春泥计划"后，开化县把巩固提升"留守儿童俱乐部"建设作为突破口，把"留守儿童俱乐部"的服务对象从留守儿童向所有农村未成年人延伸，而且逐步提升"留守儿童俱乐部"的建设水平，形成了人人关爱、人人参与未成年人思想道德建设的良好社会氛围。

　　建设生态文明当中的一层主要含义就是人与人、人与社会之间的和谐共存，这与我们建设和谐社会具有共同的目标。关注农村地区留守儿童的身心成长，不仅是我们整个社会对农民子弟、对农民工的关

---

① 《论语·颜渊》。

爱，而且对于消除城乡差别、促进整个社会的和谐健康发展，都具有极其重要的象征意义和实际作用。衢州人引以为豪的"山美水美人更美"，就是衢州生态文明建设的一个形象写照。

三　对策与建议

以儒家思想为主导的中国传统文化具有重视德性的特征。做一个品行高尚的贤人君子，自古以来就是中国传统社会人们修养心性的追求。当前，我国正处在改革开放、社会转型的关键时期，在这个时候我们突出强调社会主义公民道德建设，除了中国文化一贯重视品德教育的特征之外，还有着极其深刻的现实原因。

自从我国实行改革开放政策以来，30多年时间里，经济建设飞速发展，取得了举世瞩目的成就，但在物质文明极大丰富的同时，利益的多元化带来了观念、价值的多元化，以个人主义、自由主义为主导倾向的西方价值观涌入中国，传统重群体、重义务的价值观受到冲击，不同利益、价值取向相互碰撞甚至出现混乱，是当前文化领域中的显著现象。在这样的背景之下，我们提出加强社会主义公民道德建设，其目的就是要通过讨论、实践，提炼出具有时代特征的主流价值观以及社会主义核心价值体系，以此来引导人们的价值与行为取向，使我们的经济、文化以及社会能够协调发展。加强公民道德建设，其实质就是在物质文明取得一定成就之后，我们必然会思考：经济社会发展需要什么样的人？要培养什么样的人？因此，当代社会将公民道德建设作为一项重要的工程来实施，其实就是在探讨社会发展的整体方向与目标。在这样的实践过程中，衢州市的经验具有典范意义。

衢州市特别强调社会经济发展的后发优势。所谓后发优势，按照我们的理解，其一，可以避免以往各地在社会经济发展过程中所经历的一些曲折，能够最大限度地总结经验、吸取教训。衢州市在科学发展观的指导下，经过多次转变观念、调整思路，历经多年的探索与总结，将社会经济发展、文化发展与人的全面发展综合协调起来，发展创造出了一种社会综合发展的模式，这就是我们所认为的衢州经验。其二，"后发优势"就是人的优势。衢州市在经济、文化建设的过程中坚决落实以人为本的宗旨，将人的全面发展作为社会发展的最高目标。提高公民的道德素质，加强公民道德建设，正是人的全面发展的重要环节。衢州市以公民道德建设为突破口，全面推进公民素质的整体提升，这种"后发优势"会在日后衢州的社会发展过程中进一步显示出来。衢州市还提出"以道德之力引领衢州科学发展"，也正是以人的全面发展带动经济发展与社会的整体进步。

衢州是近年来全国瞩目的"最美"之地，为了能够在公民道德建设以及社会全面发展方面更加持续地进步，进一步凸显"最美"衢州的影响力，特提出如下建议。

第一，进一步推进政治文明建设，健全社会主义民主与法制，加强监督，反腐倡廉，弘扬社会正气。政治文明是当代文化的重要组成部分之一，我国自十八大以来更进一步突出了建设政治文明的重要性与必要性。近期，反腐力度逐渐加大，使权力机制进一步透明，权力在阳光下运行，这对于全国的政治文明建设都具有非常重要的意义。我们应该清醒地认识到，在当代社会，随着民众法律意识、公民权利意识的加强，科技水平的进步，网络、微博等现代传播手段的更新，民众对于社会各种不公、腐败行为都有了更加敏锐的认识与了解。网络上的一再"爆料"使我们认识到，各级权力机关、国家公务人员的腐败行为对于社会风气的毒害、对于人心道德的侵蚀是非常巨大的。加强公民道德建设、提升社会正气、净化社会环境，本来是一项艰巨的社会工程，需要长时间的不断努力与培育。但是，腐败行为、社会不公往往对人们道德神经的刺激更为明显，会使道德建设的成就功亏一篑。因此，我们应在十八大"全面落实经济建设、政治建设、

文化建设、社会建设、生态文明建设五位一体总体布局，促进现代化建设各方面相协调，促进生产关系与生产力、上层建筑与经济基础相协调，不断开拓生产发展、生活富裕、生态良好的文明发展道路"精神的指引下，充分认识到加强民主与法制、积极稳妥地推进政治文明建设，是加强公民道德建设的重要前提与保障。建立健全各项法规制度，把权力约束在笼子里，对于引导民心归向，树立社会正气，具有极大的指导示范作用。

中国古代的儒家提倡德治，但是以德治国首先要求统治者以身作则，成为道德的表率，这样才能对全体民众起到示范作用。孔子曾说："政者，正也。子帅以正，孰敢不正？"① 孔子认为为政者的道德品行对于普通民众以及社会风气的影响是不容低估的。浙江省委印发的《浙江省公民道德建设纲要》（2012 年 4 月 24 日）明确指出，公民道德建设的途径之一是："以县处级以上领导干部为重点，以党委（党组）理论学习中心组为龙头，以党校培训教育为主阵地，以学习型党组织建设为载体，推动各级党组织和广大党员干部深入学习马列主义、毛泽东思想和中国特色社会主义理论体系，夯实公民道德建设的理论基础。"要求广大党员和领导干部加强道德修养，自重、自省、自警、自励，做到立身不忘做人之本，为政不移公仆之心，用权不谋一己之私。在这一点上，古今的看法是一致的。这些具体规定表明，各级党员干部是建设公民道德的主体，这一定位明确了党员干部必须廉洁自律、勤俭奉公，以高水准的政治素质、道德素质、业务素质引领民众的道德方向。

第二，在大力推进社会主义公民道德建设的过程中，应当特别重视弘扬"正义"原则。"正义"是人类永恒的道德追求，也是当代社会的原则之一。在促进经济发展的同时，我们要把维护社会公平、公

---

① 《论语·颜渊》。

正放在更加突出的位置，综合运用多种手段，逐步建立以权利公平、机会公平、规则公平、分配公平为主要内容的社会公平保障体系。有公正的社会制度，才能够为公民的行为选择提供合理性支撑。在现实生活中，这种支撑会转化为强大的精神力量，使创新、竞争、合作、平等、公正、开放、共生等和谐思想的时代内涵，成为全体社会成员普遍认同并自觉遵守的准则。这既能够调动人们的积极性，形成一种激励人们前进的动力，激发社会的创造活力，营造一种积极向上的社会氛围，又可以凝聚社会民心、提升社会文化精神，从而为构建社会主义和谐社会提供必要的精神资源。

在强调道德建设的同时，我们也要坚持把"德治"与"法治"结合起来，进一步推动公民道德建设的具体化、规范化、制度化。道德与法律，是治国安邦最基本、最主要的方式，是维护社会稳定与促进经济社会协调发展的相辅相成、相互促进的重要手段。它们既在内容上相互包含、相互渗透，又在功能上相互补充、相互作用，还在实施中相互凭借、相互支撑。社会主义和谐社会既是法治社会，也是道德社会，既要注重法治，也要注重德治。要使多样化的道德观念具有相对统一的、可行的评价标准，使道德建设更具有实效性，使公民道德建设在发挥"软约束"功能的同时有着"硬约束"功能，使公民道德建设与现代法制建设、现代社会管理融为一体。要紧密结合构建社会主义和谐社会的实践，在加强民主法制建设的基础上，切实把道德建设提到更加重要的位置上，使"法治"和"德治"相辅相成，密切配合，共同发挥维护社会秩序、规范人们思想和行为的重要作用。

在加强公民道德建设的过程中，除了大力弘扬道德模范的先进事迹之外，也要强调对于基本的社会公德、职业道德、家庭伦理等道德底线的维护。例如，在社会公德领域，要大力倡导文明礼貌、助人为乐、爱护公物、保护环境、遵纪守法的行为规范，批评那种在公众场合粗俗无礼、损人利己、破坏公物、污染环境、违法乱纪的错误言行；在职业道德领域，要大力倡导爱岗敬业、诚实守信、办事公道、服务群众、奉献社会的行为规范，反对那种见利忘义、坑蒙欺诈、假冒伪劣、坑害群众、扰乱社会经济秩序的缺德违法行为。相对于道德模范事迹，这些日常伦理虽然平凡，但更为切实，更能体现个人、社会以及一个民族的整体道德素质，因此更需要我们加倍努力去培育与提升。可以形象地说，这些基本的日常道德规范是我们整个社会进行公民道德建设的土壤，只有土壤变得肥沃，才可以培育出五彩缤纷的鲜花和参天的大树。

第三，继承传统道德与传统文化的优良品格，建设面向世界、符合当代价值的文化。前文指出，衢州拥有深厚的历史资源与人文传统，在建设现代公民道德的过程中，继承传统道德与传统文化的优良品格，使传统道德的某些方面在现代社会产生积极的、有益的影响与作用，无疑是正确的，也是必然的。但是，同时我们也要清醒地认识到，以重视伦理纲常为特色的儒家文化不能解决当代社会，尤其是道德建设过程中所面临的所有困境与问题。儒学产生在农业文明的土壤当中，它重视群体而忽略个人，重视义务而忽略权利，这在根本上与以个人权利、自由为基础的当代文化是不相符的。因此，对于以儒学为代表的传统文化，以及传统文化在当前公民道德建设中的作用，应当采取理性的态度。在充分尊重文化传统的前提下，在看到传统伦理道德与以社会主义核心价值为主体的当代文化之间存在一些契合之处的前提下，也应当清醒地认识到传统文化的不足，儒家传统的伦理道德不能完全满足当代社会的道德要求。只有如此，才能既保持我们文化发展的连续性，又能面向当代与世界，建设符合当代价值的文化。

党的十八大报告提出："倡导富强、民主、文明、和谐，倡导自由、平等、公正、法治，倡导爱国、敬业、诚信、友善，积极培育社会主义核心价值观。"这是我们在当代社会、当代文化的背景之下培育道德文明，建设社会主义核心价值观的指导原则。党的十八大提出的这 12 种基本价值观念，是吸收了包括中国传统道德在内的传统道德的精华，同时又具有鲜明的时代特点，是我们在当代社会进行公民道德建设的行动指南。

第四，高度重视未成年人、中小学生的道德教育。衢州市认识到培养未成年人具有高尚的思想品质和良好的道德修养，对于社会的和谐发展具有举足轻重的作用。为此，市委、市政府推出了为加强未成年人思想道德建设、促进农村未成年人健康成长而设立的"春泥计划"。这一计划具有非常重要的意义，也取得了非常好的成效。但是，由于中国城乡差距较大这样特殊的社会现实，"春泥计划"等措施主要是针对农村地区青少年所采取的行动。我们建议衢州市在充分照顾到城乡差别、继续重视农村地区广大未成年人的道德教育的同时，也能够通观全局，统筹安排，对于未成年人的思想道德建设予以统筹规划、整体推进。

《中国儿童发展纲要》指出，要"把德育渗透于教育教学各个环节，贯穿于学习教育、家庭教育和社会教育各个方面"。《中共中央关于深化文化体制改革推动社会主义文化大发展大繁荣若干重大问题的决定》强调："要完善学校、家庭、社会'三结合'的教育网络，动员社会各方面共同做好青少年思想道德教育工作。"[①] 现在的未成年人就是日后我们国家公民的主体，他们的道德水准直接决定了未来的中国公民道德状况。但是，未成年人的道德教育又绝不是简单、孤立的事件，它受到家庭、社会以及媒体等多重因素的影响，因此未成年人的道德教育也显得尤为困难。

据报载，最近有机构开展了一次对上海市中小学生思想道德状况

---

① 中共中央文献研究室编《十七大以来重要文献选编》（上卷），中央文献出版社，2009，第185页。

现状的调查。在对上海14个区508名学生进行的问卷调查中，为考查学生的道德倾向，问卷从他们喜欢的偶像、榜样等维度了解倾向性认识。结果是，学生们的道德榜样依次为演艺人物（48.7%）、政界人物（9.8%）、体坛人物（7.7%），仅有1.2%选择道德楷模。又如职业观，调查发现学生们以"收入丰厚"和"地位尊贵"为择业的重要标准，而选择率最低的后三项依次为工人、农民和警察①。

我们目前还没有衢州市关于中小学生道德状况的调查数据，但是，上海市的调查结果在很大程度上具有参考价值。在多元化时代、多样化选择、多重价值观的影响下，出现这样的结果也许并不意外，但值得引起教育、宣传等部门的重视，对青少年的道德品行作出积极的、正面的引导。

第五，建立健全公民道德建设的保障机制。加强公民道德建设是一项紧迫、长期而又复杂的系统工程。在这一实践过程中，我们不仅需要对层出不穷的"最美"事迹进行总结、表彰与宣传，而且要从制度上建立健全公民道德建设的保障机制，如各级领导的统筹规划与部署的领导机制，党政各部门相互协调、相互配合的工作机制，负责精神文明建设部门的责任机制，新闻媒体、社会舆论的监督机制等。在这里，我们着重指出两个方面的保障机制。

其一，对于公民道德建设要建立资金保障机制。《浙江省公民道德建设纲要》指出："加强公民道德建设的资金投入。各级政府要将公民道德建设工作经费纳入同级财政预算，并逐年增加对公民道德建设的财政投入，确保公民道德建设基本设施的建设、基本服务的供给和基本活动的开展。要完善有关政策法规，动员、引导和鼓励企业、团体、组织、个人和其他社会民间力量通过各种方式积极参与公民道德建设，吸纳更多的民间资金投向公民道德建设。"多方面、多渠道

---

① 参见吕怡然《"声光色教育"中的媒体责任》，《文汇报》2012年10月8日。

筹集公民道德建设资金，不仅要用于日常工作，而且更为重要的是要设立各项专项基金，例如对于见义勇为、舍己救人等英雄事迹就要有资金的保障，使英雄无后顾之忧。当前社会上时常发生这样的现象，在助人、救人的过程中有时会带来致病、致残等风险，因为没有后续的经济保障，往往给英勇救人的道德楷模带来极大的经济负担；乐于助人反而被被救者所诬陷，给救人者带来不必要的经济负担与精神损失。这些现象虽属个别，但它会极大地挫伤人们的道德热情。当前社会有时出现的见死不救等道德冷漠，也与此有一定的关系。因此，我们认为，应当尽快建立健全因助人、救人而发生意外的各种保障机制，使施行道德义举之人无后顾之忧。虽然人们在作出助人、救人行为的一瞬间，也许并不会想到许多后续的风险或保障，但是，成熟的保障机制对于真正的义举是一种保障与激励，有利于倡导社会正气，最终会促进社会风气的好转与提升。

其二，建立健全志愿者服务体系。志愿者是指不以利益、金钱、名利为目的，不为任何物质报酬的情况下，能够主动承担社会责任、奉献个人的时间、精力以帮助他人的人。志愿者本身古已有之，但现代意义的志愿者制度的确立则是在第二次世界大战以后，中国在改革开放之后志愿者也有了很大的发展与普及。

志愿者的兴起和普及，是一个社会文明、成熟的标志之一。志愿者由于具有民间自发的性质，形式灵活多样，可以针对社会上出现的任何困难而形成志愿者服务，形式可长可短，组织可大可小，在很多方面可以弥补由于制度的缺失或突发情况而造成的困难，应当成为我们在公民道德建设过程中的一支重要力量与一种重要形式。尤其在维护秩序、扶老助残、帮困解难、应急救助、环境保护等方面，志愿者服务更是具有其他形式无法比拟的优越性。志愿者通过参与志愿工作，为社会、为他人尽一分公民责任和义务。在这个过程中他们同时也传递了爱心，传播了文明，整体上促进了社会的和谐与进步。

当前我国大力推进的公民道德建设，总体上是由政府主导的。政府主导的行为在政策、舆论宣传等方面都有充足的保障，这是我们进行社会主义公民道德建设的有利条件，但同时，公民道德建设涉及每一个公民，政府制定的各种措施、制度，难免会在有的方面有所缺失。在这个时候，我们应当充分意识到公民道德建设是一项需要全民参与的宏伟工程。表彰奖励各种英雄善举、"最美"事迹，制定各种加强道德建设的纲要、准则，在某种程度上都是一种"典型性"，具有"点"的性质，而更加广阔的"面"，即整个社会则需要发动以志愿者服务为主要形式的社会自身也就是全体公民去完成。志愿者由于是自发形成的，具有积极性、自主性的特点，志愿者的服务可以深入社会的各个方面，而且可以在很大程度上避免道德建设过程中流于形式等弊端，真正起到互助自助的实际作用，从而带动形成良好的社会风尚。

衢州市在加强公民道德建设的过程中积极倡导奉献精神，这是培育志愿者的有利条件。衢州市已经形成的"兰花热线"、柯城区荷花街道义工联合会都具有志愿者的性质。我们应当及时总结这些实践经验，在政府的宏观指导与管理之下，鼓励、推广志愿者服务，通过志愿者的努力与带动，使越来越多的人参与到社会的互助与自助当中，这样对于提升整个社会的道德水准，推动社会的文明进步，都具有积极的意义和作用。

第六，公民道德建设是一个长期过程，应当充分发挥大众文化的优势，同时也应当注意大众文化的不足。大众文化往往通过大众媒体（网络、电视、报纸、杂志等）予以传播，对于公民道德建设有着特殊的渗透力和影响力，对大众道德及社会风气的形成起着不可替代的作用。我们在充分利用它们提供的便捷之处之时，也要看到它们的缺陷与不足。在市场经济的条件下，大众传媒在市场化运作过程中，容易受利益驱使，为某些既得利益集团所利用，并且自觉不自觉地传播低俗的价值观，以片面迎合大众心理，而不是起到积极引导与提升的作用。对此我们应做好充分的防范与应对，最大限度地发挥大众传媒在现代社会的积极作用，为公民道德建设服务。

最后，我们对衢州市公共文化服务和公共管理服务网络化建设提出几点建议。

第一，不断总结经验，加强对公共文化服务网络化建设，特别是运行环节的监督。衢州市在一些具体工作中采取了网络舆论引导的宣传方式，这种宣传方式与传统媒体如电视、广告牌等方式相结合，全方位地让群众接受道德文明宣传内容。但是，这样大范围的传播需要公共文化服务宣传部门的整体协作，将正确的政治导向、价值导向与群众喜闻乐见的形式结合起来，同时又不偏离主旋律，是下一步工作的重点。

第二，逐步加大公共管理网络化建设的步伐，提高管理效率。在现阶段以及可预见的未来，管理部门借助网络化管理提升公共服务质量和效率，是更符合时代发展、更能满足城乡居民现实需要的客观事实。同时，这也对公共管理人员队伍建设提出了更高的要求。

要加大网上正面宣传和管理工作的力度，鼓励发布进步、健康、有益的信息，防止反动、迷信、黄色的内容。要通过已在全国启动的"网络文明工程""家庭上网工程"等活动载体，以正面引导的方式，形成网上健康文明的道德规范，建设一批优秀中文网站并使之成为网络文明建设的主体，让正确、科学、健康的内容占领网络阵地。与此同时，要加强管理，用强制性的法律措施来维护网络安全、健康和文明。要让网民知道哪些东西可以上网，哪些东西上网是违反有关法律和行政管理规定的，还要努力发挥网络技术在管理中的积极作用，通过技术手段对反动、黄色、封建迷信等内容进行查封和堵截。

第三，进一步加强公共图书馆在公共文化服务中所占的比重。对于乡镇一级的单位来说，"农家书屋"的设立不仅方便了农民、丰富了农民的精神文化生活，而且促进了各类农村信息服务的提高，受到了群众的欢迎。把城市与乡镇的公共图书馆统一起来，构建城乡一体、资源共享的公共图书馆服务体系，以市县图书馆为中心、以乡镇分馆为联结点，以"农家书屋"和农村图书流通点为基点，实现公共图书馆对城乡的整体覆盖和馆藏资源的共享，发挥总分馆体系的优势，市县图书馆与基层流通点相互补充、相互促进。

第四章　社会主义核心价值观与道德文明建设

张羽佳[*]

一　衢州社会主义核心价值观与道德文明建设概况

党的十八大报告要求积极培育社会主义核心价值观，倡导富强、民主、文明、和谐，倡导自由、平等、公正、法治，倡导爱国、敬业、诚信、友善。这三个倡导分别从国家、社会、个人三个层面总结了社会主义精神文明建设所取得的成功经验，展望了未来文化建设的发展前景，提纲挈领地勾勒了公民思想道德建设的基本蓝图，为提高整个社会的道德凝聚力与向心力，创建新时代的道德风尚指明了方向。

2006年，党的十六届六中全会审议并通过了《中共中央关于构建社会主义和谐社会若干重大问题的决定》。该文件指出，社会主义核心价值体系是建设和谐文化的根本。必须坚持马克思主义在意识形态领域的指导地位，牢牢把握社会主义先进文化的前进方向，弘扬民族优秀文化传统，借鉴人类有益的文明成果，倡导和谐理念，培育和

---

* 张羽佳，中国社会科学院哲学研究所马克思主义哲学原理研究室副研究员、博士。

谐精神，进一步形成全社会共同的理想信念和道德规范，打牢全党全国各族人民团结奋斗的思想道德基础。

2007 年，党的十七大报告正式提出："社会主义核心价值体系是社会主义意识形态的本质体现。要巩固马克思主义指导地位，坚持不懈地用马克思主义中国化最新成果武装全党、教育人民，用中国特色社会主义共同理想凝聚力量，用以爱国主义为核心的民族精神和以改革创新为核心的时代精神鼓舞斗志，用社会主义荣辱观引领风尚，巩固全党全国各族人民团结奋斗的共同思想基础。"

为深入落实党的十八大精神，积极培育社会主义核心价值观，浙江省衢州市进行了卓有成效的探索，提供了宝贵的经验。作为一座生机勃勃、快速发展的城市，衢州在充满信心走向未来的同时，不仅注重快速发展经济，而且重视文化和道德建设。近年来，衢州市坚持不懈地推进思想道德建设，引导全社会崇德向善，倡导社会主义核心价值观，传送社会的"正能量"。在市委、市政府的引导、推动和组织下，衢州开展了一系列全民性、大众化的道德实践活动，从"做一个有爱心有责任心的衢州人"到学雷锋活动，再到"做最美衢州人——我们的价值观"大讨论，在全体市民中间开展关于公民价值观目标、价值取向、价值标准和价值判断的讨论，从而有效地将关于价值观的思考引向广大群众，在广大群众中间推行积极向上、健康有益的价值理念。在大讨论活动中，市大讨论活动领导小组办公室面向社会公开征集"我们的价值观"核心词，共收到社会各界推荐的核心词 1200 多组、核心句 860 多句。市委宣传部组织开展万人问卷调查，回收有效问卷 8762 份，爱国、团结、仁爱、诚信、责任、奉献、创新等内容得到公众的高度认可。衢州新闻网还开通了价值观讨论专区，8700 多人次参与网络投票。历经一年多的学习实践和思想碰撞，"衢州人的价值观"越来越清晰。2012 年 7月 27 日，衢州市委常委会专题研究"做最美衢州人——我们的价值观"核心词提炼方案，把"衢州人的价值观"确定为：诚信、责任、仁爱、奉献。

诚信，指的是诚以待人、信守诺言。衢州在历史上商业文化曾经非常繁盛，诚信则被明清时期的龙游商帮立为经商之本。无信不立，有责乃远。诚信是日常行为的诚实和社会交往的信用的合称，是重要的道德原则和规范。就个人而言，诚信是高尚的人格力量；就企业而言，诚信是宝贵的无形资产；就社会而言，诚信是正常的生产、生活秩序。在社会交往中讲诚信、重诚信，就是倡导以诚待人、信守诺言，引导、鼓励人们在工作生活中诚实守信、言行一致，在经济交往中重践履、诚信经营，使诚信成为全体社会成员共同的道德遵循。

责任，是履职尽责的道德体现。讲责任，就是爱岗敬业、恪尽职守、敢负责任，不断提高工作水平和成效，形成齐心协力促发展、促和谐的良好局面。讲责任，就是要在困难面前勇挑重担、勇于担当；在紧急关头勇于争先、克难攻坚；在利益面前不计得失、严于律己。人人重责任、讲责任，就是要在家里做个好成员，在单位做个好员工，在社会做个好公民，尽责任、尽本分，为社会多作贡献。衢州人历来勤劳朴实，任劳任怨，新中国成立以来发扬艰苦奋斗精神，战天斗地建设家园，铸就了艰苦创业、无私奉献、团结协作的"铜山源精神"和"乌引精神"。展望未来，建设"两地三城"、实现富民强市，突出"一个中心"、打好"两大战役"，更需要全体社会成员勇于担当、敢于攻坚，需要人人参与、从我做起，讲责任、尽本分。

仁爱，就是宽仁慈爱、从善如流，这是源自本性的高尚情怀。作为孔氏南宗所在地，衢州历来崇善敬德、民风淳朴。上善若水，大爱无言。讲求仁爱，就是要在日常生活中爱自然、爱他人、爱社会、爱一切真善美的事物，对社会善意而友好，人与人之间相互理解信任和

支持帮助。倡导仁爱精神，还要在人与自然共存中关爱自然、保护自然，建设美好的自然环境和和谐的人居环境；就是要爱祖国、爱社会、爱社会主义，在工作中友好合作，在生活中关爱他人，弘扬真善美，追求高尚富有的精神生活。在建设"两城三地"、共创"两富衢州"的征途中，尤其要讲仁爱、献爱心，大力推进友好合作、共建共享，积极构建和谐相处、和睦友好的社会关系，不断提高人民群众的归属感、舒适感，努力构建良好的社会关系和社会环境，建设和美富庶的民生幸福城。

奉献，就是真诚朴素地主动付出。利居人后，责在众先，默默奉献，不求回报。倡导奉献精神，就是要在工作中踏实肯干、追求卓越，努力实现良好的业绩；在社会生活中热爱公益事业，关心他人，为公共利益、社会幸福奉献爱心、作出贡献。讲奉献、多奉献，就是要大力弘扬利他精神，把个人价值与社会发展、人民幸福联系在一起，全心服务、真心付出、不求回报，为他人的幸福和社会发展贡献力量，通过个人兢兢业业的本职工作，为社会发展服务、为人民幸福造福。

可以说，以"诚信、责任、仁爱、奉献"为主要内容的"衢州人的价值观"来源于现实生活，凝聚着社会道德的主流，体现了衢州人民的精神风貌，是社会主义核心价值观的具体化，是人们明辨是非、善恶、美丑的基本标准，是衢州人遵循的基本道德规范。《说文》云："德，外得于人，内得于己也。"社会主义核心价值观不仅是个人内在的修养，同时，对于整个社会的精神风貌的塑造也起着至关重要的作用。在社会主义核心价值观的引领下，衢州善举不断涌现，许许多多的"最美衢州人"平凡而又伟大，他们的行为给人以温暖，他们身上闪耀着富有衢州特色的人文精神，他们为衢州人的精神家园赋予了更加丰富的内涵。

道德成就一个城市的品位，道德凝聚一个城市的信仰。"最美衢州人"的事迹经过中央电视台、《人民日报》等多家在全国具有重大影响力的媒体的宣传介绍之后,已经传遍天下、温暖中国,衢州由此也被誉为"最美之城"。这是对一座城市无与伦比的肯定和褒奖,是全体衢州人民的共同荣耀,是最值得去珍惜、去维护、去擦亮的"金名片",成为衢州市民引以为豪的自我介绍词。不仅如此,衢州的好人好事、凡人善举经过众口相传,引起了相关部门和领导的重视,被视为民俗新风的典型。即使在浩如烟海的互联网上,人们也会惊讶地发现,那些数以百万计的网民也一改往日的"愤青"口吻,通过新闻跟帖、微博、论坛等渠道,对衢州"最美教师""最美爷爷""最美护士"发出由衷的赞美。衢州在短短时间内,因这些"最美"人物而为全国人民所关注,他们身上所彰显的高尚品德也成为这座千年古城的城市之魂。

二　对衢州社会主义核心价值观与 道德文明建设经验的理论思考

(一)　要从政治的高度理解社会主义核心价值观建设的战略 意义

《论语·为政》说:"为政以德,譬如北辰,居其所而众星共之。"其意是说,一个国家,如果能够推行善政,那么,这个国家的国家意志就会像北斗星一样,受到人民的拥护和支持。因此,"德政"对于一个国家的国家形象和政权的合法性至关重要。只有推行"德政",人民群众才能自觉自愿地形成对国家的认同感,热情地参与到国家的各项事业中去。社会主义核心价值观建设这一战略思想的提出正是基于有关政治认同的考虑,它本身具有深刻的政治喻义,既凝聚着中国传统政治理念的精髓,又体现了中国共产党在执政过程中

的具体思考。

根据马克思主义基本原理，任何意识形态的提出，都有其具体的历史语境和现实考量。毫无疑问，社会主义核心价值观建设是我国国家意识形态的重要组成部分。如何推行国家意识形态，有效地维护社会安定、营造积极良好的社会道德氛围，使政治统治在民意层面获得合法性，真正将国家的意志融入民族的风俗和人民的情感与自觉的实践之中，这应该是一个值得深入思考的重大课题。

长期以来，人们多半是在否定和批判的意义上理解"意识形态"这一用语，比如拿破仑就对提出"意识形态"概念的法国学者特拉西不屑一顾，认为"意识形态"只不过是一帮学者头脑中不切实际的幻想罢了。而在第二次世界大战之后，由美国和苏联两大超级大国为首，世界上形成了"北约"和"华约"两大阵营，进行了耗时长久的"冷战"，其重要战场即在意识形态领域。

从马克思主义理论发展史的角度来看，马克思本人把意识形态看做由社会经济基础决定的上层建筑，主张在考察各种意识形态时"必须时刻把下面两者区别开来：一种是生产的经济条件方面所发生的物质的、可以用自然科学的精确性指明的变革，一种是人们借以意识到这个冲突并力求把它克服的那些法律的、政治的、宗教的、艺术的或哲学的，简言之，意识形态的形式"①。作为资本主义最尖锐的批判者，马克思主要是在否定的意义上理解意识形态的社会功能，他把意识形态的虚假性归于特定阶级的特定利益。正是统治阶级，把某些人的利益说成全体社会成员的共同利益，赋予某些人的思想以普遍性的形式，而这不过是"共同利益的幻想""思想家的自我

---

① 《马克思恩格斯文集》第 2 卷，人民出版社，2009，第 592 页。

欺骗和分工"① 而已，因为"现实的个人利益往往被说成是普遍的利益"，是"有意识的幻想和有目的的虚伪"，是"社会的普遍虚伪"②。

　　然而，在现实的政治斗争中，马克思主义领导人对意识形态的理解有了转变。在马克思之后的列宁和葛兰西，先后提出了"社会主义意识形态""无产阶级意识形态""意识形态领导权"等意识形态中性化词语，开始将在马克思那里与资产阶级统治紧密联系的意识形态概念，拓宽至包括社会主义社会在内的全部社会形态。在《怎么办》中，列宁在描述日益尖锐的阶级斗争时，明确指出唯一的选择只能是：或者资产阶级意识形态，或者社会主义意识形态，没有中间道路可走。意识形态作为阶级意识的理论表达，总是表达某个阶级的利益、情感、认识，无产阶级担负解放全人类和最后解放自己的历史使命，他们的阶级意识包含了对历史发展规律的认识，所以无产阶级自觉的阶级意识、社会主义意识形态和科学三者同一。可见，在列宁那里，意识形态失去了其否定性特征而成为了一个中性概念，"用来表达斗争着的各个阶级的思想观念及政治学说"。

　　意大利共产党领导人葛兰西则创造性地提出了"意识形态领导权"（"文化霸权"）的概念。葛兰西强调，任何政治系统的维系，不仅需要暴力性的国家机器的武力镇压，也要包含最低限度的自愿服从的成分，民众的信任和信仰与国家政权的作用是一个动态支撑的过程。因此，葛兰西指出国家的前提是"同意而且要求同意"。这实际包含两个方面的含义：一方面，执政党对国家的统治需要得到从属集团的认同和支持；另一方面，执政党又要求

---

① 《马克思恩格斯全集》第 3 卷，人民出版社，1960，第 54 页。
② 《马克思恩格斯全集》第 3 卷，人民出版社，1960，第 331 页。

从属集团承认其政治合法性，承认它在政治意识形态上的主导地位。这两个方面是相辅相成、互为条件的：文化和意识形态上的"霸权"离不开意识形态的国家机器的宣传、教育和灌输；任何政治权力要想持久稳固，也必须获得某种程度的赞同，在社会生活中确立道德、政治、知识上的领导地位，取得政治上的"合法性"。

在当代中国，经济、政治和文化的各个领域都正在经历深刻转型，社会阶层迅速分化，利益要求日趋多元，人们的思想观念正在经历前所未有的变革。在这种情况下，采取什么样的方式取得意识形态上的主导地位成为执政党高度重视的问题。社会主义和谐社会，是中国共产党 2004 年提出的一种社会发展战略目标，指的是一种和睦、融洽，并且各阶层齐心协力的社会状态。2004 年 9 月 19 日，党的十六届四中全会正式提出了"构建社会主义和谐社会"的概念。2005年以来，中国共产党提出将"和谐社会"作为执政的战略任务，"和谐"的理念要成为建设"中国特色的社会主义"过程中的价值取向。"民主法治、公平正义、诚信友爱、充满活力、安定有序、人与自然和谐相处"是和谐社会的主要内容。社会主义核心价值观建设的提出正是在建设和谐社会这一大的实践背景下提出的，只有从政治的高度理解社会主义核心价值观的战略意义，才能在具体的政治实践中准确把握社会主义核心价值观建设的实质，认识到无论是思想道德体系，还是先进文化建设，都与和谐分不开。在新的历史时期，承接和弘扬中国自古所崇尚的和为贵、和谐为美的和谐社会理想，建设各阶层人民和睦相处、和谐共治的和谐社会，正是社会主义核心价值观建设所追求的目标。

在弘扬"衢州人的价值观"的过程中，衢州市委、市政府的领导充分认识党中央将建设社会主义核心价值体系作为维护社会安定和谐的重要手段的战略意图，表现出高度的政治敏锐性。他们积极贯彻刘云山同志的批示精神①，把建设社会主义核心价值观当做意识形态战略的中心任务，充分发挥各个方面的积极性和主动性，建立健全了党政推动、各方支持、全社会参与的工作格局。衢州的党政部门首先负起责任，从规划制定、工作统筹、部署协调和制度建设等方面对社会主义核心价值观的贯彻进行部署，动员社会各个方面积极参与、协同推进，形成了讲文明、树新风的强大合力，提出"以党风促民风"的口号，体现出对核心价值观建设的高度重视，以及与党中央在思想和行动上保持一致的决心。

（二）善于运用意识形态的国家机器实现道德教化的功能

"教化"一词最早出自《诗经·周南·关雎序》："美教化，移风俗。"这是中国传统政治智慧的集中体现。《礼记·经解》很清楚地写道："故礼之教化也微，其止邪也于未形。"这是强调通过春风化雨式的教化，能够将不良的社会倾向消弭于无形。西汉董仲舒把教化比成阻止洪水的堤防："夫万民之从利也，如水之走下，不以教化堤防之，不能止也。是故教化立而奸邪皆止者，其堤防完也；教化废而奸邪并出，刑罚不能胜者，其堤防坏也。古之王者明于此，是故南面而治天下，莫不以教化为大务，立太学以教于国，设庠序以化于邑，渐民以仁，摩民以谊，节民以礼，故其刑罚甚轻而禁不犯者，教化行而习俗美也。"董仲舒认为，教化是一种极为高明的政治统治形式，它于自然而然中化解社会矛盾，在不知不觉中完成对人民进行道德观念

---

① 刘云山同志的批示是："各地各部门要继续深入挖掘宣传道德典型，充分展示高尚行为，弘扬人间正气，树立见贤思齐、择善而从的良好风尚。报刊、通讯社、广播、电视以及互联网、手机等大众传媒，要用发现的眼光和关爱的情怀，把宣传时代楷模作为一项经常性工作，热情讴歌他们的感人事迹，大力颂扬他们的崇高品格，积极传递'凡人善举'迸发出的精神力量，共同唱响道德建设主旋律，为党的十八大胜利召开营造文明和谐的社会环境。"参见《人民日报》2012 年 8 月 1 日，第 4 版。

培养与灌输的任务。从中国的政治历史看，它把政教风化、教育感化、环境影响等有形和无形的手段综合起来，既有皇帝的宣谕，又有各级官员耳提面命和行为引导，还有立功德碑、树牌坊、传播通俗读物等多种形式；既向人们正面灌输道理，又注意结合日常活动使人们在不知不觉中达事明理，潜移默化。正因为如此，自古以来凡有见识的政治家都十分重视教化的作用，把教化当做正风俗、治国家的重要国策。

在当代，意识形态的教化功能主要体现在"我们不强迫你去做，我们要潜入你的心灵，进入你的潜意识，达到你自己愿意去做"①，而意识形态的这一教化功能则主要依靠意识形态的国家机器去完成和实现。提到"意识形态的国家机器"，不得不提到法国马克思主义理论家阿尔都塞对其所进行的透彻而深入的研究。在马克思主义国家学说中，"国家机器"通常指的是政治机关、军队、警察、法庭和监狱等"镇压性国家机器"，它们是暴力的机构，是国家权力的外在表现形式，履行的是镇压的职能，其目的是维护一个阶级对另一个阶级的统治与剥削。作为对马克思主义国家学说的补充，阿尔都塞依据葛兰西的"意识形态领导权"理论，在对现代资本主义国家的统治方式进行研究的基础上提出了"意识形态的国家机器"概念，开创了马克思主义国家理论的新境界。

在阿尔都塞看来，"镇压性的国家机器"只是阶级统治的最后手段，只有当统治阶级认为社会政治结构受到严重威胁时才会诉诸于它。而"意识形态的国家机器"则渗透在日常生活之中，它通过意识形态的宣传、灌输和教育，在社会上强化统治阶级的意志，塑造俯首帖耳的芸芸众生，不断地进行资本主义生产关系和社会关系的再生产。所以，这些意识形态的工具是一些以专门机构的形式直接呈现在

---

① 〔俄〕谢·卡拉－穆尔扎：《论意识操纵》，徐昌翰等译，社会科学文献出版社，2004，第45页。

观察者面前的现实存在。具体地讲，"意识形态的国家机器"包括：

——宗教意识形态国家机器（各种教会体系）；

——教育意识形态国家机器（各种公、私立学校的体系）；

——家庭意识形态国家机器；

——法律意识形态国家机器；

——政治意识形态国家机器（包括不同政党在内的政治体系）；

——工会意识形态国家机器；

——传媒意识形态国家机器（出版物、广播电视等）；

——文化意识形态国家机器（文学、艺术、体育等）。

从上面可以看出，"意识形态的国家机器"是由多种多样、彼此各异的领域构成的，工会、学校、教会、党派、文化团体都在贯彻国家意志、宣扬国家意识形态的过程中起到不可或缺的作用，之所以称其为"国家机器"，就是因为它们履行了公共的国家职能。因为对于一个国家而言，政治上的统治固然重要，然而，文化上的认同以及道义上的支持也是政治统治不可缺少的一维，只有使个人从心理、情感和价值上认同国家的政治统治，统治才能长久而稳固。事实上，正是通过意识形态国家机器的宣传、灌输和培养，民族主义、民主主义、爱国主义和道德主义等意识形态才得以在社会生活的各个层面传播，这对于确立社会共同理想和信念、树立相同的价值观和道德守则、维护社会的安定和谐、促进社会成员之间的理解与认同起到了巨大作用。

在衢州的个案中，我们发现，市委、市政府十分重视意识形态的国家机器在构建社会主义核心价值体系过程中所发挥的重要作用。为了宣传典型，市委、市政府综合运用教育、法律、行政、舆论等手段，十分巧妙地将意识形态的国家机器的教化功能与公民的道德实践活动有机地结合在一起，在充分发挥广播、版报、橱窗、市民学校、社区论坛等传统宣传教育阵地作用的同时，还借鉴现代化的媒体宣传

手段，利用互联网信息传播迅速、影响力大的宣传优势，在网上发起"衢州人的价值观"的大讨论，广泛开展形式多样、丰富多彩的宣传活动，使群众在潜移默化中受到教育，得到熏陶，从而完成了对社会的管理。

据不完全统计，为宣传"最美教师"身上所代表的"忠诚、责任、激情、奉献"的新时期衢州精神，市政府动用了大量媒体进行宣传，大篇幅、高规格、高质量的报道在短期内收到了良好的宣传效果。50多天内，接受中央和省市区主流媒体采访200多人次，《人民日报》报道2次，新华社报道3次，中央电视台报道5次，《浙江日报》报道4次，浙江卫视和浙江电台各6次。《光明日报》连发7篇通讯、综述和消息。纸质媒体报道被近200家新闻网站转载转播，百度网站形成170万个网页，谷歌网站形成560万个网页。

不仅如此，为了使道德宣传具有长期性，植根在老百姓的日常意识之中，市委、市政府决定，要借助"最美教师"事迹的典型宣传，把社会主义核心价值观渗透到全市各行各业的工作中，渗透到人们日常生活中，渗透到促进衢州的全面发展中，通过宣传表彰弘扬，让人们在和风细雨中认知认同，在潜移默化中熏陶感染，自觉把社会主义价值观"内化于心，外化于形"，人人争做"一个有爱心、有责任心的衢州人"。各行各业纷纷行动起来，以研讨、辩论、演讲、座谈、征文等形式"为最美衢州人画像"，探索、追寻"衢州人的价值观"。中小学生在主题班会上畅谈理想与追求，大学生演讲人生、辩论美丑，社区居民办起了好人好事"群英会"，乡里乡亲修订他们的村规民约，专家学者纷纷献计献策。工会、团委、妇联、教育、卫生等单位部门评选身边的道德楷模，各自提炼富有内涵的价值观。

据不完全统计，各地围绕"做最美衢州人——我们的价值观"

共举办各类学习讨论 820 余场（次），直接参与者有 42 万多人。而《衢州日报》《衢州晚报》、衢州电台、衢州电视台则把对发生在衢州的"凡人善事"的宣传当做一项日常工作，对发生在老百姓身边的好人好事进行不间断的报道，十分重视对道德典型的宣传策划，策划主题、收集素材、选取角度，把散落于民间、根植于群众的道德闪光点给"串"起来，长流水、不断线地做好道德模范宣传，形成了积极持久的社会效应。

（三）突破"高大全"的英雄模式转向对"凡人善举"的宣传

"可爱者不可信，可信者不可爱。"这是王国维在《自述》中描述其研究西方哲学的感想时所说的一句话，似乎印证了老子《道德经》里的一句话："信言不美，美言不信。"所谓"信言"，就是信实可靠的引人入道之言，必以真为本。有道者言语质朴简约，其文风既不像表现情感的诗词歌赋，更不像猎取功名的八股文章。虚华美言，也能传世以扬名，邀宠以获利，但不能启人本性，救人真命。因此老子的文风质朴无华，绝无"美言"媚世之病。

用老子与王国维的话来形容以往意识形态宣传中出现的现象，可以说有一定程度的贴切之处。在以往的意识形态宣传中，所宣传的典型多为"高、大、全"形象，其道德高度是普通人难以企及的。因此，典型形象虽然让人产生崇高的敬意，但他们的情怀却让普通人高山仰止，他们的行为很难被普通人复制。简言之，"高、大、全"典型的宣传策略推崇的是一种"道德的高点"，因此反而使典型离百姓的生活较远，在日常生活中难以形成道德上的模仿。

从道德心理学的角度来看，树立道德典型的目标是通过对典范的"道德认同"，从而将"道德判断"内化到个体的"道德意识"

之中，最后形成对道德行为的"模仿与复制"。在这里，"道德认同"其实就是将典范视为"理想自我"的一个过程，这个"理想自我"包含着对典型对象的赞赏，并以一种指引的方式规定了个体的道德发展方向。同时，任何认同行为本身亦包含着认知的成分。可以说，人们正是通过对道德典范的学习而形成自己的道德判断和道德意识的，而只有将典范对象的道德行为内化到自身的道德意识之后，才能在行为中形成"道德推理"，从而完成道德的普遍化。榜样的力量之所以是无穷的，就是因为道德典范在形成整个社会的道德风尚之中发挥了巨大作用，它以范例的形式告诉社会个体在作出某一行动的时候，需要思考什么是正确的，什么是道德的，什么是值得赞赏的。

从整个社会系统的角度来看，衢州宣传的是一种"大爱"精神。从理论上讲，所谓"爱"，是"社会性发展或自我发展的方向，也是朝向自我行为与他人指向自我的行为之间的平衡或互惠"。这就是说，社会意义上的"爱"指的是一种"平衡"和"互惠"。引申到具体层面，一个有序社会的道德绝对不是那些只有在特殊时刻才会发生的特殊事件，而是深入日常人的平常生活的道德秩序。衢州市在社会主义价值体系与道德建设中，宣传的是"大爱"，就是体现在普通老百姓身上的闪光点汇聚而成的"大爱"。

因此，在衢州市的"社会主义核心价值观"的宣传中，我们看到的，不仅有像"最美爷爷"占祖亿这样奋不顾身、舍己救人的光辉形象，更多的是像陈霞、姜文、江忠红那样忠于本职工作，为一个学生未上课而家访从而挽救了三条性命的"最美教师"，在洪水来临之前挨家挨户通知百姓搬迁，从而带领全村 300 多名村民逃离生死劫的"最美村干部"毛水标，以及下岗不忘助人的姚有明，等等。这些人实际上都是群众身边的人，他们的善行并非惊天动地，但却在平凡中彰显出人性的高尚与伟大。衢州市在宣传社会主义价值观的过程中，能够深入基层、扑下身子、眼睛向下，积极发现平凡中的不平凡，挖掘群众中的"闪光点"，褒奖身边看得见、摸得着、学得到的"平民英雄"，推崇在基层中的"凡人善举"，坚持以群众观点、群众语言、群众视角组织宣传报道，不断推出"最美衢州人"，从而使典型宣传可信、可敬、可学，使典型事迹入耳、入脑、入心。

"勿以善小而不为，勿以恶小而为之"。在百姓的日常生活中，很少有关于大是大非的道德判断，更多的是关于职业、关于责任、关于个体为人处世的价值选择。衢州市关于社会主义核心价值观的宣传与道德建设的一个非常宝贵的经验就是，切实地从百姓生活出发，没有提出高于百姓日常生活的"可望而不可即"的高标准，而是着眼于"凡人善举"。正是如此，才使得核心价值观真正深入百姓的日常生活。正如衢江区第四小学的"最美校长"马建红在与考察组座谈时所说，对于一个乡村小学（目前共有539名学生，其中外来务工人员家庭有390人，占全校学生总数的72.3%）的负责人来说，她要求学校的每一位老师都有强烈的责任感和事业心，爱学生、爱岗位、爱集体。在衢江区第四小学，校门进去最显眼的位置树有三块文化牌，分别写着"每一个都很重要""每一个都可以做最好的自己""每一个人都是自己潜能的主人和命运的设计师"。马建红校长对"核心价值"是这样理解的：

所谓"仁爱"，就是在日常学校教育中，以慈悲为怀，坚持"不嫌弃、不抛弃、不放弃"的原则，不让一个孩子因家庭贫困而失学。

所谓"诚信"，就是说到做到，坚守对学生的承诺，关注那些家境贫寒的孩子，给他们平等的对待。

所谓"责任"，就是做到"十大知晓"，了解学生的家庭和学习状况，随时给予学生以帮助。"最美教师"就是因为出于对学生的责任感去家访，才能在关键时候挽救了学生和家长的三条性命。

　　所谓"奉献"，就是责任发挥到极致的表现。事实上，每一个在乡村工作的教师都是在以自己的方式将青春奉献给农村教育事业。

　　从马建红的发言中，我们深切地感到，衢州所宣传的社会主义核心价值观已经不再是简单的口号，它已经内化到百姓的日常道德意识之中，成为他们日常行为的道德准则。

　　另一个例子便是"兰花热线"。2010 年 3 月，为了方便居民，更好地为居民服务，柯城区荷花街道兴华社区副主任叶兰花用自己的手机开通了"兰花热线"，"5 + 2"（工作日加双休日）、"白天 + 黑夜"，24 小时为居民提供咨询、服务、帮助，志愿成为一名"人民调解员"，受理各种麻烦事，为市民调解纠纷，排忧解难。作为一名基层工作人员，叶兰花的行为便是对本职工作极端负责的表现，并且已经上升到奉献的层面。这种基层的工作繁多而琐碎，往往是做了许多工作却不为人知，但正是这些默默无闻的奉献才使得整个社会的和谐稳定有了坚实的基础，只有人人都具有"友爱之心、向善之心、包容之心、感恩之心"，人民才能安居乐业，社会才能健康发展。

　　在衢州社会主义精神文明建设的经验中，我们还看到，家庭伦理成为社会精神文明教化的关键切入点。孔子有言："教民亲爱，莫善于孝。教民礼顺，莫善于悌。移风易俗，莫善于乐。安上治民，莫善于礼。礼者，敬而已矣。"所谓"孝"，强调的是父子之间或老辈与晚辈之间的伦理关系；所谓"悌"，强调的是兄弟姐妹等同辈之间的友爱关系。在孔子看来，只要处理好父子、兄弟之间的关系，那么无论是"移风易俗"还是"安上治民"，都是自然而然、水到渠成的事情。可见，在中国文化中，"家"是构成社会的最基本元素，家庭担负着经济发展、社会进步、国家稳定的重任，"家和万事兴"就是最好的阐述。在今天，古人关于注重和谐的人际关系、讲究诚信友爱、提高道德修养、构建和谐美满的家庭、维护社会稳定等重要思想仍然具有重要的借鉴意义。

衢州源远流长的文化积淀，尤其注重家庭文化伦理对社会风气的影响作用。在宋朝，为官清廉、人称"铁面御史"的赵汴就在继母墓旁为其守孝三年不回家，知县将赵家所在的村"陈庄保"改名为"孝悌里"；在衢州，还有一个极具特色的地方性节日——"女儿节"。根据衢州余氏家谱记载，余家山头村余氏始祖为守益公。守益公有一个女儿，女儿出嫁后，因思女心切，守益公在每年的正月十八都要女儿回家。经过22代子孙至今600多年历史的传承和演变，形成了"尊重女性、崇尚孝道"的孝文化特殊节日"女儿节"。每年正月十八，女儿必须回娘家看望父母、孝顺父母，下午到祠堂祭祖。"女儿节"当天活动的主要习俗有：请佛赐福，祭祖，走马灯，舞龙灯，唱戏，为父母洗衣服、剪指甲、烧饭等。从活动的内容来看，无不渗透着女儿为长辈祈求幸福、祝福父母健康长寿、孝敬父母的宗旨和目的。另外，在衢江区云溪乡蒋村，每年都举行"尊老祭祖"的重阳节庆祝活动，凡老人重阳日一律受到各家的款待。可见，把"孝"作为"教"的出发点，寓"顺""敬"于"亲亲"之中，已经对衢州百姓起到了有效的道德教育作用，通过对家人和祖先的追念，缅怀父母、祖先高尚的道德情操，规范自己的道德行为，淳朴的民风自然而成，所谓"慎终追远，民德归厚"，讲的就是这个意思。只有抓住社会得以形成的最小单元，将道德教育渗透到家庭以及日常生活当中，从自家谱天下，就会变"我爱我爱"为"我爱社会"，形成"大爱无疆"的博爱。从这一方面，衢州基层乡镇所进行的"好家庭""好媳妇"的评比，虽然是在微观层面进行的道德教育，但却为整个社会良好道德风尚的形成和积淀铺就了基础，只有乡间百姓家庭和睦、邻里关系融洽，社会才能祥和稳定。

（四）创造性地将传统文化有机地融入社会主义核心价值观

1949 年，德国哲学家雅斯贝尔斯出版了《历史的起源与目标》。在这部著作中，雅斯贝尔斯提出了著名的"轴心时代"理论。雅斯贝尔斯认为，公元前 800 年至公元前 200 年之间，尤其是公元前 600 年至公元前 300 年，是人类文明的"轴心时代"。"轴心时代"发生的地区大概是在北纬 30 度上下，即北纬 25 度至 35 度区间。这段时期是人类文明精神的重大突破时期。在轴心时代里，各个文明都出现了伟大的精神导师——古希腊有苏格拉底、柏拉图、亚里士多德，以色列有犹太教的先知们，古代印度有释迦牟尼，中国有孔子、老子。他们提出的思想原则塑造了不同的文化传统，也一直影响着人类的生活。而且更重要的是，虽然中国、印度、中东和希腊之间有千山万水的阻隔，但它们在轴心时代的文化却有很多相通的地方。

中国作为四大文明古国之一，其最大的文化遗产，乃是自春秋以降，至今长盛不衰的孔子、老子、庄子、荀子、墨子等诸子百家的思想。从地理位置看，衢州恰恰处于北纬 30 度，位于钱塘江上游，西连江西，南接福建，北面与安徽交界，素有"四省通衢、五路总头"之称。衢州是一座有着 1800 年历史的文化名城。早在秦王政二十五年，在姑蔑即今天的龙游建大末县，就开始了衢州地区建县的历史。在汉代，大末被改名为新安，隋称其为三衢，唐代则始称衢州。

在衢州文化发展史上，至关重要的一件大事就是在建炎三年，金东路军攻略山东，兵锋直指徐州、扬州，宋高宗君臣仓皇南奔。孔子 48 代孙、衍圣公孔端友率领部分孔氏族人携孔子夫妇楷木像及画像扈跸高宗南渡。三年因功赐家衢州。绍兴六年，"诏权以州学为家庙，计口量赐田亩，除蒸尝外，均赡族人，并免租税。八年六月壬戌，赐衢州田五顷，主奉祠祀"①。从此，孔氏子孙得以在衢州建立家庙，其后裔在江南地区繁衍生息，蔚为大宗，世称"南宗"，并逐渐形成以衢州孔氏家庙为象征的"南孔文化"。在衢州，孔氏家庙不仅是一座建筑，而且是一个儒家的文化符号。全国孔庙虽多，然孔氏家庙唯曲阜与衢州两处，而对南宋社会产生影响的主要是衢州孔氏家庙。南孔家庙与南宗族人共同推动了衢州及其周边地区儒学的发展，使衢州在南宋时出现了前所未有的讲学之风，以至于朱熹、吕祖谦、陆九渊等理学家纷纷来衢，又因家庙"枕平湖以象洙泗，面龟峰以想东山，对庙门而中为玄圣殿，西则齐鲁，后则郓国祠……"② 所以世人常以"东南阙里"称衢州。

在历史上，孔氏南宗继承了孔子以人为本、以仁为核、以和为贵的基本思想，在衢州的历史文化发展中产生了积极影响，作出了重要贡献。比如，宋室南迁后，孔子 48 代孙孔端朝就提出"修己安民"的建议，认为北宋灭亡，固然有外族入侵的原因，但主因是上层统治者无视民生，压榨过度，腐败无能。要巩固统治基础，必须自省、修己、多以仁义之心而施仁义之政。同时，南宗裔孙还沿承了孔子"礼让治国"的思想，将孔子的治国之道用于治家，以治家实践辅助治国，形成了"泗浙同源、无间南北"的思想。其最典型的事件便是孔洙于元世祖十九年的"让爵"事件。虽然"让爵"就意味着"失禄"，然而，孔洙的义让维护了南北孔氏家族的团结和睦，同时，也张扬了"不仕二臣"的民族气节，元世祖亦赞其"宁违荣而不违道，真圣人后也"。

在现时代，衢州人民在建构社会主义核心价值体系的过程中，高度重视"南孔"文化对于当代道德建设的重要价值，积极挖掘"南

---

① 《孔代南宗考略》。
② 《南渡家庙》。

孔"文化的当代意义，使之有机地融入社会主义核心价值体系。事实上，孔子的智慧和思想之所以能够历经2500余年而至今光彩犹存，就是因为其本身具有与时俱进、适应不同时代需要的文化价值。在新时代，衢州人提出的"诚信、责任、仁爱、奉献"等核心价值，其中的"诚信"与"仁爱"就直接与儒家文化所强调的"仁义礼智信"等"五常"中的"信"和"仁"密切相关。

我们知道，"仁义礼智信"是中国古代儒家归纳的五个最基本的伦理道德范畴。早在先秦时代，孔子即提出"仁、义、礼"，孟子延伸为"仁、义、礼、智"，到了汉代，董仲舒将它们合在一起，称之为"五常"。从此，"五常"往往与"三纲"合称为"三纲五常"，成为中国古代统治者维护当时等级制度和社会秩序的基本道德准则。从历史上看，历代对"五常"虽然有不少属于思想糟粕的解释，但从抽象的角度，"仁义礼智信"作为中国古人归纳的五个高度概括和抽象的道德范畴名称，仍然具有超越时代的意义和价值。在当代中国社会道德文明和核心价值观的建构过程中，我们仍然可以借用"仁义礼智信"的形式，吸取其精华，赋予其体现时代精神的新内容，建构具有鲜明中国特色、为老百姓喜闻乐见的伦理道德范畴体系。

首先谈谈"诚信"的问题。儒家把诚信作为人的基本道德。《中庸》把"诚"作为至高无上的价值，认为"诚"是"天之道"，要取信于人，根本在于"反身而诚"，以真诚之心得到别人的信任。《大学》也以"正心诚意"作为"修身"的前提。孔子则从如下几个层次论证了"诚信"的价值：首先，诚信是人安身立命的根本，"人而无信，不知其可也"，人若没有信用，便无以在社会上立足。"信则人任焉。"只有当你被证明是一个值得信赖的人时，别人才会觉得你可靠，才会把大事托付给你。所谓君子，应该"言忠信，行笃敬"，言行一致，诚实笃信。其次，在国家层面，治理国家要"敬事而信"，国家领导者切不可失信于民，所谓"得民心者得天下"，一个国家只有当它所宣称的宗旨与其实际的作为相一致的时候，才能得到百姓的衷心拥护。

在当代中国，"诚信"作为一种具有社会内涵以及社会效用的价值，已经不局限于个人的私德，而是完善社会主义市场经济所必需的公德。如果一个社会缺失了诚信，个体与个体之间相互尔虞我诈，公民对政府怀有疑虑，在经济活动中相互担心契约的履行是否有制度保障，那么，整个社会就将是个混乱失序、无常理可依的社会。目前，中国出现的诚信缺失和信用危机的现象相当严重，最突出的就是食品安全的问题，"苏丹红""瘦肉精""三聚氢胺奶粉"等问题层出不穷，如果这种状况继续下去的话，必然会成为制约我国社会主义市场经济健康发展的瓶颈和隐患。因此，必须重视社会信用和个人信用的建设，这种建设一方面有赖于现实的法律和制度体系保障，另一方面也须借助于传统文化信仰中的诚信道德价值之源。中国传统儒学关于诚信的思想，也是我们今天建设社会信用体系时可以利用的重要道德价值资源，必须善加利用。

下面谈谈衢州价值观的另一个核心词——"仁爱"。"仁"，从"人"从"二"，从造字学的角度，"仁"所倡导的就是人与人之间的互存、互助、互爱；"仁爱"，究其基本含义就是孔子所说的"爱人"，就是人对于同类生命的基本同情和关怀。儒家认为，"仁"是为人的根本，是人的精神家园，所谓"仁者爱人""仁者天地父母心""仁者无敌于天下"说的都是这个道理。孔子的思想是一门如何处理人与人、人与社会、人与自我之间关系的学问。提倡"仁"的道德，就是要以人为本，把人当做人来对待，就是在确认自己是人的同时也承认他人是人，而人与人在天命之性和生命价值上是平等的。因此，人与人之间应该以"己所不欲，勿施于人"的"忠恕"态度友好相待，以"己欲立而立人，己欲达而达人"的态度互相帮助。

"仁"的精神也就是人性与人道的精神，就是以人为本的精神。

儒家以"仁"为道德之源,这对当代社会道德文明建设有三点重要启示:其一,在当代社会,人与人之间的竞争关系比以往任何时代都更为突出,由竞争往往生出敌对之心,而"仁爱"的观念强调人与人之间的关爱、和谐,人与人之间的友好与善意较之于人与人之间有时难以避免的冲突和竞争来说,具有更高的价值,更应该为人们所珍视。其二,儒家的仁爱观还包含"爱物"的观念。正如孟子所说:"亲亲而仁民,仁民而爱物。"当今,大规模的工业化造成世界范围内的自然生态失衡,在全国乃至全球的范围内,人们都在大声呼吁保护自然生态环境,这对于建设当代生态伦理道德具有启发意义。其三,儒家强调"为仁由己""仁者不忧""仁者安仁",这些学说有助于提高人们的道德修养,安抚当代社会极具普遍性的焦虑情绪,帮助人们更好地调节身心,强调道德价值实现给人们带来的精神满足,这对于当代社会个人的自我修养和整个社会心态的平衡也是非常有助益的。

三　对策与建议

社会主义核心价值观是一个完整的体系,其中就个人的道德(如职业道德和个人品德)提出了要求,同时,社会主义核心价值观也是一种社会公德,需要从宏观视角对政府在建设社会主义核心价值观的过程中所起的作用和应尽的职责进行审视和评估,做一个有德性的政府。唯有如此,才能建构起结构完整、内涵丰富的社会主义核心价值体系。事实上,民众的信任和信仰,以及政权的信用,是一个动态支撑的过程,两者只有处于良好的互动状态,才能达到整个社会的和谐与安定。

在这里,我们提到的国家与政府的德性问题并不是一个新概念,早在古希腊时代它就已经成为政治思考的主题。亚里士多德在《政治学》第一卷第一章，就开宗明义地提出了国家的目的及其重要性问题。他认为国家是最高、最广泛的一种社会团体，一切社会团体的目的都在于达到某些"善业"，国家的目的是为了最高、最广泛的"善"。亚里士多德认为，国家的目的就是达到组成城邦的个人的三种善业（外物、躯体和灵魂），过幸福的生活。"城邦是若干生活良好的家庭或部族为了追求自给自足而且至善的生活，才自行结合而构成的。"①

　　在"政府德性"中，"诚信"与"责任"尤其重要，应该成为政府执政的核心价值。党的十八大报告中较多地提到了政府政务方面的诚信问题，这一点反映了执政党和政府的责任意识和担当意识，同时也反映其看到了问题的性质所在。因此，讲诚信就不仅是个人私德的问题，也是一个社会和一个政府的公共德性问题。具体地说，对政府而言，讲诚信意味着加强政务诚信、商务诚信、社会诚信和司法公信建设。而关于责任，正如欧文·休斯指出："任何政府都需要建立一套责任机制。这样才能在社会广泛的支持下进行运作。对任何主张民主的社会来说，责任机制都是基本因素，要成为民主社会，就需要有一套适宜的责任机制。政府组织由公众创立，为公众服务，就需要对公众负责。"② 具体地说，政府责任包括以下几个方面：①政治责任。政府行为必须符合、保护、促进广大人民的根本利益、权利与福利，对公民负责，维护公共利益的最终实现，各项政策与举措在程序上必须能洞察、理解、综合和表达公众意志。②岗位责任。对于政府工作人员来说，一旦进入了某个特定的岗位，就被赋予了特定的责任，必须明确其职能及相应的职责范围，这就是岗位责任。③法律责任。法律责任指政府工作人员的行为必须在法律允许的范围内进行，法律责

---

① 〔古希腊〕亚里士多德：《政治学》，吴寿彭等译，商务印书馆，1981，第140页。
② 〔澳〕欧文·休斯：《公共管理导论》，彭和平等译，中国人民大学出版社，2001，第230页。

任由法律明文规定，由国家强制力保障实施，并由国家授权机关依法进行监督和追究。④道德责任。道德责任指公务人员在履行公职过程中体现出的职业道德和职业操守，它植根于公共行政人员对自身职位的忠诚、个人良知和对社会价值观的认同及信仰。政府公务人员不仅要符合社会对其要求的道德标准和规范，还应承担起这一岗位赋予他的在制度、程序和政策等方面的特殊责任，做到忠于职守、实事求是、廉洁奉公、以民为本。

具体地说，对于当代中国，"政府德性"应该主要表现在四个方面。

（一）富而后教，引领整个社会走向富裕，实施道德教化

道德与社会的富裕有着密切的关系，必须重视民生，满足人们求生存的基本物质欲求，才能实现先富而后教，使人心向善，从而使政权得以稳固。孟子说："无恒产而有恒心者，唯士为能。若民，则无恒产，因无恒心。苟无恒心。放辟邪侈，无不为己。及陷于罪，然后从而刑之，是罔民也。焉有仁人在位，罔民而可为也？是故明君制民之产，必使仰足以事父母，俯足以畜妻子，乐岁终身饱，凶年免于死亡。然后驱而之善，故民之从之也轻。"儒家认为，民生是治国之本，没有财产而有道德，这只有道德修养较高的人才能做到，而对于普通百姓来说，民以食为天，只有衣食足，解决奉养父母、哺育子女的问题，拥有自己的财产才能论及道德，使人心向善。在西方，人们也普遍认为，不应在道德上要求人们去做他们缺乏能力去做的事情，也不应要求人们作出巨大的不合理的牺牲，因此，在西方哲学家看来，个人道德的发展要依赖于社会整体的发展。在这一点上，中国人与西方人的基本观念是一致的。

中华民族的文化传统历来重视从民生出发，倡富民、爱民。儒家

经典《周礼》提出了"保息养民"的六项措施："一曰慈幼，二曰养老，三曰振穷，四曰恤贫，五曰宽疾，六曰安富。"这六项措施对于当代政治来说，仍然富于启示意义。所谓"民穷则争，争则起暴乱，国难以治"，只有使老百姓安居乐业，才能要求百姓具有相应的道德水平，因此，政府必须把富民作为对百姓进行道德教育的前提和基础。反过来，加强公民道德建设，提高全民族文明素质，不仅对于形成良好的社会道德风尚、推动文化大发展大繁荣，提升文化软实力具有重要意义，而且对于促进经济长期平稳较快发展和社会和谐稳定具有重要作用。尤其是党的十八大特别强调了"两个翻一番"，一个是经济总量指标，一个是人民生活指标，两者是十八大报告中唯一的量化指标，即中国国内生产总值（GDP）要从 2010 年的 391983 亿元增加到 2020 年的 795366 亿元，城镇居民人均可支配收入从 2010 年的 19109 元增加到 2020 年的 38218 元，农民居民人均纯收入从 2010 年的 5919 元增加到 2020 年的 11838 元。和前两届党代会报告对比，尽管实现目标的时间节点都放在了 2020 年，但提法明显不同。党的十六大报告是力争 GDP 比 2000 年翻两番，党的十七大报告是人均 GDP 比 2000 年翻两番，而党的十八大报告在谋求继续做大经济总量蛋糕的同时第一次明确提出了居民收入翻一番。

就衢州的具体情况而言，衢州处于"浙西南"，其经济总量在全国虽然已进前 100 名，但在浙江却属于欠发达地区。因此，对于衢州来说，推进科学发展，践行社会主义核心价值观，首要任务是加快经济发展，缩小与全省发展水平的差距。这既包括经济规模上的差距，更包括经济发展质量和水平上的差距。具体地看，衢州的经济发展有其独特的资源优势。从古至今，衢州素有"四省通衢"的地理位置和交通条件，这是一种独特的区位优势。近几年，衢州市充分利用这些独特优势，积极发挥衢州承东启西的"桥头堡"作用，促进四省边界物流、人流、信息流向衢州集散，努力做到"四个着力"，即着

力激发各类市场主体发展的新活力，着力增强创新驱动发展的新动力，着力构建现代产业发展的新体系，着力培育开放型经济发展的新优势，以期将衢州建设成为四省边界的中心城市。

同时，衢州矿产种类较多，已探明矿产中居全省前列的有 7 种，其中石煤、石灰石居全国前 10 位。衢州人均占有水资源接近全省人均水平的两倍，大中型水库和源头地区的水质保持在一类水平。近几年衢州市着力推进科技进步，加强传统产业的技术改造，不断开发这些初级生产要素的新产品、新工艺，提高产品附加值，不断提高资源配置的效率。另外，衢州还是国家级历史文化名城，以"两子"（孔子、棋子）文化为代表的特色文化底蕴深厚，在国内外有一定的影响力。通过挖掘和发扬光大，这些丰厚的历史遗存和文化积淀，已培育成为实现跨越式发展的内在动力和重要内涵，打造出富商、亲商、安商的良好环境。2006 年在国家统计局公布的地级以上城市投资环境排名中，衢州荣获"全国投资环境百佳城市"。我们相信，随着"突出'一个中心'，打响'两大战役'"和"特色竞争，科学发展"战略的提出，衢州经济的发展势头一定会越来越好。

当然，在经济获得长足发展、社会财富得到积累之后，收入和财富的分配会成为社会的首要问题。在理论界，收入和财富在社会中的分配问题传统上被称为分配正义的问题。针对这一问题，理论界曾经提出多种方案，自由主义者诉诸自由的理想，社会主义者诉诸平等的理想，契约主义者则诉诸契约公平的理想。这些方案对人们究竟应该合理地拥有多少收入和财富提出了自己的观点。

自由主义者要求每个人应该拥有与所有人拥有的同等自由相称的最大限度的自由，他们并不否认，对于人们来说拥有充足的物品和资源以满足基本的营养需要是一件好事情，但他们的确否定政府有义务满足这些需要。他们认为，诸如为贫困者提供福利这类好的事情是慈善的要求，而并非正义的要求。

契约主义者，比如罗尔斯则把契约公平看做终极的政治理想，并认为社会中的基本权利和义务是那些在公平的状况下人们会一致同意的东西。但是，什么是公平的状况？根据罗尔斯的观点，公平的状况可以被表述为一种"原初状态"，在这种状态下人们被考虑为在"无知之幕"后发展他们的利益。罗尔斯认为，他所相信的正义原则将在原初状态下通过两个连贯的公式推导出来：其一，每个人对最广泛的基本自由应拥有平等的权利，这种自由兼容于其他人所拥有的类似自由。其二，社会的和经济的不平等应该这样安排，以便于它们（A）与公正的储蓄原则相一致，使得弱势族群获得最大利益；（B）在公平的机会平等的条件下，依系于向所有人开放的地位和职务。这样一来，罗尔斯便获得了一般的正义概念：所有的社会善——自由和机会，收入和财富，以及自尊的基础——必须平等地加以分配，除非对某些善的不平等分配是为了弱势族群的利益。

与自治论的自由主义及契约论不同，社会主义者把平等当做终极的政治理想，并认为一个社会中的基本权利和义务是由这一理想所决定的。其中，激进的平等主义者更是认为，社会财富应该最大限度地满足每个人的需要。但问题是：如果按照个人需要而不是个人贡献来分配收入，如何使人们全力以赴地从事工作？社会主义者的回答是：让必须要做的工作本身尽可能地令人愉快，这样，人们会想到他们有能力做的工作，因为他们发现工作本身具有一种内在的回报。

从中国现阶段的发展情况来看，尚无法做到彻底废除私有财产以及将生产工具社会化，因此，在社会财富的分配上无法做到完全的平等，须参照其他国家的经验，设计合理的社会财富分配方案，一方面保证社会财富的生产得以继续和进一步的积累，另一方面满足人民日益增长的物质和精神需求。在这里，社会财富的积累和分配与社会整体的道德风尚处于一种互动关系中：一方面，一切道德和伦理均建立在社会生产和财富积累的基础之上；另一方面，如果能够积极营造公

平正义的社会氛围，形成人与人之间良好善良的交流机制，对整个社会的发展也会起到积极作用。具体地说，社会建设和社会管理根本上是要把公平正义落实到我国宏观制度和微观制度的方方面面。另外，在社会建设中要进一步处理好各阶层群众之间的利益关系、效率与公平的关系、改善民生与创新社会管理的关系、顶层设计顶层推动与基层创新的关系、政府主导与市场多元主体的关系，在保障和改善民生的同时，做到学有所教、劳有所得、病有所医、老有所养、住有所居。

（二）努力营造一种公正友爱、惩恶扬善的社会氛围

社会主义先进文化是实现精神富有的灵魂，而用制度化的方式保护人民的道德成果则是政府义不容辞的责任。中国社会从来都不缺少对正义的诉求。在《曹刿论战》中，曹刿问鲁庄公："何以战？"鲁庄公列举了好几个理由，曹刿都不满意。最后，鲁庄公说："小大之狱，虽不能察，必以情。"曹刿回答说："忠之属也。可以一战。战则请从。"意思是说：君主不需要用小恩小惠来笼络人心，也不需要用玉帛来供奉鬼神，只要断案子的时候公正持平就可以了。主持公平正义才是君主的本职工作。明代郭允礼也在《官箴》中写道："吏不畏吾严，而畏吾廉；民不服吾能，而服吾公。"一个公平、正义的社会体制是实现全社会道德风气向着好的方向发展的最为可靠的政治保障。

近年来，中国出现了许多不良的社会现象。比较典型的有 2006 年震惊全国的南京"彭宇案"：彭宇扶起被撞成骨折的老太太却被指认成撞人者，此案历经三审最终和解撤诉，此后双方三缄其口。2009 年发生在天津的"许云鹤案"：许云鹤称看到违章爬马路护栏倒地受伤的王老太，立即停车为其包扎并打了急救电话，王老太却称被车撞伤将许告上法庭，法院一审判许云鹤赔偿 10 万元，理由是许的车离王老太很近引发其惊慌错乱，从而跌倒。还有在 2011 年 10 月 13 日

发生在广东佛山的"小悦悦"事件：两岁女童小悦悦在佛山广佛五金城相继被两车碾压，7 分钟内，18 名路人路过但都视而不见，漠然而去，最后一名拾荒阿姨陈贤妹上前施以援手，引发网友广泛热议。2011 年 10 月 21 日，小悦悦经医院全力抢救无效，在 0 时 32 分离世。

一边是路人漠然而去，一边是好心人被诬陷，当今社会的公共道德良知再次被严厉拷问。如何避免类似的道德悲剧重演？如何保证好心人行善"零风险"？我国可以借鉴国外经验，从立法的角度，防止"道德冷淡"，同时保护见义勇为者。比如，1994 年修订的《法国刑法典》就有"怠于给予救助罪"。具体条文是：任何人对处于危险中的他人，能够个人采取行动，或者能唤起救助行动，且对其本人或第三人均无危险，而故意放弃给予救助的，处 5 年监禁并扣 50 万法郎罚金。而美国的法律亦规定，发现陌生人受伤时，如果不打"911"电话，可能构成轻微疏忽罪。据说，新加坡以前也发生过被救者事后反咬一口的事件，后来新加坡政府立法规定惩罚机制，即被救者如若事后反咬一口，则须亲自上门向救助者赔礼道歉，并施以其本人医药费 1～3 倍的处罚。正因为有"道歉 + 赔偿"，新加坡再没有发生过类似的事情，公民在实施见义勇为时也免去了顾虑和担忧。

事实上，从立法的角度对社会的道德风气进行干预，在我国不乏先例。1975 年，在湖北云梦睡虎地出土了大量的秦代法律竹简。我国学者对其分类整理，出版了《睡虎地秦墓竹简》一书，在其中的《法律问答》里，就记载了对见义不为的惩罚措施。其中规定："有贼杀伤人冲术，偕旁人不援，百步中比，当赀二甲。"从这段秦简的内容看，秦代对见危不救的处罚规定十分严格，凡邻里遇盗请求救助而未救者，要依法论罪；凡有盗贼在大道上杀伤人，路旁之人在百步以内未出手援助，罚战甲二件。自秦以后，历代封建统治者大都制定了对见危不救予以严惩的法律条款。这是因为，如果任由这种风气蔓延下去，势必造成邪气上升，道德沦丧，不利于社会的稳定和发展。

同时，为了鼓励更多的人勇于同犯罪行为作斗争，为了能在社会上形成一种弘扬正义、惩治邪恶的社会风气，许多朝代都制定了对见义勇为者给予奖励的法规。比如，唐玄宗开元二十五年（737年），唐朝政府颁布了捕获罪犯给予奖励的办法。据仁井田升《唐令拾遗》载："诸纠捉盗贼者，所征倍赃，皆赏纠捉之人。家贫无财可征及依法不合征倍赃者，并计得正赃，准五分与二分，赏纠捉人。若正赃费尽者，官出一分，以赏捉人。"这项法令开了国家对捕获罪犯、见义勇为者给予物质奖励的先河。宋、金时期，也都颁布过类似的法令。

除从立法角度鼓励见义勇为行为外，正确的思想舆论导向也是促进社会和谐的重要因素。新闻出版、广播影视、文学艺术、社会科学，要坚持正确导向，唱响主旋律，为改革发展稳定营造良好思想舆论氛围。新闻媒体要增强社会责任感，宣传党的主张，弘扬社会正气，通达社情民意，引导社会热点，疏导公众情绪，搞好舆论监督，引导全社会崇德向善，为这些道德行为提供有力的后援，做到"德不孤，必有邻"。同时，也应该对社会上的好人好事予以必要鼓励，设立好人好事专项基金，在弘扬社会善举、高扬正义之风的同时，给予做好事的好人以物质上的奖励。

然而，我们也必须认识到，法律与道德作为上层建筑的组成部分，都是维护社会秩序、规范人们思想和行为的重要手段，它们互相联系、互相补充。法治以其权威性和强制手段规范社会成员的行为。德治则以其说服力和劝导力提高社会成员的思想认识和道德觉悟。马克思主义经典作家历来对道德在治国安邦中的地位与作用予以高度重视和评价。马克思曾提出，国家教育的重要任务是使社会成员"把个人的目的变成普遍的目的，把粗野的本能变成合乎道德的意向，把天然的独立性变成精神的自由"[1]。恩格斯也提出要"创造以纯人类

---

① 《马克思恩格斯全集》第1卷，人民出版社，1995，第217年。

道德生活关系为基础的新世界"①。列宁的道德理论也蕴涵着德治的精义。他明确指出："道德是为人类社会上升到更高的水平"② 服务的，"应该使培养、教育和训练现代青年的全部事业，成为培养青年的共产主义道德的事业"③。的确，道德的社会功能是多方面的，它对社会具有积极的规范、教育、导向作用，历来成为人们修身养性，完善自我乃至治国安邦的重要工具。

中华民族有着 5000 年的文化积淀，其中关于人的道德修养的智慧比世界上任何一个民族都要丰富和全面。传统道德修养强调"忠、信、孝、悌、礼、义、廉、耻"这样一些准则，培养"智、仁、勇"兼备的健全人格。这些道德观念固然带有明显的封建色彩，但数千年来，它们又充当了维系整个中华民族精神纽带的作用。古人把道德操守提高到了极致，提倡"正心诚意，修身齐家治国平天下"，用孔子的话讲就是"三军可夺帅也，匹夫不可夺其志也""志士仁人，无求生以害人，有杀身以成仁"，把道德看得比生命还宝贵。但是，现代社会则更重视法治对于国家的基础性作用。法治是人类智慧的结晶，是人类的一项伟大发明，因为别的一切发明在于使人类学会驾驭自然，而法治则使人类学会自己驾驭自己。"依法治国"虽然只有四个字，却是一种治国思想体系、一种治国原则体系和一种治国制度体系的总成，它强调依照人民意志和社会发展规律的法律治理国家，而不是依照个人的意志和主张来治理国家。法治国家作为现代一种最进步的政治法律制度的目标模式，其基本标志和要求是丰富且具体的。正如胡锦涛同志在纪念现行宪法公布实施 20 周年大会上强调："实行依法治国的基本方略，首先要全面贯彻实施宪法。这是建设社会主义政

① 《马克思恩格斯全集》第 3 卷，人民出版社，2002，第 520 页。
② 《列宁专题文集——论无产阶级政党》，人民出版社，2009，第 288 页。
③ 《列宁专题文集——论无产阶级政党》，人民出版社，2009，第 285 页。

治文明的一项根本任务，也是建设社会主义法治国家的一项基础性工作。"① 这是因为，宪法是法治的标志，没有宪法，就没有法治，就不可能实行真正意义上的依法治国。在很大程度上可以讲，依法治国就是依宪治国，依宪治国是依法治国的核心。

我们认为，法治社会的形成和发展，不仅意味着法律向社会结构的各个方面和层次的扩张和渗透，而且意味着法律是人们生存和发展的必备知识和技能，是人们用于创造新型社会的重要手段。增强全体公民的法律意识和法制观念，是全面落实依法治国基本方略的一项基础性工程。美国著名法哲学家和法律史家伯尔曼指出："确保遵从规则的因素如信任、公正、可靠性的归属感，远比强制力更为重要。法律只在受到信任，并且因而并不要求强力制裁的时候，才是有效的，依法统治者无须处处都仰赖警察。……总之，真正能阻止犯罪的乃是守法的传统，这种传统又植根于一种深切而热烈的信念之中，那就是，法律不仅是世俗政策的工具，而且还是生活终极目的和意义的一部分。"如果没有现代法律观念，没有公民对法律的普遍信仰，公民的守法精神和良好的法治氛围就不能形成，法治就不可能实现。而要增强全体公民的法律意识和法制观念，就必须坚持不懈地进行法制教育和法律宣传，使人人知法、懂法，树立正确的法律价值观。

（三）加强公共服务系统保障，积极推行"善政"

20 世纪 80 年代初，法国著名社会学家米歇尔·克罗吉耶曾经指出"现代国家是谦虚的国家"，要求国家减少干预。十几年以后法国

---

① 中共中央文献研究室编《十六大以来重要文献选编》（上卷），中央文献出版社，2005，第 73 页。

总统希拉克旧话重提，同时还认为一个"谦虚的国家"更应该是一个"有抱负的国家"。他强调现代国家应该继承"公共服务"的观念，提高公共效率，更好地为公众服务，更好地扮演普遍利益保障者的角色。政府作为公共权力代理人，其有效作为的领域是公共领域，而在公共领域，公共服务作为政府的核心价值或主导价值是人类社会治理发展的结果，体现了历史发展的必然性。具体地说，政府执政要得到民众的支持，首先要在政策的制定和目标上反映出政权或国家的价值观；其次要使得政府和民众在具体的政策上达成共识，这主要取决于政策输出是否能够提供更为安全的秩序以及更加健全的权利体系；最后还需要平衡好这些产品之间的各种冲突，以获得一个良好的综合评价。

"民为邦本，本固邦宁。"一切工作的出发点和落脚点都应是"为民"，只有实施为民的善政，才会得到人民群众的衷心支持，才能将社会主义价值观落到实处。在这个方面，衢州进行了有益的实践。

首先，推行"零门槛"的入学政策。在公办义务教育学校，秉承"划片招生、就近入学、统筹安排、阳光招生"的原则就近免试入学，即按户口划片的本地居民子女、本地进城务工人员子女、父母外出打工的"留守儿童"、来衢州打工的外来务工人员子女，一律"零门槛，同待遇"进入公办学校就读，无论硬件设施还是师资力量，对本地居民子女和外来务工人员子女一律实行无偿共享。

其次是推行"先看病后付费一站式支付"服务。为了让公立医疗部门回归公益性，方便群众就诊，有效提升服务效率，衢州于2012年3月在乡镇卫生院率先全面推行"先看病后付费一站式支付"服务，使患者无需在接受每项诊疗服务时往返于各楼层之间单独缴费。这种打破"先交钱后看病"的新模式，是深化医药卫生体制改革的又一重大便民服务措施。此举的最可贵之处在于医院相信患者，关爱患者，使公立医疗部门回归了治病救人的本源。

再次是高度重视未成年人的培养和教育。衢州市政府开展"春泥计划"，将全市 104 个乡镇 817 个村 18 万多个农村未成年人纳入"春泥计划"，使他们享有受教育的权利。在"春泥计划"的基础上，成立多个"留守儿童俱乐部"，以政府为主导、多渠道筹措资金，将工作实施过程中的公益性活动等方面的经费纳入财政预算，根据财力状况每年安排专项资金，确保农村"留守儿童"生活、教育与医疗有资金保障。同时，还在社会上推行"代理妈妈""代理家长"的公益活动，这对农村儿童因父母外出务工而出现的安全缺保、教育缺位、亲情缺失、道德失范等问题起到了一定程度的弥补作用。

总之，建设社会主义核心价值体系是政府与公民之间积极互动的过程，但在这一过程中应该遵循"公民优先"的原则。事实上，建立社会远景目标和道德价值观的过程并不能只委托给政府，广泛的公众对话和协商是非常重要的。公民和政府之间必须有一套健康和积极的"调节机制"，政府必须把公民的需要和价值放在决策和行动的首要位置上，必须去理解公民正在关心什么，必须使公民相信政府的工作将有助于为公民和他们的孩子提供美好的生活。我们的政府不是脱离人民群众的政府，而是与公民自身命运休戚与共的政府。所谓公民感，正是这样一种归属感和认同感，是对集体价值目标的认同以及一种相互负责的精神。

（四）着眼长远，将社会主义核心价值观融入民族的文化血脉

建设社会主义核心价值体系是一个系统性工程，必须将其融入民族的文化血脉，才能真正成为民族的精神财富。因此，社会主义核心价值观建设的目标绝不仅仅止于"好人好事"和"凡人善举"，而是在于深入当代中国人文化生活的方方面面，深入人的精神气质和思维方式，成为当代中国文化的重要组成部分。事实上，就"文化"二

字的文字学考证来说，所谓"文"，其本义是指各色交错的纹理；而"化"的本义则是改易、生成、造化。"文化"就是指那些雕塑了一个民族精神风貌的东西，其中既包含以语言文字为表征的各种象征符号系统，亦包括各种文物典籍、礼仪制度、伦理观念。总之，人类正是由于共同生活的需要才创造出了文化，文化就是人们以往共同生活经验的积累，是人们通过比较和选择认为是合理并被普遍接受的东西。社会学的研究表明，文化在它所涵盖的范围内和不同的层面上发挥着系统整合的功能，是社会成员沟通的中介。如果人们能够共享文化，那么他们就能够有效地沟通，消除隔阂、促成合作。某种文化的形成和确立，就意味着某种价值观和行为规范的被认可和被遵从，这也意味着某种秩序的形成。

建设社会主义核心价值体系，就是要将社会主义的价值观念渗透到当代，为当代中国人在社会实践和意识活动中经过长期孕育而形成的价值观念、审美情趣和思维方式找到恰当的表达形式。我们知道，衢州自古是一个美丽丰饶、民风淳朴的地方，在古生代第二个世纪，即奥陶纪，这里曾经是一片浅海，经过4亿多年"沧海桑田"的变化，衢州形成了今天的面貌。对于当代衢州的建设者，他们提出以美铸魂，建设中国"最美城市"的目标，自觉地将美的理念融入社会建设的系统工程，充分显示了当代衢州人的生存意识与文化观念。我们认为，衢州人所谓的"最美"，首先表现在它的山川风物之美。秀美衢江，浩浩荡荡，北接杭州，南通丽水，东去钱塘，江山如画，尤其是衢江森林湿地，可谓"上下天光，一碧万顷，白鹭翔集，锦鳞游泳"。衢州市政府提出既要金山银山，又要绿水青山的科学发展理念，坚持走生态富民的道路，通过采取"政府主导、市场运作、社会参与、部门联动"的方式，努力打造"村在山中，城在水中，路在林中，居在绿中，人在景中"的绿色城市。

同时，衢州之美也表现在人文之美。衢州的社会主义精神文明建

设不仅要求持续开展学习身边的"凡人善举""为最美衢州人画像"等活动，同时，更为注重以文化境，以文化之力提升精神富有境界，注重文化对建设社会主义核心价值体系所起到的潜移默化的作用，主张从提高人的文明程度这一根本入手，在唱响主旋律的同时，加强公共文化建设，为实现精神富有提供基础保障。坚持文化惠民，实施文化精品工程，鼓励文艺工作者深入实际、深入群众、深入生活，创造出更多思想性、艺术性、观赏性相统一的文化精品。大力发展文化产业，加强文化基础设施的建设，建设展示城市文化内涵的主题公园和专题博物馆，大力建设公益文化设施，如图书馆、体育馆、电影院等，加强对文物古迹、名人故居、特色街巷的保护，寓"最美"于城市品格之中，使社会主义核心价值观渗透到当代中国人创造自己精神文化的过程之中。

浩浩衢江之水奔腾不息，悠悠南孔圣地儒风绵长。"诚信、责任、仁爱、奉献"不仅诠释了衢州的历史人文传统，更体现了当代衢州人历经磨砺的精神追求和品格锻造，是衢州人价值观的凝聚，擎起了当代衢州人共有的精神家园。相信衢州人在社会主义核心价值观的引领下，一定能够创造出更加辉煌的明天！

第五章 哲学大众化与公民道德建设

——江山市新塘边镇勤俭村公民道德建设考察

周广友[*]

一 勤俭村哲学大众化的历史

江山市新塘边镇勤俭村原名荒塘尾，下辖三个自然村：荒塘尾、里塘尾、突后。新塘边镇古属感化乡三十七都，辖四图（村）。新中国成立后，为新塘边乡七村，1956 年始建农业社。人们认为这里荒凉落后，只有勤劳节俭，才能使荒塘尾富裕起来，于是成立"勤俭农业社"。1958 年为新塘边管理区勤俭生产队，1961 年为新塘边公社勤俭大队，1983 年底改称为新塘边乡勤俭村民委员会，后更名为新塘边镇勤俭村民委员会。

勤俭村地处江山市西南丘陵地区。紧邻新塘边集镇，距新塘边镇政府所在地约 1 公里，局部地段已经与镇区对接。勤俭村的主要对外交通形式为公路，境内有 205 国道和淤八线、淤毛线。距勤俭村最近的铁路站为浙赣铁路新塘边站，是江西进入浙江的第一站，在勤俭村

* 周广友，中国社会科学院哲学研究所科研处助理研究员、博士。新塘边镇党委书记李纯浩、勤俭村党支部书记姜建平提供了部分资料，单继刚研究员为此文提供了部分素材和建议，在此一并致谢。

农民学哲学期间接待了大量的来访人员。全村区域面积为 1.34 平方公里，村庄建成区为 0.13 平方公里，由突后、里塘尾、勤俭三个自然村组成，全村共有 11 个村民小组，农户 367 户，人口 1100 人，生猪养殖和外出务工为村民的主要收入。2011 年，村集体收入为 50 万元，人均纯收入为 9510 元。

勤俭村地形北部高南部低，北部中心最高。主要高程分布在 108 厘米至 122 厘米之间。村庄内部零星分布着众多水塘，为村庄日常洗涤及农田灌溉水水源。村庄周边都为农田，内部有较多的树木及橘子园。

近年来，在新农村建设过程中，勤俭村先后建成了村主干道、垃圾分拣站、公共厕所、休闲健身场所、农民饮用水工程等，还全面整治村庄环境，完成村主干道、中心花坛、道路两旁等的绿化洁化以及宅间路硬化。

（一）勤俭村学哲学的历史概况

勤俭村位于浙赣两省交界的 13 条黄土岗上，土地贫瘠，自然条件差。但是，这个村从 1959 年开始学习毛泽东的著作，尤其是学习

"老三篇"（《为人民服务》《愚公移山》《纪念白求恩》），从逐字逐句读原著，到请行家讲课作辅导，后又结合实际谈学习心得，写体会文章，举办黑板报和学习毛主席著作座谈会等。大队团支部被推荐出席团中央在石家庄召开的全国学《毛泽东选集》先进团支部会议，受到好评，成为浙西地区农村毛主席著作学习先进典型。

从 1964 年底起组成有 12 人参加的哲学小组，开始学习毛泽东的哲学著作。学哲学活动在"文化大革命"中得到进一步的发展。在"文化大革命"中，全大队贫下中农掀起了学哲学的高潮，原来的学哲学小组，迅速扩大成为一支由贫下中农、干部和回乡知识青年组成的"三结合"的理论队伍。在"批林整风"和"批林批孔"斗争中，他们批判了"红脚梗学习不了哲学""老虎上不了树"的错误论调，打破了哲学神秘论，掀起了活学活用毛泽东哲学思想的群众运动。一分为二的唯物辩证法成为农民手中的强大思想武器，推动了各项工作的开展。他们运用哲学的基本观点，来分析现实社会中的矛盾，写出了《毛毛雨湿衣裳，不小心上大当》《一把锄头为什么两股劲?》《新旧社会劳动的本质区别》《不叫的狗更会咬人》等学哲学体会文章，在各级报刊上发表，被《人民日报》称为"工农兵活学活用毛主席哲学思想群众运动中涌现出来的一个先进单位"，为广大工农兵学习毛主席的哲学思想提供了有益经验，而且"经验比较全面、比较深刻"。

1969～1972 年，全国形成了向勤俭大队学习的高潮，各地来勤俭大队参观的达 40 多万人，其知名度仅次于山西大寨村。为方便蜂拥而至的学习人潮，途经的火车在勤俭村特设了停靠站，县政府为此专门成立了接待办公室。姜汝旺被邀请去北京讲课，受到党和国家领导人的接见，多次给中央领导，中央有关部门领导，10 省市委书记，阿尔巴尼亚、朝鲜等 20 多个国家的共产党领袖和来华贵宾谈农民如何学哲学的体会。国际友人西哈努克亲王、斯诺也会见了他。郭沫若为姜汝旺题词"既当火车头，又当老黄牛""一分为二看自己，赞扬声中找差距"。姜汝旺成为继陈永贵之后最著名的全国农村典型人物。1971年春的广交会还专门为勤俭村特设了农民学哲学展览厅。以勤俭村农民学哲学过程中的生活事例为原型创作的越剧《半篮花生》后被拍成电影，受到毛泽东的好评。新华通讯社、人民日报社、红旗杂志社、人民画报社、光明日报社、浙江日报社、人民出版社、上海人民出版社等媒体的记者纷纷来到勤俭村，采访录音、拍摄照片，全国、省地、县市新闻媒体经常在显著版面、位置发表姜汝旺和勤俭村农民学哲学的文章，介绍姜汝旺及勤俭大队学哲学用哲学的经验，当时出版的许多书籍也多次选登该村党员学习哲学的心得体会，以及运用哲学来处理问题的经验。戴香妹还两次当选为全国人大代表。

勤俭村人学习的哲学主要是马克思主义哲学。他们专门成立了勤俭大队写作组。"十多年来，我们统计了一下，共写了两千多篇文章，仅各级报刊、电台和广播站采用的有五百多篇。""中央、省、地区三级刊用的文章达到两百多篇。"① 从整个引用情况看，马克思主义哲学类的引文占到全部引文的90%以上，而毛泽东哲学的引文又占到其中的80%以上。这说明，勤俭村人学的和用的主要是马克思主义哲学，其中最主要的是毛泽东哲学。勤俭村人最为崇拜毛泽东哲学。姜汝旺说，毛主席的哲学思想是最大的道理。可以说，勤俭村人所理解的哲学，既包括唯物主义，也包括唯心主义，他们学用的是唯物主义，批判的是唯心主义。在唯物主义里面，又有辩证唯物主义和形而上学唯物主义，他们学用的是辩证唯物主义，批判的是形而上学唯物主义。"学哲学用哲学"中的"哲学"即辩证唯物主义，也就是唯物辩证法。

---

① 勤俭大队写作组：《用毛主席哲学思想建设贫下中农写作队伍》，载农业出版社编《贫下中农学习与批判文章选编－4》，农业出版社，1976。

因此，中国农民哲学村提供了一个马克思主义哲学如何大众化的鲜活的和成功的案例。关于它的研究对于推进马克思主义哲学大众化具有重要的借鉴意义和参考价值。系统回顾和研究这段历史并从中总结经验和吸取教训，对于指导现在的马克思主义哲学大众化研究具有重要意义。在"文化大革命"时期，勤俭村学习哲学的方式和途径是什么？他们是如何运用哲学来解决实际问题的？这种运用方式本身存在哪些优点或者需要改进的地方？这些问题都需要调研才能回答。

可以说，全国学勤俭村运动和勤俭村学哲学运动都是特定时代和历史背景下的产物。之所以产生巨大影响是和当时社会的政治运动紧密相连的。但是，除去政治运动的影响，从社会学和学术视角来看待这场运动，勤俭村无疑提供了一个哲学群众化和普及化的典范。从实践层面看，勤俭村学哲学运动之所以能够蓬勃开展并发挥现实作用，固然和村党支部书记姜汝旺本人的模范带动作用和社会运动有关，但从学理而言，这场运动发生的前提在于理论与实践之间的辩证关系，哲学可以转化为群众手中的武器，勤俭村"开会讲哲学，遇事用哲学"，哲学已经被现实化了。马克思说过："理论在一个国家实现的程度，总是取决于理论满足这个国家的需要的程度。"① 勤俭村人学习哲学的热情源于自身对理论的需要，并且源于马克思主义哲学自身的实践性品格。

勤俭村并非全国第一个发起学哲学用哲学活动的基层组织，然而历史却证明它曾是全国基层组织中学习最成功、影响最大的农村，成为引领一段风尚的后起之秀。作为工农兵学哲学运动中的一个典型代表，勤俭村具备了这一运动的各个层面，包括运动形式、内容、效果与影响、经验与教训等。工农兵学哲学运动是一个复杂的事件和有特

---

① 《马克思恩格斯文集》第 1 卷，人民出版社，2009，第 12 页。

色的社会现象，可以从政治学、社会学的角度来研究学哲学运动的运作机制和组织形式；可以从人类学、心理学的角度来研究学哲学运动中国家领导人和群众的社会心理和动力机制；也可以从文化、哲学的角度来研究运动中哲学是如何被传达、被理解、被运用、被接受和被表述的。总而言之，工农兵学哲学运动提供了一个理解中国社会和中国人思维方式与价值取向的很好素材。

（二）勤俭村民是如何学哲学的

（1）从思想上破除"哲学神秘论"。勤俭村学哲学活动一开始遭遇到了很多困难，被人挖苦为老虎上树，群众心里也没有底气。因此，正确理解哲学、破除神秘论便成为学哲学的前提条件。勤俭大队党支部的做法是：组织大家反复学习毛主席在《实践论》中的论述："马克思主义的哲学辩证唯物论有两个最显著的特点：一个是它的阶级性，公然申明辩证唯物论是为无产阶级服务的；再一个是它的实践性，强调理论对于实践的依赖关系，理论的基础是实践，又转过来为实践服务。"[1] 通过学习，村民认识到：无产阶级的哲学是无产阶级革命斗争经验的科学总结，它来源于革命实践，又指导革命实践，讲的都是革命道理。哲学就是明白学，并没有什么神秘。无产阶级哲学的这两个显著特点表明，工农兵是哲学的主人，如果工农兵不能学哲学，那么就没有哲学。农民天天战斗在三大革命斗争的第一线，有丰富的实践经验，最有资格学好用好无产阶级的哲学。打破"哲学神秘论"后，从1967年秋天一直到1976年秋天，整整9年时间里，勤俭村学习哲学的高潮不退。开始的时候，主要学习《毛主席语录》，实现了"毛泽东思想大普及"，后来又学习《毛泽东选集》和《毛主

---

[1] 《毛泽东选集》第 1 卷，人民出版社，1991，第 284 页。

席的五篇哲学著作》，造就了许多"农民哲学家"。

（2）带着问题学。勤俭大队党支部学习毛泽东哲学著作，首先遇到的一个问题就是：怎样学？一开始，他们采取课堂上的方法，从头到尾，一段一段读下去。每天晚上，党员同志们围在一起，听支部书记姜汝旺同志读《矛盾论》。虽然姜汝旺上过几年学，在群众中算是文化水平最高的，但读《矛盾论》里面的一些概念、术语还是具有抽象性，如主要矛盾与矛盾的主要方面的区分，对他们而言，难度很大。大家认为勤俭村人过去学"老三篇"是学得比较好的。其中一条经验就是带着问题学。现在学哲学也应该这样学。我们本来是遇到了问题才来学哲学的，可是拿起了书本，又把问题丢开了。还是要带着问题学，需要用什么就学什么，学一点用一点。大家摆出了两个问题：一个是"干部吃亏论"，另一个是"生产到顶论"。一联系到实际问题，学习会马上就活跃起来了，他们通过举例子，联系现实中存在的矛盾来理解书本上的字句。

（3）通过学习班、讲用会和辩论会等形式开展学习。勤俭大队学哲学的形式多种多样，例如办学习班，开讲用会、辩论会，写小评论，出黑板报、墙报等。这里主要介绍一下学习班、讲用会和辩论会三种形式。

学习班主要在五七农民政治学校举办。根据农村特点，勤俭大队的五七政治学校设立了3个班：骨干班、青年班、妇女班。开设了6门课：政治、农机、农技、文艺、军体、卫生，以政治课为主。政治课主要学马列著作、毛泽东著作。贫下中农称它是"农村大学"。学习时间主要是晚上，有时白天下雨不出工也学习。1个月学习15个晚上，每次一般不超过2小时。3个班一般不同时学：女社员学习的时候，男社员不学习；男社员学习的时候，女社员不学习。这样可以保证既搞好家务劳动又有更多的人参加学习。3个班人数最多的时候合计达到400多人。政治学校设有领导小组和辅导小组。在党支部领

导下，领导小组具体抓政治学校的学习，辅导小组经常研究学习情况，进行一些辅导。大队有学习中心组，中心组先学一步，给政治学校上课。

"讲用会"在20世纪60年代非常流行，用来指"活学活用"毛泽东哲学思想积极分子经验交流会。会议发言者重点讲述自己如何运用毛泽东哲学思想帮助自己解决问题的经历。辩论会也是一种常见的学习形式，五七农民政治学校有时以班为单位开展大辩论。农民们说："辩证法就是分析法、辩论法。越辩，是非越清；越辩，真理越明。"

（三）勤俭村人学哲学的效果

（1）从实际出发，分析和认识生产生活中的矛盾。勤俭村学哲学总是通过现实问题来学，因为生产生活中存在大量的矛盾，他们不仅需要分析认识它们，而且要找到解决矛盾的方法。1967年秋天，勤俭大队遇上了历史上少见的旱灾。大家认真学习毛主席哲学思想，用"一分为二"的观点，对灾害和困难进行了分析。大家认为，天旱，把庄稼晒死，这是坏事，但是，田里的泥土晒发了，只要我们千方百计把大小麦种下去，就可以长得更好。这说明没有绝对的坏，坏里面又有一定的好因素。同时，"矛盾着的对立的双方互相斗争的结果，无不在一定条件下互相转化"。只要有了克服困难的办法，就一定能够战胜灾害，使矛盾向有利的方向转化。

（2）调整生产关系中人与人之间的矛盾。勤俭大队第五生产队里有一些青年社员，认为自己身体健壮劳力强，队里农活主要靠他们干，是集体生产劳动的"主角"。他们看不起妇女、小孩、老年人，称他们是"弱劳力"，是当"配角"的。这影响了社员的团结，妨碍了生产。

164

为了解决这个矛盾，他们学习了毛主席关于"马克思主义者看问题，不但要看到部分，而且要看到全体"的思想。在讨论中，大家认为，对"强劳力"和"弱劳力"都要一分为二。"强劳力"有强的一面，也有弱的一面。耕田的，假如没有人把牛养壮，就耕不好田；插秧的，假如没有人把秧拔好，就插不好秧。如果没有"弱劳力"，放牛、晒谷、采茶、养蚕等轻活都要由"强劳力"去做，那么，"强劳力"就不能充分发挥作用，变成"弱劳力"了。同样，"弱劳力"也有强的一面。比如，干那些比较轻便的农活，如除草、拔秧、采茶、挖花生等，他们同体力强的人一样强；有些熟练的，比那些"强劳力"还强。

用一分为二的观点看问题，"强"与"弱"在一定条件下可以互相转化。热爱集体，为革命种田，干劲冲天，"弱劳力"就能转化为"强劳力"。相反，如果出工不出力，"强劳力"反而比不上"弱劳力"。"强劳力"和"弱劳力"是有一些差别，但也各有各的长处和短处，他们在集体生产中都是不可缺少的，应该取长补短，相互协作。有的社员说得好："大石头离开小石头就砌不成墙。""强劳力"和"弱劳力"，好比大石头和小石头，"强劳力"离开"弱劳力"，也搞不好集体生产。

通过上述分析和讨论，他们认识到看问题要有整体观念。干革命、搞生产都要依靠集体的力量。"调动一切积极因素，团结一切可能团结的人。"只看到自己的作用，看不到别人的作用；只看到个人的力量，看不到集体的力量，都是片面的、错误的。每一个人只有把自己放在集体之中，才能发挥积极的作用，离开集体将一事无成。这样，勤俭村人就更加团结了。

（3）找到了解决各种问题的方法。群众在掌握各种基本道理的基础上，还初步掌握了一些解决问题的方法论。比如用不同的方法解决不同的矛盾；具体问题具体分析，"牵牛要牵牛鼻子"；用一分为二的观点看问题。其中最重要的就是一分为二。他们把这一方法运用到看待和解决一切问题中去。勤俭大队的田都分布在13条黄土岗上，新中国成立前十年九遭灾。里塘尾生产队的自然条件更加差。1967年遇到百年未有的大旱，粮食减产，有的人产生了悲观情绪。生产队就组织大家学习毛主席"物质可以变成精神，精神可以变成物质"的哲学思想，开展"能不能在干白的田里种麦"的讨论。大家认识到条件是死的，人是活的，人是决定性因素。困难虽多，但一定能战胜，使精神的东西变成巨大的物质力量。于是，一场抗灾斗争就轰轰烈烈地开展起来了。石板硬的泥土，牛耕不动，就用锄头挖，锄头挖断了就换一把，手挖出了血泡，继续再干。就靠这样顽强的革命精神，把18亩白田一分一分地挖了出来。还发动干部群众兴修农田水利，在抓好粮食生产的同时，积极发展茶叶、桑蚕、渔业等多种经营，以及开挖煤矿、创办农机厂等，发展壮大了大队集体经济。缴公粮、买余粮成为广大农民的自觉行动，涌现了一大批"五好社员"，不少积极分子纷纷要求申请入党、入团。据悉，20世纪六七十年代，勤俭大队的粮食产量、集体收入、社员分红在当时的新塘边公社名列前茅。

（4）对改善领导作风起到了一定作用。学哲学运动和社会主义教育运动紧密相连。基层干部由于水平低、任务重、缺少方法，又急于完成任务，往往在工作中存在态度生硬和方法简单的作风。只为完成任务，很少讲思想政治教育，只论"实"不论"虚"。1959年，解放军到勤俭大队帮助整社。戴香妹因为受了群众批评而不理解，好多天都不想工作。在解放军的带领下，党支部和戴香妹开始学习"老三篇"，张思德、白求恩和老愚公的光辉形象感染了她，使她放下包袱，投入到工作当中。精神力量可以转化为改造自然、改造社会的物质力量。学习"老三篇"以后，社员的干劲更足了，正如他们所言："我们靠老三篇，战胜了三年暂时经济困难；靠老三篇，在黄土岗上造起了良田。……学习老三篇，使我们感到了毛泽东思想的巨大威力。"

二　勤俭村哲学大众化的现状

勤俭村学哲学运动具有辉煌的历史，取得了良好的成绩，但这种大众化运动也存在一些不可克服的弊端，成绩和问题都根源于当时特殊的历史环境。在新的历史阶段，勤俭村人充分尊重历史，挖掘历史留下来的遗产，继续推进哲学大众化工作，探索出了一些经验，取得了一定成效。

（一）制定长远规划，明确村庄定位"农民学哲学特色文化村"

文化是一座城市、一个乡村的灵魂和内涵。区域特色文化品牌作为一个地方文化实力的综合体现和反映，已经成为培育农村特色、塑造农村形象、打造农村品牌、增强农村实力的重要精神力量。勤俭村充分认识到文化建设的重要性，着力打造中国农民哲学村，把文化建设纳入江山市农村文化建设体系。江山农村文化底蕴深厚，内涵丰富，且历史悠久、形式多样、各具特色，是江山市地域文化的宝贵遗产。从近几年挖掘和开发的情况看，有毛氏文化、彩陶文化、古道文化、古村文化、古镇文化、古城文化、方言文化等。勤俭村"哲学文化"由于褒贬不一，30年来，先是一度遭受批判，继而长时间被冷落一旁。勤俭村农民哲学文化不仅是江山农村文化的一枝奇葩，而且在全国农村文化中也是独一无二的。江山市委、市政府把挖掘和传承勤俭村农民哲学文化作为江山市农村文化建设的一个重要组成部分，对勤俭村农民哲学文化进行挖掘、整理甚至研究，将其视为打造新农村建设品牌、实现农村可持续发展的必然选择的道路之一。基于此，勤俭村人把村庄定位为"农民学哲学特色文化村"。

（二）改善村容村貌，加强哲学的普及宣传工作

现在的勤俭村还保存了当时勤俭大队学哲学的诸多历史遗存。村内民房墙壁上仍可依稀看到如"物质变精神""一分为二""工农兵学哲学"等标语。当时村内用于哲学学习的政治夜校、公共食堂以及当时于一夜堆垒完成的用于表演样板戏《半篮花生》的舞台，还有当时为接待西哈努克亲王到勤俭村参观而搭建的、仿湖南滴水洞式建筑等历史遗存依然保存完整。

（1）创办"勤俭农民学哲学陈列馆"。本着尊重历史、还原历史的原则，修建了"勤俭农民学哲学陈列馆"。陈列馆以图文并茂，以图为主、实物为辅的形式再现了当年勤俭大队农民学哲学的场景和氛围，基本上展示了当年姜汝旺和勤俭村农民学哲学、用哲学的情景，充分反映了近几年来勤俭村新农村建设的成果，进一步弘扬和提升了村民艰苦创业、实干争先的"勤俭"精神。陈列馆于2009年9月底正式建成并对外开放。2011年4月，根据各界人士的建议再次作了补充完善。这对于传承哲学文化、打响勤俭品牌、推进农村建设具有重要意义。

（2）保护现有墙壁标语，设计新墙标。

（三）出台《哲学文化村规划方案》

随着江山市"中国幸福乡村"创建工作的深入推进，勤俭村人提出不仅要有物质创建，更要注重文化创建。他们按照"规划先行、突出特色、挖掘亮点"的原则，大力推进哲学文化村建设。为此，村里投资 20 万元邀请省规划设计院对村庄进行了全面规划（见图 5-1）。

（1）明确村庄定位。基于勤俭村"农民学哲学"的历史事件以及村庄文化发展特征，确定勤俭村的发展定位为："农民学哲学特色文化村"。重拾"农民学哲学"这一文化品牌，紧抓现时国家发展政策，学哲学，用哲学。从"哲学的矛盾论"向"哲学的发展观"转变，凸显现时代的生态哲学、低碳哲学和幸福哲学，拓展哲学特色文化村的内涵。

（2）建设目标。通过对学哲学特色文化的挖掘、保护和提升，传承学哲学文化；通过对村庄文化产业的扶持和生态乡村的环境开

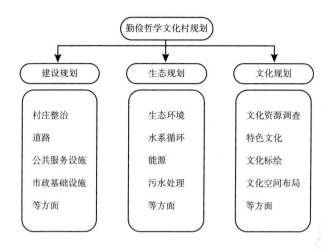

图 5 - 1　《哲学文化村规划方案》图解

发，提高地方经济收入；通过基础设施建设和村庄环境改造，建设高
品质的新农村，提升村民生活质量。

（3）改善村庄功能布局。把村庄功能分成"农民生活区、核心
风貌区、田园种植区、现代养殖区"4 个分区（见图 5 - 2）。农民生
活区：主要村庄宅基地，共计约有 128 户宅基地。核心风貌区：恢复
和改造传统民居街巷，恢复"文化大革命"时期农民学哲学的戏台、
标语墙、浮雕及一些影视刊物展览。改善村庄水塘、田园环境。田园
种植区：保留村口一片农田，作为田园种植区，保护村庄勤俭的特
色。现代养殖区：村庄中的养猪业采取"人畜分离，集中养殖"，迁
出村庄里零星分布的猪圈，集中到养殖区。

（4）保护和改造文化资源。结合现在的进村大道，改善周边的水
塘、农田、新农民房风貌。水塘生态景观，结合村庄西侧 5 个连续的
水塘，把水系和绿地进行整理，引西干渠水源，使整个村庄水系流动
起来。增加绿化、园林小品、园林道路，形成水塘生态景观轴。新增
游步道和景观小品，提高绿地的可达性和观赏性。总体上形成一个中心
和一个镰刀形圆弧（见图 5 - 3）。

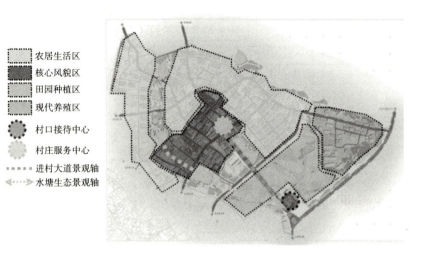

农居生活区
核心风貌区
田园种植区
现代养殖区
村口接待中心
村庄服务中心
进村大道景观轴
水塘生态景观轴

图 5 – 2　村庄功能布局

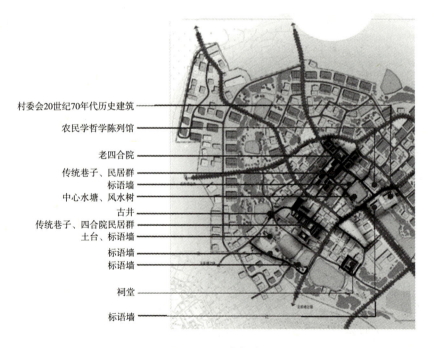

村委会20世纪70年代历史建筑
农民学哲学陈列馆
老四合院
传统巷子、民居群
标语墙
中心水塘、风水树
古井
传统巷子、四合院民居群
土台、标语墙
标语墙
标语墙
祠堂
标语墙

图 5 – 3　文化标志

（5）建立文化休闲广场。经村"两委"集体讨论，村民代表会议表决通过，建设村文化休闲广场和老年活动中心。工程总投资为86.5万元，其中土地征用、场地平整、绿化29.5万元，文化亭、文化石及配套设施25万元，老年活动中心及健身器材32万元。建设资金来源为：村民筹劳12.8万元，村集体投入13.7万元，主要用于土地征用及场地平整；县级财政安排30万元，用于场地建设和绿化；申请省级财政30万元；用于老年活动中心、健身器材及配套设施建设。文化休闲广场和老年活动中心建设有利于农村精神文明建设，有利于提高广大村民的身体健康和生活质量，有利于提高村民的凝聚力和增强村民的归属感。

（四）勤俭哲学文化村保护的经验与做法

为了勤俭特色文化的保护保全，勤俭村在近几年，采取了以下主要做法：

——翻新、修缮 1974 年"勤俭农民学哲学陈列馆";

——收集"文化大革命"时期的关于学哲学的历史资料,包括图片、书籍、报刊、杂志、音像资料(电影《半篮花生》);

——编写图文配套材料,分 11 个板块还原和记录当时的历史;

——保护斗天井、斗天渠、《半篮花生》戏台、将军茶山等古迹。完善整个勤俭村庄的面貌整治,进一步深化和拓展哲学特色文化村的内涵和范围。

(1)"农民学哲学"文化墙主要包括文化墙墙体的建造和画面的粉刷,以及反映当时学哲学的标语(毛体书法)的书写。

(2)"农民学哲学"内容的完善及画册的编印。陈列内容增设头尾两个部分内容:"勤俭村名的由来""今日勤俭分外娇"。这两个部分均图文并茂。出版印刷画册,内容包括历史情况、哲学小故事、《半篮花生》的成绩等。

(3)恢复当年部分景点。恢复当年的斗天井、斗天渠、《半篮花生》戏台、将军茶山等,修理修缮,并立宣传碑。镇政府所在地靠勤俭村入口醒目处,架设大幅横牌,上书"中国农民哲学文化村——勤俭";村庄入口处立一块高约 2 米的巨石,上刻"勤俭:中国农民哲学文化村"(字为毛体书法)。

(4)农民学哲学客运站。将村"农民学哲学文化广场"与客运站相结合,交通局将投资进行规划建造。

(五)勤俭村新农村建设中的哲学思想

(1)践行"江山模式",把新农村建设纳入江山市新农村建设的总体布局,体现了哲学中整体与部分的关系原理。勤俭村正处于一个新的发展阶段,已经从"以阶级斗争为纲"的政治年代过渡到"以经济建设为中心"的新时期。历史时期的变化、革命目标的变化,要求人们在坚持马列主义和毛泽东哲学思想基本原理的基础上有所变革，有所突破，有所发展，有所创新。在新形势下，勤俭村认真学习贯彻党中央和上级党委政府的文件精神，积极推进各项工作的开展。2006年中央1号文件《关于推进社会主义新农村建设的若干意见》颁布后，全国掀起了建设社会主义新农村的热潮，新农村建设在此后一直是地方各级政府的工作重点。江山市近年来的新农村建设取得了显著成绩。实施"四百"工程、"十村示范百村整治"工程、"强塘固房"工程，探索出了"江山模式"——"中国幸福乡村"。

（2）"富裕、满意、文明、美丽、和谐"五村联创制度是实现"江山模式"——"中国幸福乡村"的根本途径和主要内容，体现了哲学中普遍联系的思想。五村联创制度以打造中国富裕乡村、满意乡村、文明乡村、美丽乡村、和谐乡村为目标，以具体措施和指标的落实为保证，对提升新农村建设水平，建设中国幸福乡村具有重要意义。这一制度中的五个要件紧密关联、缺一不可，从不同层面反映了"幸福"乡村的内涵和要求，各项内容又相互区别、相辅相成，构成了一个整体。

富裕：农业主导产业的品牌化发展、农民就业创业的多元化拓展，重点突破低收入农户增收问题，努力建设产业发展、增收稳定的"富裕乡村"，显著增强农民的创业增收成就感。满意：推进农村社会事业的均衡化发展、社会保障的一体化覆盖，努力建设生活宽裕、保障到位的"满意乡村"，显著增强农民的民生保障安全感。文明：推进农村乡土文化的个性化展示、农民素质的现代化培育，努力建设乡风文明、健康积极的"文明乡村"，显著增强农民的精神文化愉悦感。美丽：强化农村自然环境的生态化保护、人居环境的功能化改造，努力建设村容整洁、生态环保的"美丽乡村"，显著增强农民的居住环境舒适感。和谐：推进农村基层组织建设和事务管理的民主化运行、公平正义的法制化保障，确保农村"五大安全"，努力建设管

理民主、稳定祥和的"和谐乡村"。勤俭村在新农村建设工作中，紧紧围绕上级要求，锐意进取，取得了显著成效。

（3）勤俭村根据自身实际情况创建"中国幸福乡村"，体现了理论联系实际、一切从实际出发、实事求是等哲学原理。

第一，实施产业提升工程，创建"富裕乡村"。勤俭村是一个养猪大村，村"两委"根据这一优势积极向上级争取项目，并对生猪进行规范养殖，减少环境污染，提升养殖效益，使养猪这项产业得到健康稳定的发展。全村每年生猪饲养出栏量近 5000 头，产值达 600 多万元。

积极发展来料加工，扩大来料加工品种。目前，有羽毛球加工、服装加工等项目鼓励村民积极参与，全村参与来料加工的村民近 130 人，增加了村民特别是低收入农户的收入。

扎实推进土地流转工作，盘活集体闲置土地，鼓励党员、村民代表做好表率，提高土地使用效益，增加村集体和村民的经济收入。2010 年，村集体收入达到 46 万多元，人均 400 多元；村民人均纯收入为 8472 元。

第二，提升公共服务工程，创建"满意乡村"。开展"民生 365"服务工作，设立便民服务窗口，制定工作职责制度，实施为民办事全程代理制度，规范村级财务收支制度、村务公开制度、村民代表议事制度。

充分利用广播、黑板报、远程教育等，开展宣传法制教育活动；组织村民参加生猪养殖、食用菌栽培等相关农业技术培训班。投资建造文化健身广场、星光老年之家，开展多种形式的、群众喜闻乐见的体育文化活动，不但丰富了村民的业余生活，而且提高了村民的精神文化素养。

健全社会保障体系，加大公共卫生服务力度，关注弱势群体，走访村里的贫困户、困难户，送上问候与温暖，尽力为他们提供帮助。

做到低保对象应保尽保，"五保"老人集中供养。

　　勤俭村在新塘边镇率先完成农民饮用水工程，健全管理制度，落实专人管理。通过广播、黑板报、横幅等多种渠道和多种方式，大力宣传新型合作医疗和农民养老保险等相关政策和内容。2010 年，全村农民新型合作医疗参保为 1046 人，参保率达 96%；农民养老保险参保为 435 人，参保率达 80%以上。

　　第三，实施素质提升工程，创建"文明乡村"。组建腰鼓、排舞队，开展健康向上的体育文化活动。完善农民学哲学文化陈列馆的展出内容、展出形式，收集和保护相关图片和资料，并在市旅游局的帮助下完成了哲学文化旅游规划的编制。开展"五五普法"活动，进行法制教育的大范围宣传；大力宣传计划生育政策，转变村民生育观念；提倡尊老爱幼的社会美德，开展幸福家庭评选活动，表彰"好儿女""好夫妻""好婆媳""好青年"共 29 人；整个村庄邻里和睦，人与人之间和谐相处，评出"幸福家庭"240 户，占全村家庭的 65%以上；无违反计划生育政策行为，无黄、赌、毒和家庭暴力现象；无邪教活动和违法行为发生。

　　破除封建迷信思想，提倡移风易俗，全面推行绿色殡葬；建好公益性墓地，禁止乱葬滥埋现象。自 2003 年墓地建造以来，勤俭村死亡村民 100%实行火化，骨灰葬入公墓。

　　第四，实施环境提升工程，创建"美丽乡村"。以洁化、绿化、美化为抓手，针对本村养猪户较多的情况，积极开展生猪养殖污染源治理，全村规模户全部建有沼气池，村中心建好污水收集管和处理池，整治污水塘 7 个，对污水进行集中处理，做到污水达标排放；建造垃圾池、垃圾分拣房、公厕 10 多处，对生活垃圾实行集中处理；村里制定以奖代补政策对赤膊墙改造、改厕进行补助，中心村在 2012 年已完成赤膊墙整治 41 户，至此赤膊墙整治率达 98%；拆除露天厕所 6 处，建好生态公厕 6 座，招聘专职保洁员，落实农户门前三

包责任制，完善卫生联查与评分办法。

大力开展"3·12"绿化运动，提升村庄绿化档次，绿化农户房前屋后及庭院。到目前为止，已种植绿化乔、灌木近15万株，绿化覆盖率达25%以上。

将村庄现有格局做好规划，划分生活区和生产区，做到保护"学哲学"原生态和绿化原生态。村庄规划布局合理、方便实用，勤俭村在此基础上严格执行，严格把关，依法办理建房审批手续，对建房农户严格实行一户一宅的规定。近几年来，投入建设资金100多万元，对全村主干道路、宅间道路进行硬化，硬化路面长度近6000米，做到村庄内道路全覆盖。

为巩固创建成果，村里建立健全五项长效管理机制，实行农村环境卫生月查制度、农户门前三包制度、干部责任包干制度、道路绿化管护制度、幸福家庭评比制度等。

第五，提升基层基础建设，创建"和谐乡村"。勤俭村积极开展"五新争先"，深化村民代表、党员、村民小组长三支队伍建设，干部队伍严格执行党风廉政建设的有关规定，重大事项严格实行党员首议制和村民代表公决制，实行村务公开、财务公开等民主管理制度，完善村规民约。

推进"三民工程"建设，建立民情档案，定期沟通民情，实行为民办事全程代理制度，完善"一日一值班，一周一集中，一月一沟通"工作机制，实行周二"民生服务日"和每月15日"民情沟通日"制度。

开展"平安幸福连万家"活动，建立村平安促进会，实施综合网格化管理措施，健全职责制度，明确平安促进员的责任；建立"平安连万家"工作手册，发放到每位平安促进员手里，并向全村农户发放联名卡，使每位平安促进员真正发挥维稳信息员、综治协管员、矛盾纠纷调解员、社会管理促进员的作用。

开展民主法治村创建工作。扎实推进法制宣传和法律服务工作；健全村级食品安全工作机制，开展食品安全相关法规、专业知识的培训和宣传；认真抓好防火、防汛、防疫、防灾工作，确保公共安全和生产安全。建立应急预案，将责任落实到人，定期开展隐患排查机制，为村民营造一个和谐稳定的生产生活环境。

勤俭村争创建工作取得了不错的成效。近年来，先后获得"浙江省卫生村""浙江省绿化示范村""衢州市级绿化示范村""衢州市卫生村""衢州市生态示范村""衢州市民主法治村"、江山市"一中心，两员，三室建设先进村""江山市文明村""江山市先进村（社区）党支部"等荣誉称号。

（六）从"哲学村"到"哲学镇"：新塘边镇在各项工作中学哲学、用哲学

哲学是认识世界和改造世界的思想武器。新塘边镇在实际工作中运用哲学思想和方法，提高思维层次、找寻具体事物的具体规律，用辩证思维把握事物内部的矛盾关系、探索解决具体问题的正确方法，取得了事半功倍的效果。

1. 运用哲学思想，抓好党建创新工作

（1）用农民的哲学文化教育农村党员干部。通过出试卷和上哲学课的形式教育干部。他们还尝试编教材，由农村党员干部结合自己的工作体会撰写。以学哲学时期发表的文章为素材在农村党员干部中开展党风廉政教育，《毛毛雨湿衣裳，不小心上大当》是一篇生动的教材，说明量变引起质变，干部不要以为吃一点、拿一点没有关系；致力于解决村级班子中出现的"一把手"居功自傲、唯我独尊的现象，以及领导班子的团结问题，《大石头离开小石头砌不成墙》一文

更有说服力；致力于解决安全生产等维稳工作的麻痹松懈心理问题，《不会叫的狗更会咬人》一文具有警示意义；《一把锄头两把劲》一文则在批评党员干部在分内工作与分外工作的不同状态时一针见血。

（2）用哲学的思维去解决农村的具体问题。①解决路边村猪场纠纷群体性事件。面对猪场污染、群众挖路等诸多矛盾，他们抓住了主要矛盾——猪场污染问题。在解决过程中，借助了许多外在的力量，这是运用"事物是普遍联系"的哲学观点，村级班子的团结合作在事件中得到加强，全镇猪场集中整顿排查，消除了更大的隐患等，说明坏事可以变成好事。②解决农房改造工作中干部的思想问题。新塘边镇农房改造工作获得过先进单位称号，有些人认为劳民伤财也要保持先进，并认为村里的矛盾不可外扬。他们运用矛盾论来解决这一思想问题，有矛盾就要斗争，有斗争才有胜利。如果用"包"矛盾来"保"先进，结果"保"先进必然成为"保"落后。③解决资源整合问题。现在上级各条战线上服务和创新项目很多，他们运用发展变化、普遍联系、整体主义等哲学观点看问题，切实落实资源的整合、优化，推进了"一网一线一窗口"的规范化建设。

2. 运用哲学方法加快推进农房改造

农房改造工作千头万绪，存在诸多矛盾。新塘边镇领导运用哲学思维方式分析处理问题，使工作得以顺利推进。

（1）"锄头与人头"，矛盾的主要方面在哪里？如果把"锄头"作为主要问题，就只能想着法子搞福利和物质刺激，不能从根本上解决问题。关键是要抓住"人头"，是人的思想境界出了问题。在农房改造过程中有两种不良的倾向：一是感到该拆的已经拆得差不多了，已经潜力到顶，很难持续推进了；二是当前农村工作千头万绪，其他重点工作多，这项工作可以暂时先放一放。这种思想倾向才是矛盾的主要方面。

（2）压力与动力，矛盾的对立统一面在哪里？在推进农房改造工作中，做到既要"给压力"，又要"激动力"，让两者相辅相成，互相作用。怎样给压力？一是签署军令状，二是进行督查通报，三是鞭策后进。在注重"内驱力"发挥方面，新塘边镇重新制定农房改造考核办法，改变以往将奖励作为"人均福利"的做法，体现"以绩论功"的原则，分门别类，进一步拉开档次，以经济激励这一"杠杆"撬动村"两委"干部的工作积极性。

（3）重点与一般，矛盾的普遍联系点在哪里？重点和一般是辩证统一的两个方面。重点和一般的关系，也就是"纲"和"目"的关系，"纲"举才能"目"张，只要抓住主要矛盾，一切问题就迎刃而解了。因此，抓住重点，保证重点，是推进农房改造工作的首要任务。在具体工作中他们注重把握好矛盾的普遍联系点，处理好五对关系：一是协调好群众与规划的关系，二是协调好开展工作与班子建设的关系，三是协调好示范推进和零星拆除的关系，四是协调好两头与中间的关系，五是协调好目前与长远的关系。

3. 运用哲学方法夯实维稳基础

新塘边镇把维护平安和谐的发展环境放在第一位，把解决群众利益诉求作为信访维稳工作的出发点和落脚点，科学运用哲学的原理和方法，推进社会管理创新工作，不断夯实维稳基础，连续多年被评为"平安江山"建设先进集体，多次承办了衢州市和江山市级综治工作现场会，"网格化管理、组团式服务"工作走在衢州市前列。这与他们运用哲学方法分不开。

（1）夯实维稳意识基础：绝不能"一把锄头两股劲"。"两股劲"指的是过去少数农民在集体的地与自留地干活的激情不一样。镇政府强调干部时刻牢记"一把锄头"，即两个第一，指出"发展是第一要

务、稳定是第一责任"，并且特别强调没有后面的"第一"，就没有前面的"第一"。在考核中突出了基层基础工作和经济社会发展工作并重的导向，做到"两驾马车"并驾齐驱。经济发展和社会稳定的各项工作，归根结底要靠广大党员干部和群众去落实执行。此外，通过经常晒晒"两股劲"，即"劲头比赛"，来推动和激励工作的开展。

（2）夯实维稳机制基础："小心毛毛雨。"基层的很多小事情、小纠纷、小矛盾，都是"毛毛雨"，看似无碍，一旦疏忽却极易引发严重的后果。为此，新塘边镇建立实施了信息预警排查、风险评估、定期研判分析等维稳机制：信息预警排查制度，变被动接访为主动预警；风险评估制度，变过程控制为源头管理；定期研判分析制度，变"零打碎敲"为系统预防。

（3）夯实维稳源头基础："让狗叫起来。"人们会提防会叫的狗，不容易被它咬着；不叫的狗使人容易放松警惕，一不小心就会被咬。安全和稳定工作像一条狗，因此要主动发现矛盾。为此，他们做到了两点：一是沟通民情，一户不漏；二是跟踪民情，掌控重点。

（4）夯实维稳主体基础："大石头离开小石头砌不成墙。"如果说稳定和谐局面是一堵墙的话，砌成这堵墙就离不开"大石头"和"小石头"。如果说镇村两级干部在社会管理中的作用是"大石头"的话，农民主体作用的发挥就是"小石头"。在"大石头"层面，注重素质提升，确保"大石头"的引领示范作用得到体现；在"小石头"层面，要注重关爱延伸，确保"小石头"主体基础得到巩固。"大石头"与"小石头"必须融合。

4. 用哲学方法推进省级森林城镇创建工作

新塘边镇创建省级森林城镇工作各项指标，已达到或超过省森林城镇主要评价标准，在全镇形成了道路林荫化、农田林网化、乡村林果化、城镇森林化的城乡绿化格局，这得益于他们把哲学方法运用到工作中去。

（1）运用事物普遍联系的观点，用创建省级森林城镇工作统揽全局工作。绿化工作不是一项单纯的具体工作，它与经济工作、社会管理工作、新农村建设等诸多方面都有密切联系。绿化工作是创新社会管理的有效手段，是新农村建设最重要的抓手。新塘边镇运用事物普遍联系的观点，以创建省级森林城镇工作为总抓手，统筹推进全镇经济社会发展的全面工作。

（2）抓住矛盾的主要方面，着力破解"创森"工作难题。第一个重点，谁来种树？必须坚持党政主导和社会参与相结合，形成全镇动员、全民绿化的工作格局，才是解决这个矛盾的根本办法。第二个重点，怎样种树？绿化工作具有时效性强、覆盖面广、涉及面大等特点。其包括的内容主要有：一是全民植树日活动，二是绿化宣传月活动，三是营造纪念林活动，四是绿化星级评比活动。第三个重点，在哪里种树？突出"点面结合、全面覆盖"，按照集镇、村、户、道路、企事业单位等统筹推进的思路，深入实施五大绿化提升工程，全面改善提升城乡生态环境面貌。第四个重点，种树的钱从哪里来？经费问题是影响包括绿化工作在内的各项工作开展的一个关键问题。

三 面临的问题与困难

（一）哲学大众化运动面临的难题

根据考察组的走访和勤俭村党支部书记的介绍，现在村里大部分年轻人都外出打工，留守妇女、儿童、空巢老人也几乎不学习哲学了。这种状况的出现具有复杂的原因。作为最普通的一个基层单位，勤俭村基本上反映了中国农民的生活状况和农村的现状，因此可以将

其作为在工业化和城市化进程中的一个典型范本从宏观层面来分析哲学大众化运动在现代中国的境遇。

从农民学哲学的主观愿望层面看，首先，农民学哲学的动力不足。农民阶层在中国社会工业化和城市化的过程中成为弱势群体，生活水平处于较低阶段，学习哲学并不能够给他们带来经济上的收益，不能够充分改善生活状况。因此，在社会转型期，大规模的农民学哲学活动兴起的主观需要不足。其次，农民学哲学的能力不足。农民主要从事农业生产和养殖业、加工业等副业的劳作，他们没有接受过系统的思维训练，而哲学又是一门抽象程度很高的学科，重新学习哲学对他们来说非常困难又不切实际。

从社会环境对农民学哲学的影响来看，今日的中国正处于工业化、城市化、信息化的进程中。从世界历史进程来看，两次工业革命和最近的科技革命同时作用于中国，各种思潮也因为有其赖以产生的社会土壤而存在与争鸣。前现代、现代、后现代特征同时并存。农业生产中的前现代成分（牛耕、铁质农具）在减少，但其基本方式并无变化。相比于农民，外出务工人员不仅得到了较高的收入，而且带来了新的观念和生活方式，通信技术的更新、互联网的发展、新的农业机械的运用、家用电器的推广使农民面临着一个快速发展着的社会。"新事物""新事件"的出现必然在他们的心灵中产生影响。在物质生活改善的同时，文化生活的器物层面也发生着改变，但深刻影响农民群众心理的传统文化根源于中国传统哲学，体现在传统节日和婚丧风俗中。与此同时，党员基层干部主要执行上级领导的经济发展任务，对农民进行意识形态层面的宣传工作比较薄弱，也不再像"文化大革命"时期那样，把学哲学作为一项政治思想工作去执行和开展。随着生产生活方式的现代化，农民开始接触到由农民工从城市带来的西方文化并受其影响，从器物层面的饮食文化、服装文化到观念层面的消费观与宗教文化等。

　　农民在上述社会环境中生活，财富的增加和生活的改善依然是农民最基本的朴素的心理愿望，也成为他们生活中最重要的内容，构成了其生存活动的主体部分。特别是在贫富差距日益拉大的今天，农民难免出现拜金主义、享乐主义、个人主义的倾向，而忽略了追求精神生活内容的丰富性。退一步而言，即使农民在富裕之后开始注重个人素质的提高和精神生活的拓展，这种提高与拓展也难以在哲学领域开展，而往往会转向大众文化，如影院、电视、服装、饮食、人际交往和公共生活等领域。农民之所以不再学习哲学，诚然和哲学自身的性质有关，它的概念化的表达和宏观复杂的研究领域需要专业人员去学习和研究，但农民不学习哲学应该说直接根源于自身的生存境况。随着农业机械的使用，生产力的显著提高，农民的生存状况得到了改善。虽然如此，相比于社会结构的变化和新的生产方式的出现而言，农民阶层处于弱势地位，伴随农民收入增加的是通货膨胀和货币贬值。蔬菜食品、农药化肥、医疗卫生、教育出行等生活生产成本大大增加。工业的高效率和农业的长周期之间形成了鲜明对比，而中国制造业中相对落后的科技含量和国外在某些领域掌握核心科技之间形成了鲜明对比，这两种"剪刀差"无疑会在市场经济环境中造成中国农民长期处于弱势地位。因为农民只是从改革的"红利"中分到很小的一部分，只是借助于生产力的提高而获得了一定程度的改善。社会财富向少部分人集中，向城市集中。某些领域如金融、房地产和资本市场存在极大的获利空间。城乡二元结构、工农业的二元结构非常明显。从整体上说，农民还处于温饱水平，求生存依然是他们的第一任务。在这种稍显紧张的生活中，追求文化生活的丰富已属奢侈，更别说去从事学哲学这种活动了。另外，农民学哲学没有客观环境和现实条件，在师资、场地、制度等各个层面都面临较大困难。

　　事实上，随着对"文化大革命"的否定性评价，勤俭村农民

学哲学一度遭到批判，文化素质较低的农民很难深刻理解这一场运动的经验和教训。工农兵学哲学运动作为一个持续了近 30 年的群众运动，是中国社会变化发展的一个有机组成部分，它有自身的发动背景、运作方式、运作动力和运作目标，反映了中国社会的制度体制和管理方式，反映了中国领导层的意志及其对中国发展方向的引领，也反映了中国民众的心理需求和情感愿望。因此，工农兵学哲学运动是立体式的、多面向多维度多层次的复杂性事件。农民对这场运动的认识既没有足够的知识储备，也没有足够的反思能力，尽管他们有着关于这场运动的丰富经验和体会。相反，出于一种"明哲保身"的心理，他们在学哲学运动受到批判后迅速"转向"，转向于自身经济条件的改善上去了。20 世纪 70年代末，姜汝旺因"反革命罪"先后被隔离审查、逮捕法办，判刑 5 年，开除党籍并撤销党内外一切职务，后来虽然有终审判决"改判姜汝旺无罪"，但这对勤俭村人来说无疑留下了心理上的负面影响。值得一提的是，虽然村民没有大规模地进行学哲学活动，但是在村干部中却存在自发自觉学哲学、用哲学的情况，并且把哲学思维运用到工作中去。

（二）哲学文化村保护保全工作中的问题

工农兵学哲学是学习者和哲学之间的一种"交流"，是具体的现实的个人学习人类积淀的间接知识的人类活动，这一活动需要活动场所，并且在学习者所创造的环境中展开。"学习"无疑是这场活动的灵魂与核心，包括"学习"的形式、程度、内容、效果、影响等。如今，社会环境和风气的变化，使这种"学习"很难以一种独立自主、充分完整的形式存在。甚至可以说，勤俭哲学村村民学习哲学的活动已经基本停止，但作为过去有着广泛影响的学哲学先进单位，保护好、利用好勤俭村的文化资源仍具有重要的现实意义。但是，没有对"学哲学"意义和价值的充分认识，没有"学哲学"运动的持续存在，村容村貌中哲学文化遗迹的保护就缺少自觉意识，就需要作为一项独立的工作来抓好，并克服如下困难。

（1）设施薄弱。勤俭村公共设施和基础设施薄弱，接待设施过于简单和不足，其中大部分是 20 世纪六七十年代的设施，老化程度高，村民保护意识不够强，随着农村建设的发展，大部分反映当时情况的标语、墙画及老屋被拆毁。景区环境保护刻不容缓。

（2）资金不足。哲学文化村保护需要相当大的资金支持。根据目前规划，资金来源渠道除了上级拨款以外，还有村民集资、旅游收入等，但旅游项目的建设需要大量前期资金。首先，景区建设需要资金。虽然勤俭村保存有当年的遗迹，但经过 30 年的农村建设，现代化的民居较多，与景区规划格格不入，导致周围环境与景区需要的氛围不协调。其次，在宣传方面也需要资金。勤俭村在 50 岁以上人群中知名度较高，但对于未经历"文化大革命"的人群影响不深或全无影响，必须投入更大的人力、物力、财力去进行宣传。

（3）人才缺乏。文化宣传、旅游管理与服务方面严重缺乏从业人才，主要根源于受过高等教育的人才被资源丰富的城市所吸引。勤俭村不能提供较好的适合人才发展的工作环境。要加大旅游人才的培训和教育，多渠道培养和吸收旅游专业人才，为旅游的可持续发展提供人才保障。

四 对策与建议

昔日轰轰烈烈学哲学、扬名海内外的勤俭村早已"安静"下来，"哲学村"的光环已逐渐被人们淡忘，她已经成为历史中的"哲学

村"。如今的勤俭村则在创建"幸福乡村"的征程中焕发生机与活力。管中窥豹，一叶知秋。勤俭村反映了中国改革开放 30 多年来农村的新变化，反映了历史上学哲学运动的兴衰始末及成败得失，当然，也反映了当今哲学大众化工作的现状及面临的问题。我们愿意从勤俭村"个性化历史"的分析中去考察哲学大众化的意义，特别是它与公民道德建设的内在关联。

（一）认识哲学大众化与公民道德建设的内在关联

当今农民的生存境遇和社会环境都不支持或不利于哲学大众化工作的开展。显然，"哲学"对农民的精神生活的开展和生活秩序的建立起着巨大作用，虽然他们并没有形成一种系统化的哲学观。在现实生活中，农民具有朴素的生活信念，虽然这可能因为某些社会现实而发生动摇，并且体现在各种价值观念的冲突中。因此，需要对价值观念的选择加以正确引导。为了农民心灵生活的和谐，一种安排和校正农民生活方式、能够提高农民个人理性自觉、拓展农民精神生活空间、丰富农民精神生活内容的价值体系需要被建立起来，这种建立必然在汲取中西方文化精华的基础上进行，并体现在各种社会性事务和个体的日常生活中。这样一种价值观念必然自身是圆融的，在农民理智允许并认可的范围内。虽然农民在很大程度上并不能认识和不会去反思这种价值体系，但其现实作用是十分明显和长期存在的。农民心灵深处的信念和准则或许并不坚定和明确，会逐渐地形成或更改，但却是其行为方式的内在源泉。这种价值信念往往体现在吃、穿、住、用、行等行为方式中，但其自身却要在不断与外界交流和交换中"更新"，在社会交往和自身反思中涵养与强化。在农民心中建立这种价值信念的行为，在社会层面就体现在"公民道德建设"的工作之中。公民道德建设正是以培养和建立公民道德意识、道德意志、道德行为能力、道德素质为目标的一项巨大工程。

哲学大众化与公民道德建设紧密相连，是实现人的全面发展的重要途径，是一项长期的系统工程。两者之间的关系可以作为一个理论问题去研究，对此，研究者可以脱离特殊事件、特殊领域而从理论的普遍性和应然性角度去探讨。也可以采取历史主义的研究方法，注重从历史事实中去分析、归纳和总结其中的规律，从而总结某一历史时期哲学大众化与公民道德建设之间的互动作用。从理论层面而言，"哲学大众化"是一种历史事实和社会活动，也是一种哲学命题和生活理念，"哲学大众化"是让哲学被群众理解、接受和运用，使哲学逐渐内化为群众的观念、意识、素养。"公民道德建设"主要指一种社会活动和社会现象。宽泛而言，这里的"大众"就是指"公民"。而"道德"自身便是"哲学"关注和探讨的一个重要问题。如果说道德问题意在于求"善"，"哲学"还需要研究真、美、公平、正义等问题，那么道德问题则是最重要的哲学问题之一。哲学需要探讨"道德"的认知问题，更需要研究"道德"行为中的意志自由、动机问题、道德情感问题。此外，还可以引发道德知识、道德心理等多个重要领域。

所谓"公民道德建设"，在我们看来，它首先应该是实现社会治理的一种手段和方式，它既需要政府领导下各个部门互相合作，又需要每个公民配合并最终落实在公民自身道德素质的提高上。其最主要的内涵是道德建设的内在机制和自身的目的性。在道德建设机制层面，它涉及各种社会资源和人员的调配；在目的性层面，就是通过这项工作把道德观念和道德意识引入公民的心灵，进而体现在公民的日常行为中，并从"道德感"和"道德知识"中找出心灵的归属感和自由。如果从"哲学"自身的内涵而言，哲学大众化的过程正是提高公民哲学素质的过程，哲学素质的提高内在地包含着公民道德素质

的提高。因此，宽泛地说，哲学大众化是公民道德建设的重要手段之一，前者在某种程度上包括了后者，后者内在地要求前者的参与。前者为后者提供了理论支撑和便利条件，后者需要前者提供诸如思维方式、价值观念、理性自觉等层面的帮助。两者都是实现人的自由全面发展的途径和方式，为人类摆脱物的奴役和实现精神解放提供了必要且重要的智力支持。

进一步言之，"道德"本身就是一个哲学问题，人们在追问道德根源时会涉及诸多哲学问题。道德建设离不开哲学的指导。"道德"是人类生活中极为重要的内容之一，无论对个体还是对群体而言都具有重要意义。在我们看来，"道德"是包括心理、行为、后果等多个层面的一个复杂的有机整体，它可以作为观念和规范呈现在具体的现实的个人心理中，也可以作为客观的社会行为体现在人类生活中。换言之，道德是一种客观的社会现象，也是人类生活中的精神现象。道德观念和道德行为既是个人的、主观的、心理的，因而也是具体的、变化的，同时又是社会的、历史的、客观的，因而也是普遍的、永恒的。从个人或者自我的视角看，道德侧重于道德心理、动机和行为；从社会视角来看，道德主要呈现为道德现象和道德后果，包括道德规范的实施、道德理想的教育、道德行为的宣扬。因此，道德哲学的研究呈现出两条途径，其一就是从个人的道德心理出发，侧重于人的精神生活；其二是从社会的运作机制和历史的变迁出发，侧重于道德风俗的演进及其反映出来的时代趋势。

在社会管理层面，哲学为道德建设提供了新的视野。从某种意义上看，人类生活可以呈现为道德生活，社会上呈现的现象可以视为道德现象或道德行为。正因为如此，"道德"本身呈现为一种"视角"，或者称为道德立场、道德视点。例如，当经济学家从经济人的假设和经济立场考察社会现象时就呈现为"经济视点"，同样地也存在美学视点、政治视点。这恰恰说明人类的各种知识体系和学科都是从不同角度来展现"人类生活"这一复杂变化的有机统一体。道德哲学在这里就体现出了哲学作为世界观和方法论的特点。换言之，站在道德的立场去客观研究社会的变迁和分析个人的精神和心理生活，并且在个人与社会的相互作用中来理解社会现象。这种"道德视点"的重要性在于它强调了任何人都具有其自身的目的、意义与价值，每个人都拥有人的基本权利和自为自在的重要性，要求我们设身处地为他人着想，尊重他人的自由和尊严。也就是说，这种立场是从人性的普遍价值和人类的尊严角度出发来切近人的现实生活，它是日常生活化的、具体情景中的。而经济视点和美学视点等可能仅仅关注某些人，从而不具有普遍公约性①。

在个人心理层面，哲学为人们认识和践行道德行为提供了理论论证。道德是连接人与他人、社会的纽带，因此一种有说服力和生命力的道德学说必然能够很好地处理满足人的利益需求和心理需要（情感需要和理性需要）与满足社会和谐、稳定和进步需要之间的关系。如果把个人与社会看做一个共生统一体，那么道德就在两个层面获得了结构上的高度一致性。事实上，从个人的现实需要出发，社会往往呈现为一个"他者"，个人能自愿地约束自己的利益以有利于社会和谐和他人利益吗？这个社会问题往往被转移到每个人的心灵中，转化为"我为何要遵守道德"，在此，道德论证的必要性和重要性就凸显出来了。充分、有效、有力地论证无疑会为人在成为有道德的人的过程中发挥持久的激励和引导作用。哲学家为道德论证提供了几种理论模型，如功利主义、契约主义和责任伦理等，这对提高人在执行道德行为时的坚定性提供了理性自觉。

深厚的哲学素养对于提高人的道德素质具有极为重要的作用。确切地说，哲学素养为道德行为的执行提供了理性自觉和情感动力，为

① 参见甘绍平、余涌《应用伦理学教程》，中国社会科学出版社，2008，第45页。

道德困境的判断与处理提供了辩证方法，为认识道德自身的意义提供了哲学视野，为学习道德知识提供了素材和方法。历史上存在不同类型、不同流派的"哲学"，呈现出不同的学科性质。

首先，哲学是系统化、理论化的世界观，在锻炼思维能力和提高人的认识水平方面具有重要作用。哲学的本意即"爱智慧"，它具有广阔的研究视阈，力求实现对宇宙整体、社会生活与人生历程的"透视"，帮助人们把握事物的特性、本质和共性、规律，帮助人们发现真相和真理。尽管这些真理只是从不同角度出发得出的"相对真理"。哲学喜欢探究一切事物的本源，它不满足于知其然，还要知其所以然，不满足于知其浅层所以然，还要知其深层所以然。在探究万物本源和现象背后的本质的过程中，哲学倾向于把事物置于一个变化的过程中来考察，形成了一种从整体的、联系的、变化的和矛盾的视点来考察事物的方法论，并用这种方法去考察事物发展的过去、现在和未来①。

其次，哲学是慰藉人心的事业，在反思人类生存状态和提高人生境界方面具有独特价值。与提供关于对象的具体知识的科学不同，哲学主要提供关于对象的观念、思想，是人们对对象的理解和解释，其中蕴涵着一个价值系统和意义世界。儒、释、道等各派哲学都在对世界作出整体理解的基础上提供了一种人生问题的解决之道。冯友兰认为，哲学的功能就在于使人成其为人。哲学促使人认识自己、涵养自己、反省自己、尊重自己。西方生命哲学流派的柏格森就认为哲学的意义不在于关注世界的本质，不在于获得知识或真理，而在于通过对生命的思考来满足人对自身生活的意义和价值的渴望。哲学主要用来认识和帮助建立人的精神生活的独立性、丰富性和完整性。

---

① 参见杨方《哲学的学术功能》，《湖南师范大学社会科学学报》1998 年第 11 期。

再次，哲学是切近人间事务的学问。它提供了处理各种关系的方法，从不同层面、不同角度来关注人的生活世界。实用主义哲学家主张哲学只存在于人类的交流和对话中，应该建立一种教化哲学以取代系统哲学。哲学应该关注人类思想活动的真实背景和过程，关注思想的社会性、历史性和工具性。杜威在《哲学的改造》中说："当哲学不再成为处理哲学家们问题的工具，而是成为一种由哲学家们所酝酿的、处理人的问题的方法时，哲学自身得到了还原。改造后的哲学必须是公众的哲学。运用到社会问题之中来处理人的问题，关注社会批判。"哲学的这种功能不仅体现在实用主义流派中，在儒家思想中也特别鲜明地体现出来。

上述宽泛的界定彰显了把哲学推广到人民群众中去所具有的价值。对个人而言，哲学能够使人在如下方面受到教益："因逻辑分析而言行条理。作为方法论（以逻辑语言为分析手段的学问），哲学能够从根本上提升人们条理化思维、讲话和行为的能力。因反思活动而思想深刻。作为反思性的思维活动，哲学以批判性思维为己任，思索时代、现实、社会以及个人的局限性，使人们的眼睛不断投向更加理想的境界，因而哲学能够拓展人们的视野，从而提升人们独立或自主思考的能力，提升人们的观念和实践创新能力。因视野宏大而胸怀全局。作为一种整体世界观的学问，哲学有利于培育人们战略思考的能力。因辩证思维而头脑灵活。作为提倡辩证思维的唯物辩证法，哲学可以帮助你在变化无常的生活和工作中把握基本的方向和立场。因憧憬理想而满怀希望。作为根本性的人生观和价值观，哲学为人类以及为每个人的存在、生活、发展提供安身立命之根本。因高度概括而精神丰富。作为文化的灵魂，哲学能够以最凝练的方式提升人们的人文素质。因理性信念而品格坚毅。作为思想中把握了的时代，哲学历史观能够帮助人们通晓历史发展规律和发展趋势。有了规律性的认识，人们就往往具备科学而坚定的信念。因追求智慧而生活豁达。作为爱

智慧的思维活动，哲学尽管不能垄断智慧，但却是爱智慧的代表，它可以帮助你摆脱无谓的烦恼。"在社会管理层面，哲学提供了对立统一、普遍联系、具体问题具体分析等一系列带有全局性的思维方式和工作方法，因此对于一个社会、社群的领导者而言具有重要意义。新塘边镇党委书记就是充分利用哲学的思维方式解决社会生产生活中的矛盾，取得了显著成效。这种做法值得学习。在社会个体素质的培养方面，哲学反思关于世界、人生、社会等一系列重大问题，对人的心灵的开拓具有重要作用。

（二）推进哲学通俗化工作

哲学具有很强的思辨性，哲学研究工作需要经过专业训练，走专业化的学术道路。哲学教育特别是宣传工作可以走大众化路线。在把哲学理论变成群众心理现实的过程中，通俗化显得十分必要。

在新时期，大众化工作面临困境。改革开放 30 多年来，国际国内形势都发生了重大而深刻的变化。我国的发展已处在一个新的历史起点上，呈现出一系列新的阶段性特征。在改革开放取得巨大成就的同时也积累了一系列矛盾，意识形态领域的情况异常复杂而多变，群众中存在大量思想疑惑，人民群众对哲学理论的需求不断增强，哲学界却存在一种学院化的倾向，不能满足广大人民群众的需求。人民群众的哲学接受和消化能力较差，因此，必须面向大众，站在群众的立场上，用群众听得懂的语言讲群众听得懂的道理，更好地实现马克思主义哲学的大众化。

需要培养一批哲学理论工作者，让他们运用深入浅出和通俗易懂的语言宣讲哲学，把哲学理论用新鲜生动的实例和明白晓畅的语言表达出来，以便让群众能够接受。在我国，经过 20 世纪六七十年代的全民学哲学运动，人民群众对于马克思主义哲学概念、命题、原理和观点的理解，已经借助于通俗易懂、生动活泼的哲学读本或哲学讲授得到了相当的普及，像"一分为二""实事求是""一切从实际出发""实践是检验真理的标准"这样的哲学道理已成为人们普遍使用的语言。

需要编写和出版通俗易懂的哲学读物，用老百姓喜闻乐见的形式表达哲学思想。为此，理论工作者和领导干部就应该进入基层，走进群众生活，了解真实情况，观察和提炼生活中的真理，不搞晦涩难懂的学术语言，换之以平实的语言来表达和宣传理论。勤俭村民的学哲学的体会文章中包含了大量形象、生动、有趣、鲜活的语言，一些歇后语、俚语、谚语的运用恰到好处。

（三）必要的制度建设

对各级党委政府而言，推进哲学大众化对于社会管理和提升社会文明程度具有积极意义。但是，群众并不会自发地有组织地去学习哲学。作为一项群众性运动，它是一项整体性的系统工程，需要活动场所和各项措施，需要资金支持和制度保证。因此，制度建设具有根本性和长效性。

首先，要制定一些措施来要求各级干部学习哲学，提高执政党自身的哲学素养和政治素质。马克思主义哲学大众化一开始针对的是执政党的建设。党的十七届四中全会提出："坚持把思想理论建设放在首位，提高全党马克思主义水平，不断推进马克思主义中国化、时代化、大众化。"党的十七大报告指出要"开展中国特色社会主义理论体系宣传普及活动，推动当代中国马克思主义大众化"。马克思主义哲学大众化对于凝聚国人的价值观念，形成统一的思想认识具有重要作用，但"大众化"首要的任务是在党的领导干部中普及马克思主义理论。因为广大群众一方面具有信仰自由的基本权利，一方面由于

知识和能力不足，造成理解上的困难。新塘边镇政府就出台了一项措施，在各级干部考核中，把是否学习和运用哲学原理来指导工作作为一项指标，并通过《新塘边镇2012年工作哲学原理实践与运用测试卷》来加以检验。

其次，要制定一些引导性措施使农民对哲学产生兴趣。在精神和物质层面鼓励他们学哲学，写体会文章。要以人民群众为根本，把实现人民群众自身精神生活的丰富性和完整性作为根本目标，而不是像"文化大革命"时期那样，用行政手段来动员，用哲学去为政治服务，把阶级斗争作为工作重心。新时期的马克思主义哲学大众化不能再犯激进的"左"倾错误，而要以人民群众的精神生活为本位，相信群众、帮助群众，注重开启民众的智慧，让群众认识哲学作为探讨宇宙人生奥秘的方面，认识到哲学作为思维方式的方法论特性，让马克思主义哲学在群众中被理解、被接受，使其走进群众的心灵中，影响他们的世界观、价值观、人生观，找寻到生活的意义与价值，意识到自身工作在历史中的地位与作用，而不是简单地冠以意识形态化的一刀切式的行政命令，让哲学回归自身。与此同时，政治要发挥自己的方向性引领作用和指导作用。

（四）哲学文化村保护保全与开发利用的对策措施

勤俭哲学村哲学文化氛围浓厚，是一个特定时代的缩影。保护好、开发好"中国农民哲学村"是政府和村民义不容辞的责任，具有重要的现实意义。

（1）政府和村民共同保护开发。政府要制定保护措施和长期发展规划，邀请专家定期进行考察论证，对特色文化资源合理进行开发，在财政上给予一定扶持。加强宣传，引进人才。村民要增强爱护自我家园的责任感，以主人翁的态度去维护村里的公共设施，美化村庄环境。

（2）做好"中国农民哲学村"文化旅游项目。一方面可以推广农民学哲学的文化，宣传学哲学的历史，另一方面也可以为哲学文化村的保护提供资金来源。旅游项目主要包括以下几个方面：

第一，史实遗迹。独辟一面赛诗墙，或在村中老房子的墙上恢复、展示一些哲学语言、毛泽东语录、20世纪六七十年代的代表性语言和画面、融合江山方言的标语等，让游客回味、感受特定时代的氛围和语言环境。

第二，史料陈列。挖掘、搜集记载当年勤俭村事件的报纸、刊物和文物，利用遗留下来的成果展览室，实物展示一些当年经典的史实，如空饭桶蒸饭、斗天井等，给游人讲述一段特定时代的历史故事。

第三，姜汝旺、"哲学三姐妹"其人其事。让姜汝旺、"哲学三姐妹"现身说事，把他们所经历的人或事整理成历史故事。

第四，修建表演区。恢复、整修戏台和大操场，定时表演轰动一时的《半蓝花生》、快板、三句半、民间特色节目。

第五，遗迹恢复。恢复、修建政治夜校、外宾接待室、姜遇贵旧宅、粮仓，通过景点解说陈列和导游讲解，向游客介绍历史。

第六，"大锅饭"食堂。恢复、修建五架屋弄、五房厅弄的两个"大锅饭"食堂，模拟当年"大锅饭"体制，营造"大锅饭"氛围，用于游客的用餐接待。

第七，公社采摘园。圈一片田地或定点几家比较集中的农户，根据不同季节种植、养殖新塘边特产，如荸荠、鱼等，模拟公社制度，把游客编成社员进行农林采摘游。

第八，"人定胜天"事迹遗存。对徐垄水库、斗天渠、斗天井进行环境整治，展示当时农民对"人定胜天""精神变物质"的理解。

第九，姜氏三祠堂。姜姓是全市第五大姓，在该镇姜氏有三个祠

堂，分上、中、下三祠，现存的中祠为清代建筑，其砖雕、木雕、石雕堪称古建筑中的一绝。且姜学信等传说故事脍炙人口。

第十，其他补充项目。整修毛家仓火车站、碉堡、将军茶山等，作为勤俭哲学村的补充游览项目向游客展示。

第十一，农家旅馆。为进一步做大做强个性化景区，还可以发展一批农家旅馆。

考察实录

——考察组成员在衢州期间的发言*

刘克海整理**

一 衢州市道德文明与社会主义核心价值观建设专题汇报会

时间：2012年8月20日上午9：00。

主持：衢州市人民政府副市长罗卫红。

出席人员：衢州市委副书记李剑飞，市委常委、宣传部长诸葛慧艳，市人大常委会副主任童建中，市政协副主席王建华，市委、市政府相关部门的领导，市属文化单位和新闻媒体。

（一）哲学研究所党委书记吴尚民致辞

衢州市的各位领导和同志们，我们中国社会科学院哲学研究所一行13人来到衢州市进行国情考察。市委、市政府对此非常重视，市

---

* 中国社会科学院哲学研究所办公室主任科员韩露和科研处馆员高颖参加了录音整理工作。

** 刘克海，中国社会科学院哲学研究所办公室主任。

委宣传部给予了大力支持和帮助。对于市委、市政府领导的热情接待和周到安排，我谨代表哲学研究所表示衷心的感谢！

衢州市历史悠久、文化底蕴深厚，是国家级历史文化名城。衢州和哲学研究所有多方面的、长期的交往。作为衢州市的合作单位，我们一直关注衢州市的经济、社会、文化发展。我们看到，衢州正在加速建设"两地三城"，围绕坚持走绿色发展、生态富民、科学跨越的总要求，在全省的后发崛起和四省边界率先崛起方面加快步伐；我们看到，在改造城乡面貌的同时，衢州人通过建设精神家园，精神面貌也得到了极大的改变，特别是近年来，衢州市开展了丰富多彩的全民性的学习教育活动和解放思想活动，开展了"做最美衢州人——我们的价值观"的大讨论活动；我们还看到，社会上好人善事层出不穷、"最美"典型不断涌现，"最美"典型、"最美"事迹和蕴涵于其中的"最美"精神正在融入这座千年古城的城市之魂，而且展现了衢州在社会文明方面的新高度。《人民日报》《光明日报》等中央媒体对此进行聚焦和广泛报道，中央领导和浙江省领导作出了许多批示，给予了高度关注。就全国来说，近期以来各地涌现出了一大批平民英雄、身边好人，他们的善行壮举都有着鲜明的时代特征，也昭示了当今社会主流价值观。刘云山同志最近就深入开展学习时代楷模的宣传活动作出了重要批示。

在这样的大背景下，哲学研究所年初立项，将2012年国情考察项目主题定为"衢州道德文明和社会主义核心价值观建设"。这主要是想实地考察衢州市的道德文明建设，了解社会主义核心价值观在衢州的具体实践，并探寻衢州为什么会出现如此多的"最美"典型，为什么会在社会上引起如此大的反响，发掘"最美"典型、事迹背后的衢州根源是什么。

具体来说，我们想通过座谈讨论和调查交流，考察衢州人是如何把道德要求转化成自觉行动的，是如何找到社会主义核心价值体系建设的着重点和有效途径的。再者，"最美"典型、"最美"精神体现了中华民族的传统美德，蕴涵于其中的助人为乐、见义勇为的责任意识和奉献精神，继承和弘扬了中华传统文化。这次来考察的几位同志都是搞中国哲学、传统文化的，他们也想从这个角度进行深入探讨。同时，还想了解市委、市政府通过道德文明建设引领社会风尚的做法、举措和经验，在此基础上探索社会主义核心价值体系与公民道德建设的关系及其规律，以丰富生动的衢州实践，为推进各地的社会主义核心价值体系建设提供具体案例和经验借鉴。

开展国情考察和国情调研是中国社会科学院的一项重要决策，也是哲学社会科学工作者深入"走基层、转作风、改文风"的实际举措。通过考察，要向地方同志学习，自身受到教育，思想得到收获；同时还要总结概括好衢州的经验，拿出考察成果，为地方服务，为营造文明和谐的社会环境提供理论支持，作出哲学工作者应有的贡献。

（二）哲学研究所研究员、中国伦理学会名誉会长陈瑛

我是诚心诚意来学习的，这是实在话，我们毕竟搞理论多一些，离实践比较远。下了飞机以后，我确实感到衢州有着好山好水，是一个好地方，尤其是有着"最美"的人，看到这些，我们自己心里亮堂多了，非常高兴。

我在想，为什么衢州会出现这么多"最美"的人？我觉得，这首先是因为衢州有一种欣赏"最美"的慧心，有着能够发现"最美"的眼睛。有了慧心和灵眼才能发现美。什么叫美，不同的人有不同的看法，而我们怎么才能把握时代要求，发现祖国和人民最需要的美呢？最重要的是把握好社会主义核心价值观，这也需要在做大量实际工作的基础之上才能够把握好。衢州党政领导多年来辛勤工作，创造和发现了这么多的"最美"现象和"最美"人物，值得我们学习，

开阔了我的眼界。这种"最美"确实是以我们几千年传统文化为基础的，但又是改革开放以来我们努力的结果。应该探寻慧心的来源，考虑怎样在取得物质文明成果的基础上，建立社会主义精神文明，学习社会主义核心价值体系，对此，衢州具有很多很好的经验。看到这些，让我觉得充满活力，年轻了很多，这几天要好好抓紧时间学习衢州的这些成果。

（三）哲学研究所科研处处长、研究员单继刚

各位领导，这是我第三次来衢州，前两次主要在江山。中国社会科学院哲学研究所与衢州有很多合作项目，上次在衢州参加了中国古镇文化论坛。

我这次来了以后，一方面感到衢州市有着传统文化的深厚底蕴，这也对公民道德的提高发挥着作用，另一方面就是刚刚各位领导提到的社会主义核心价值体系的实践取得了很大进展。这次我们调研比较关心这个问题，马克思主义理论里有一个基本的说法，即经济基础决定上层建筑，我们的社会正处在由传统向现代的转型期，不同价值观之间存在一定的矛盾。传统价值观是以农业社会、传统社会、封建社会经济作为基础的，而现代经济基础已转移至中国特色社会主义市场经济，那我们应该以什么要求来建立现代价值观？

衢州市的同志把衢州精神提炼为：诚信、责任、仁爱、奉献。我觉得非常有意思。这是传统价值观和社会主义核心价值体系的结合，体现了两者的相互交融，共同推动社会发展，是非常不错的提炼。其中"诚信""仁爱"体现了传统儒家的思想，而"责任""奉献"虽然在我国古代哲学思想中也是有的，但是我认为这两个概念更多的是现代的概念。我们在讲市民社会的时候，往往是和权力、责任、义务这些现代概念联系在一起，而奉献更多的是和社会主义集体价值观联

系在一起的。

这些只是我初步的感想，我们来这个地方，是要看传统的道德价值观和现代社会两者之间的矛盾关系是怎么得到解决的；另外，我们也要看上层建筑层面里不同价值观是怎么融合在一起，共同为推动社会发展和进步作出贡献的。刚才听了各位领导的介绍我已经有所收获，我相信在接下来几天的调研和考察中会有更大的收获。

（四）哲学研究所马克思主义哲学原理研究室主任、副研究员 崔唯航

我是第一次来衢州，来之前对衢州闻名已久。刚才听了几位领导介绍情况感觉收获很大，对衢州的了解和认识更加丰富和具体了，有很多东西值得我们好好学习。

我仔细阅读了衢州方面给我们的这个材料，觉得写得非常好，材料里以三个标题——"以美铸魂""以文化境""以创育民"，来分别引出"道德之力""文化之力""文明之力"，文字非常精炼，显示出深厚的文化底蕴，非常值得我们回去好好学习消化。

我比较感兴趣的是关于社会主义核心价值观的提炼。党中央非常重视，召开了多次会议来讨论关于社会主义核心价值观的提炼问题。也曾经有很多部门分别提炼了社会主义核心价值观的主题词，但不同行业、不同部门提炼出来的主题词差别很大，这从一个侧面反映出，社会主义核心价值观的提炼难度非常之大。一些地方分别提出了自己的价值观。北京提出了"北京精神"——"爱国、创新、包容、厚德"，其实这也包含社会主义核心价值观的内容。我们衢州人价值观核心词的提炼非常成功。"诚信、责任、仁爱、奉献"，这8个字非常好，很有自己的特点。因此，我很关心衢州核心价值观的提炼过

程，包括对它的解读和想法，以及为什么选择用这 8 个字作为衢州人核心价值观的关键词。所以，我希望衢州方面的领导在这方面展开一下，再多介绍一下情况。

（五）哲学研究所中国哲学研究室副研究员姜守诚

这是我第三次来衢州，感到很亲切。这里民风淳朴，这也是上次我在江山最大的感受。听了各位领导的报告，我收获很大。衢州不断涌现出"最美"人物，折射出当地有着深厚的、悠久的历史文化传统，比如儒家、道家、慈善文化等都是很好的人文历史传统。提到慈善文化，清代江山县有一个叫蒋英的县令，他在政期间，兴办学院、救助女婴，对当地慈善事业尤其是推动禁止溺杀女婴的慈善义举方面作出了很大的贡献，他死后被诏令陪祀。有这么悠久的传承，衢州市政府把中国传统文化和社会主义核心价值观完美地结合起来，引导传统文化建设与社会主义精神文明建设同步推动。相信以后这些天通过深入基层第一线的深入调研，我会有更大的收获。

二 "践行衢州人价值观，争做最美衢州人"调研座谈会

主题：践行弘扬"诚信、责任、仁爱、奉献"的衢州人价值观，争做最美衢州人。

时间：2012 年 8 月 20 日 14：30。

主持：中共衢州市委宣传部副部长杨昕。

出席人员：衢州"最美"群体代表，市委市政府相关部门领导和市属新闻媒体代表。

（一）哲学研究所党委书记吴尚民

今天机会难得。以前我们是在报纸上看到对衢州"最美"人物的报道，这次和衢州"最美"群体的代表见面座谈，真是百闻不如一见。听了大家的发言，我们的心灵受到了震撼，思想受到了教育。

从刚才各位"最美"典型的朴实语言和发言中介绍的感人事迹中，我们感受到你们崇高的思想境界。比如，村主任毛水标同志在突遭特大洪水袭来的危急时刻，果断组织群众转移，保住了全村300多名村民的生命安全；"最美教师"陈霞等人发现学生没来上课，马上赶到学生家里，救出一家3条人命；"最美护士"林小娟在庐山游玩时参与对突发疾病游客的抢救；"最美爷爷"占祖亿勇救落水少年英勇牺牲；等等。这些事迹，使我们深受感动。

在践行社会主义核心价值体系方面，对如何找到和本地区相衔接、相切入的着力点，如何找到有效的实践途径，各地都进行了卓有成效的探索。衢州市的做法很有特色。他们近几年来坚持不懈、一以贯之地发现"最美"典型、聚集"最美"典型、宣传"最美"典型，组织全市人民开展大讨论，将"诚信、责任、仁爱、奉献"提炼概括为衢州人的价值观，衢州的实践非常值得关注和总结。

浙江属于经济发达地区，衢州市在全省来讲是欠发达地区。在现阶段，衢州干部群众正在为全省的后发崛起和四省边界率先崛起而努力奋斗。在这样一个地区，尽管GDP没有邻边经济发达地区那么高，但是山清水秀、生态良好、民风淳朴、人心向善，精神文明建设走在前面，社会风气、社会风尚走在前面。这给我们一个启发，即衢州的经验对其他欠发达地区有推广价值，值得借鉴。就可持续发展和生态文明建设而言，可持续发展是生态可持续性、社会可持续性和经济可持续性的内在统一，而生态可持续性是整个可持续发展的基础。与一些盲目追求GDP发展，

以损害资源和环境为代价来维持经济高速增长的地区相比，衢州这样的地区显然具有相对健全的生态系统和未受严重影响的自然环境，而这恰好是建构和谐社会的必要条件。就精神文明建设而言，经济基础决定上层建筑，而上层建筑会反作用于经济基础，也就意味着，在科学发展观的指引下，衢州这样的地区可以通过公民道德建设、公共文化建设和生态文明建设，促进经济、政治、社会、文化、生态建设五位一体全面协调发展，在可持续发展方面走在前列。

（二）哲学研究所研究员、中国伦理学会名誉会长陈瑛

我听了这些事迹以后非常感动，特别是学校、街道这些"最美"人物身上的言行。人怎么能活得更好，境界更高？衢州出现了许多"最美"的人，这个美产生在什么地方？在我看来，这里的关键在于有心，即爱心、责任心、奉献心。现在，有的人没有这些心，总觉得多一事不如少一事，不关心他人和社会；而这些"最美"的人，正是因为有这些心，才会救助别人。在日常生活中有这些心的人，才能像毛主席说的那样，做一个高尚的人、纯粹的人、有道德的人。我觉得衢州把这个心概括得很好，这就是"诚信、责任、仁爱、奉献"。我觉得衢州找到了路子，这是在实践中总结的。看到这里的事实，这几句话在我脑子里不再是空空洞洞的几个字，而是沉甸甸的，包含着非常丰富的、鲜活的具体内容，我很受感动。

（三）哲学研究所马克思主义哲学原理研究室主任、副研究员崔唯航

今天下午感受非常深，有很大收获。

来之前我们带着一个问题，为什么衢州能涌现出一系列"最美"

群体？在刚才我们衢州推出的先进代表讲话的过程中，我也在思考这个问题。我听完之后觉得对这个问题有了一些新认识，在一定程度上得到了答案。但这个答案是复杂的，可以说有很多原因推动衢州产生了这么多的"最美"群体。在此，我谈一些不成熟的感受和想法。

第一，为什么衢州能涌现出一系列的"最美"群体？一般来说，好人好事，在各地都有，但衢州的特点是这样的好人好事不是三个五个、一件两件，而是一系列群体。我现在对此的认识是和衢州这片土地有关系。衢州作为南孔圣地，具有自己独特的传统文化，也铸造了纯朴善良的民风，这就为"最美"群体的涌现提供了土壤。再加上衢州党委、政府高度重视文化和道德建设，强调并自觉担当引领作用。这两股力量合在一起，构成了衢州道德建设的核心竞争力，推动了"最美"群体的产生。

第二，核心价值观是一种精神形态的存在。在经济学界有一句话：市场经济有一只"看不见的手"。这只手虽然看不到，但它无所不在，并且决定着社会、经济的总体发展趋势。在某种意义上，核心价值观就有点像"看不见的手"，一方面，它看不到摸不着，但另一方面，它又确实影响着我们的行为。更为重要的是，核心价值观要落实到各项具体制度上。这一点我体会很深的就是刚才马校长提到的"最美教师"的感人事迹。为什么会有这样的事迹？我看到《光明日报》发的一系列文章中有一篇，2011年12月2日的文章，里面谈到"最美教师"时提出一系列的假如：假如教师不把班里的学生当回事，假如只是给家长发个短信告知一下，假如不去学生家里，假如敲不开门就放弃了。这四个假如还不够，如果没有完善的规章制度，如果不知道学生家住哪里，如果不知道学生舅舅的手机号，如果不知道学生身体情况等，就不会出现"最美教师"。我觉得这种具体制度才是核心价值观的最为重要的体现。

我们还是有很多关于制度建设方面的情况需要好好学习。

另外，为什么这些"最美"的典型能够成为"最美"的典型？这些"最美"典型能产生这么大的影响，还需要宣传配合。刚刚衢州日报社的同志也讲到，如果记者不负责任，那么"最美教师"的事迹可能就是一起煤气中毒事件。衢州能够推出"最美"群体，是和我们衢州新闻宣传工作者高度的责任心和对新闻事件的敏感性分不开的。我认为衢州的新闻宣传部门具有高度自觉性，勇于和善于发掘"最美"事迹背后的原因和必然性。比如在所提供的材料《标杆——我们的价值观》中有《衢州日报》发表的三篇系列文章：《衢州：被空前聚焦》《衢州，何以被聚焦》《衢州：聚焦之后》，它们分别解决了衢州是怎样被聚焦的、衢州为什么被聚焦、衢州被聚焦以后怎么办这三个问题。问题意识非常鲜明，看了这三篇文章很多疑问都迎刃而解，这也体现出衢州新闻工作者高度的自觉性。此外，衢州宣传部门也不是在简单地宣传先进事迹，而是深入发掘事迹背后的精神，这种自觉意识体现了衢州新闻宣传工作者的良好素质，很值得我们学习。

（四）哲学研究所马克思主义哲学原理研究室副研究员张羽佳

我是中国社会科学院的一名普通的研究人员，平时的基本生活就是看书、开会。这次书记对我们说，你们这些研究人员只关在书斋里是不行的，必须深入基层、深入实践生活，去验证理论，把理论和实践结合起来，因此，我很有幸到衢州进行考察和调研。今天见证了诸位，衢州"最美"教师、护士、校长等，我心情非常激动。我谈谈自己的一些感想。

首先谈谈我理解的社会主义核心价值体系在国家意识形态中的地位和作用。列宁在十月革命取得政治领导权后提出一项任务：建设社会主义的文化，但由于各种原因这种社会主义文化建设被搁置了。意大利共产党领导人葛兰西在领导共产党运动中提出了文化领导权的概念。一个政党要完成它的政治使命，不仅要在政治上取得领导权，也要在智力、文化、道德上取得领导权。我认为，衢州把社会主义核心价值体系作为政治任务和使命来完成，尤其在诸葛部长的报告开头中就说，以官方的力量推动道德实践，是非常符合我国的文化战略和精神的。政治的合法性问题是非常重要的问题，即不仅要用武力取得政权，还要用非暴力手段取得民心，得到老百姓的信任和认同，所以我认为这种核心价值观的建设是具有战略性意义的。

其次谈一下怎么建设核心价值体系。国外的道德建设是以个人为本位，但是我国传统文化是以集体为本位的，强调集体的力量，所以我们不能完全采用西方的方式，要走出自己的特色道路。衢州做得最好的是官方与民众、传统与现代的互动，很有特色，不仅是政府单方面的行为，也是符合老百姓民心民意的行为。衢州的南孔文化与现代社会的要求和机制结合起来，是非常有衢州特色的。

再次，分析一下典型和榜样的树立，包括"最美衢州人"的评选活动。关于典型和榜样，法国当代哲学家巴第欧有一个纯粹理论上的认证。他说，为什么榜样这么重要呢？人类历史在历史书上是连续的，但其实一个事件就足以改变整个历史面貌，比如俄国的十月革命，正因为有这么一个事件，我们整个人类的历史发生重大改变，有了一个社会主义的目标，所以一个榜样可以改变整个历史和社会风气。衢州在树立善的典型方面的方法和手段是非常高妙的。

最后谈一下道德建设的意义。道德建设要充分发挥国家意识形态的作用，包括各种媒体的互动。由当时对"最美教师"典型的突出和运作可见，国家媒体对树立真善美的社会风气是非常有效的。

衢州经验对我的启发有以下几点：

（1）衢州对社会主义核心价值观是从政治高度上提炼的，24个单位和系统都参与到讨论中，从30个核心词中筛选出这4个词，体现了衢州市委市政府对核心价值观的高度重视。

（2）衢州对南孔文化等历史文化的发掘是非常到位的，充分发挥了自己的区位优势。

（3）衢州发掘的都是凡人善事，这是我很欣赏的地方。以前宣传的形象都是所谓"高大全"的典型，衢州的典型不一样，在座的这些典型和我们亲切座谈、交流，这和以前有很大的不同。衢州这种典型能真正深入我们的生活，就在生活当中。

（4）衢州采取以扬善为主的宣传策略。社会上被揭露的丑恶现象很多，但是衢州的"最美"典型与之形成鲜明对比，这对于弘扬整个社会正义的风气、树立正面典型是一种新方向。

（5）衢州的经验深入社会的最小细胞。善行必须深入社会的每个层面、每个小机制，才能充分发挥其功能和特点。所以我认为衢州进行网络化管理，这种微观而具体的方法是非常值得推广的。

（五）哲学研究所博士后徐艳东

今天下午我很受教育，衢州的每个"最美"典型都很鲜活生动。根据以往经验，"典型"越具体，对人的行为就会产生越大的正面强化作用。每一个人，自幼年开始的每一个行为都源于对以往经验范式的模仿。这种模仿分为直接模仿和间接模仿两种形式，从效用分级来说，前者对个体行为的引导作用远大于后者。当人们从书本上了解了一个道理后，或许不能直接发生行为上的完全跟从。但是，当人们看到一个具体主体的具体行为，尤其是具有正面意义的行为后，就会产生强烈的追随愿望。特别是当看到和自己处于同一个层级或生活模式的人作出不凡的举动后，人们会想，原来我也能做这样的好事，接下来，善的行为就会自然产生。

另外，宣传的作用不可忽视。小到一个地区，大到一个国家，都应该加强对正面事件和正面人物的宣传工作。过去我们做了很多工作，但我认为还应该加强，尤其是在国际上，我们要多做宣传，把我们正面的东西推出去，让世界了解中国，了解中国的凡人善举。这样就会避免外国人总是选择性地盯住我们的负面新闻而随意忽略诸多感人事件的尴尬局面。衢州在这方面做得很好，堪称榜样，也给了我们很大启发，我本人也深受教育。

三 "文化建设和公民道德建设"
调研座谈会

主题：文化建设和文明创建中的公民道德建设。

时间：2012 年 8 月 20 日 14∶30。

主持：衢州市文明办主任胡高春。

出席人员：衢州市委、市政府相关部门领导，市属文化单位负责同志。

（一）哲学研究所科研处处长、研究员单继刚

听了各位发表的意见之后，我有一种深切感受，我们衢州是出理论家的地方，确实有一些很有深度、很有见地的观点，远远超出了我的想象，里面既有亲身的感受，也有对现象的剖析，更有理论深度的反思。我个人很受启发。刚才胡主任说抛砖引玉，不敢当，因为是国情考察，我们是来学习的，其他各位我相信也是抱着这样的态度。通过今天上午和下午的座谈介绍，我们感到衢州的确是公民道德建设做得不错的地方。来之前，只是停留在文字上的了解，

来了之后，通过一些介绍，我感觉对公民道德建设有了更加深刻的认识。

我有两点临时想到的看法。第一点，我觉得我们现在搞公民道德建设一定要正确认识现在的国情。说到这一点，有个小插曲，刚才李老师也提到江山勤俭村，我上次来的时候去过一次，和姜汝旺老先生进行了交流。他当时问了我一个问题，让我感到非常吃惊甚至震撼。他问了一个非常理论化的问题。他说："你说我们中国社会是一个什么样的社会形态呢？"这是一个一般说来理论界才会探讨的问题，但是从一个农民的口里问出来，我感到非常吃惊，我感到这些可爱的农民，不仅仅满足于生产的劳作，实际上对国家的前途命运有自己的思考，这一点是最值得我敬佩的地方。比如美学上有一句话，生活中我们不是缺少美，而是缺少发现美的眼睛。其实，每个人的行为对其他人肯定会有影响，但这种影响是一种正的能量还是一种负的能量，是一种促使社会进步的力量，还是一种促使人产生不愉快的能量，我觉得这也是一个有道德的人所要面临的一种选择。事实上，每个人都要积极地转变心态，要善于发现生活中一些美好的事物，特别是宣传部门、文明办比我们一般公民负有更多的责任来做这样一些事情。这是我谈到的第一点，要正确认识公民道德建设的国情。

第二点，我想结合一下今天上午衢州对核心价值观的提炼，谈谈如何辩证地处理好社会主义价值观和其他价值观的关系问题。刚才提到由于经济基础成分的复杂性，导致了各种不同价值观的并存，要承认这样一个现实，从衢州提炼的8个字的价值观来看，也充分反映了这个特点。但是，在对这些价值观进行解释的时候，也要贯穿一种辩证的思维，也要在解释中体现出在这样一个多种价值观并存的社会中对每个价值观的尊重。我们要从社会主义价值观的高处着眼，但要从普遍的一般的要求着手。

212

（二）哲学研究所中国哲学研究室副研究员刘丰

今天听了各位领导的报告，大致了解了衢州公民道德文化建设所取得的成就。从工作角度来说，我是在哲学研究所中国哲学研究室从事中国传统思想的研究工作的，日常工作基本上和古人打交道比较多，相对来说，与当下的社会现实有一定距离，而且由于自身的经验所限，基本上是出了校门就到了工作单位，缺少一定的社会经验。今天能够参加我们哲学研究所组织的国情调研，利用这次机会亲身体验、感受我们时代发生的巨大变化、发展，对我个人来说有非常大的帮助。

刚才专家提到的道德滑坡等各种现象，这是在我们的社会中客观存在的，它说明道德建设不是一件简单的事情，它与社会的经济、文化等各个方面都联系在一起，它是一个整体；它不是个人问题，而是一个社会问题，包括政治体制、经济、教育、法制等，是一个综合体。所以，加强公民道德建设也是综合性的工程，需要从多个方面着手进行解决。就衢州地区来说，传统因素是不可或缺的重要资源，虽然从学术的角度来说，我当然并不认为儒学可以解决当前社会的一切问题，但它的确是一个具有可资借鉴的丰厚的价值资源。

由于衢州和儒学的特殊关系，在这样一个背景之下，我们说儒学，或者从一个更大的角度来说，传统，是一个很丰厚的资源。刚才有的领导也提到了，在我们这里也开展了一些活动，如阅读中国传统经典，在中小学举行各种与传统有关的活动，我觉得都是很好的、很有价值的。其实儒学是关系到人安身立命的一整套学说，它不是为了一个客观外在的目的，而是"为己之学"；儒学强调人与人之间关系的和谐，这些都非常符合当前公民道德素质建设的主题，所以在这样一种背景之下，传统因素还是一个值得借鉴的资源。

（三）哲学研究所中国哲学研究室副研究员姜守诚

　　我的感受可以用两个词来概括：一是真诚，二是深刻。"真诚"是指我真切感受到在座的十几位领导的发言都是有感而发，而且说出了自己的心里话，是敞开心扉，畅所欲言，能够将自己工作岗位上的真情实感谈出来，我觉得非常真诚。

　　第二个就是"深刻"。衢州是人才汇聚的地方，这里既有实际工作者，也有理论工作者。就我个人来说，主要是从事理论工作，在书斋里面待的时间多一点，和实际结合少点，国情考察也好，采访也好，对我个人而言收获很大。这次来衢州，包括去年两次来江山、廿八都，都是一个很好的调研考察。这次来衢州调研"最美的人"也是下基层走访的很好机会。坦白地说，其实"最美的人"不光咱们衢州有，浙江其他地方也有，甚至全国各地都有。但是，为什么我们衢州能够及时发现这些感人事迹，并进行了宣传和报道，而其他地方却相对落后了一步？这主要是由于那些地方不是缺少美的事物，而是缺少发现美的眼睛。衢州市委市政府独具慧眼，发现了最美的人，及时进行了报道，通过个案，从点到线，再到一片，把身边的人和事汇入社会主义道德文明建设的伟大洪流，从而营造出一个相对良性的社会机制和人文环境。这是非常好的一个路子。这次我们推出的"最美衢州人"，确确实实是我们能够感受到的身边的人。这些平凡的人，凸显出了人性中光辉的一面，透过平凡见到了伟大。树立这样的典型人和事，能够带动一大批干部和群众切实地身体力行，落实自觉自愿地为人民服务的基本准则。每个人都会觉得可能如果有机会、有意愿，任何人都能够做这样的事情，都能够成为"最美的人"。"最美"不再是水中望月、空中楼阁，而是实实在在发生在身边的人和事。

　　第三点，由于我负责从传统文化的角度写作这次考察的分报告，所以想谈谈传统文化中儒、释、道对衢州道德建设的重要性。在中国传统文化当中，也有一些相互矛盾的价值观，传统文化有精华的部分，也有糟粕的成分，在宣传的时候要尽可能利用和借鉴传统文化中好的一方面，去掉和避免传统文化中糟粕的那一部分。但分辨的过程有时很难，有些很好分辨，有些难以分辨。这就要根据目前我们社会的现状去分辨。目前的现状就是太过重视物质文化、商品文化，导致传统文化丢失太多，现在应做的工作就是把丢失的传统文化找回来，尽可能地恢复传统文化中优秀的、有益于人类社会的传统道德价值观和行为准则。当然，我们也清醒地认识到传统文化不是万能药，不能一味地复古，应该有选择地继承和扬弃，辩证看待传统文化。不过，总的来看，传统文化在当前的公民道德建设中有积极意义和主导性的益处。

（四）哲学研究所马克思主义中国化研究室助理研究员周广友

听了各位的发言，我临时想到三点不成熟的想法。第一是公民道德文化建设要抓关键、抓重点。衢州涌现了很多"最美"人物，并且进行了很多宣传，我想正面宣传是很重要的，现在媒体中有很多负面报道，这不太好。因为一个人关注什么样的事情，他可能就会有什么样的心灵。另外重要的就是如何让这些"最美"的现象源源不断地涌现出来，我觉得主要是靠抓人心。透过慧眼看灵心，只有有了灵心才会有慧眼，要培植每个人的善心。第二就是要充分借鉴儒学的资源。衢州在这个方面有很多优势，这里离徽州婺源和福建南平都很近，是大哲学家朱熹活动的地方。第三，就是通过哲学大众化来搞好公民道德文化建设。哲学在锻炼思维能力、反思人类生存、提高人生境界方面有重要作用，对提高人的道德素质帮助很大。

（五）哲学研究所博士后陈明

　　在上午的报告里，我们学习到衢州在创建精神文明过程中很多成功经验。而在下午的报告中，我感觉每位似乎都有两种身份，仿佛在这两种身份之间不断进行着一种深刻的交流与对话。各位的第一种身份，或是政府机关的领导，或是社会文化领域的工作者；另一种身份，则是作为生活在我们社会中的个人，从一位普通市民的角度，基于内心中的某些焦虑与不安，从个人直接的社会经验与生命体验中不断地提出一些问题，并从这些问题与感受出发，对自己的工作加以反省，从而对已经取得的成绩仍有不满意的感觉，仍能发现新的努力方向。这样的一种交流和对话，对我自己的学术工作也带来一种启发。

　　我自己从事传统学术的研究，面对的常常是古人，如何设定自己工作的意义与方向，也是我常常反思的问题。各位领导的经验启发我，身处今天的时代，应当从个人最为切身的生命体验出发，从自己在社会生活中所感到的焦虑与不安当中，提炼一些真问题，并以这些真问题向自己既有的工作脉络不断进行拷问与追问。我想，如果自己始终能够保持这样一种紧张感，具有这样一种反省的自觉，也许更能让自己的学术研究或社会工作同自己的时代之间保持一种积极的开放与互动，从而更能有效地面对我们时代与社会中最真实的问题。这一点真是令我感受很深。

　　当我们有了真问题的时候，又该如何在自己的专业、工作脉络中去面对与解决呢？刚才有一位老师提到哲学中一个永恒的问题，即我们从何处来、我们是谁、我们要往何处去。我们都注意到今天社会中出现了很多道德问题。这就需要通过反思历史去追溯这些问题的成因，或从我们民族更悠久的历史传统中去寻找解决这些问题的思想资源。来到南孔圣地，让我想到孔子、孟子这些儒家圣贤都认为人性本善，道德情感可以从人的本心之中自然流露。所以，我相信通过教育，可以启发人们的善心，并激发一种向上的精神。刚才很多老师提出，今天的教育存在问题，由于以考试、升学为导向，反而忽略了伦理道德的培育。这也启发我去思考，今天的教育除了传授知识的功能，是否应当更为关注学生人格的养成与道德的陶冶，是否应当更注重传统伦理道德的培育。我想这是一个非常重要的问题，值得加以深思。

四　江山市新塘边镇勤俭村座谈会

时间：2012 年 8 月 21 日下午。

主持：中共江山市委宣传部长汪黎云。

出席人员：新塘边镇领导、相关部门负责同志，勤俭村干部、农民。

（一）哲学研究所党委书记吴尚民

我们来到被誉为"中国农民哲学第一村"的勤俭村，参观了村民从 20 世纪 60 年代开始学哲学、用哲学及其在全国产生重大影响的展览，留下了深刻的印象。勤俭"农民哲学村"尽管是 20 世纪那个特殊年代的产物，但它依然是马克思主义哲学中国化、大众化、当代化的重要片段和见证。我们看到了农民同志是怎样把哲学的道理自觉运用到种田上，运用到解决农村社会人与人的关系上，运用到解放生产力、发展生产力上。2011 年，科研处单继刚处长到这里对农民学哲学、用哲学状况进行调查，现在已将这个案例列入马克思主义中国化的课题进行深入研究。他这几天要带一个调研小组留下来搜集相关资料，和农民同志进行进一步交流。

勤俭村农民长期以来学哲学、用哲学的事迹，给了我们很大的启

发。哲学是"聪明学"，是"爱智慧学"，是对自然界与人类社会的知识和经验的概括和总结，是改造主观世界和改造客观世界的有力武器。历史经验证明，哲学必须和我们中国的具体实践结合在一块，用于指导我们的工作和生活，真正像毛泽东所说的那样成为我们人民群众的锐利的思想武器，才能发挥哲学的作用。

我们这次来的同志中，有研究中国哲学、美学、马克思主义原理的青年学者。我们很想听听在座的乡村干部和村民，从历史和现实两个方面介绍你们学哲学、用哲学的做法和经验，特别是在现阶段的农村，是怎样用哲学道理解决生产、生活中的问题，解决社会矛盾和村民思想中的矛盾的。

（二）哲学研究所研究员、中国伦理学会名誉会长陈瑛

哲学虽然是从实践当中来的，但它同时又是指导实践的非常重要的武器。第一点，我们学哲学，就是要解决实践当中提出来的各种问题。没有它，确实是不行。当年老姜和勤俭大队的同志学哲学，在全国产生了很大影响。这么搞，是一个非常正确的路子。我觉得刚才他讲得也非常好。除了讲以往的光荣历史之外，还谈到现在很多的问题，都需要我们用哲学来解决。我们现在讲哲学的声音不够，应该有更大的平台、用更高的声音来讲哲学，努力学哲学。

第二点，我们需要的究竟是什么哲学？哲学有好多种，有东方哲学，有西方哲学，有现代哲学……但是在我们看来，我们要学习和掌握的，首先应该是马克思主义哲学，是毛泽东思想。研究马克思主义哲学和毛泽东思想，不是说要排斥东西方哲学，而是要在总结中国特色社会主义建设实践的基础上，把东方、西方的最好的东西容纳进来。毛泽东哲学思想是他根据实践当中的问题，用哲学思维提炼出来的。现在中国特色社会主义实践不断地提出来新问题，需要我们来解

决。我们用什么办法来解决？根据我们的经验，最好的办法就是用马克思主义，用毛泽东思想，用发展中的中国特色社会主义的哲学思想来解决各种问题。

第三点，关于人口问题，我对于刚才老姜的看法稍微有点不同意见，认为还是应当有计划地控制。这里头也有个局部和全局的问题。从局部来看，这里人口确实需要增加；但是从全局来说，中国现在已经有太多人口，已经远远超出我们能够负担的限度。我们要科学发展，就必须得全面发展，从全局上讲，人口也不能再随意发展。但是局部地方人口不够，怎么办？我们可以通过其他方式解决，譬如从外地引进一些，不一定非得用扩大生育人口这个办法来解决。当然我不否认人口问题、现在的计划生育工作，有的地方还需要改善，但是从整体来说，人口的计划生育控制工作千万不能放松。

（三）哲学研究所科研处处长、研究员单继刚

我已经是第二次来了。上次座谈后，我们对材料进行了初步整理，在此过程中，可能因为方言的问题，有些问题我们听得不是很清楚，我们聘请了江山籍学者给我们进行整理，后来我发现的确是很有深度。我们申请了一个项目，想对勤俭村学哲学、用哲学的情况作一个深入的追踪和研究，是我们马克思主义哲学中国化、时代化、大众化当中的一个重要的片断和一个重要的历史见证。

另外，我们哲学研究所具有自己的特色。是什么呢？我们想对哲学村这个哲学的体系作一个深入的研究。为什么这样说呢？因为马克思主义哲学有它的知识分子精英化的总结，比如咱们党的政治领袖一些高瞻远瞩的论断。但是，马克思主义哲学作为一种改造世界的思想武器，它一定要和广大的民众相结合。所以，它一定有它的民间形态、草根形态，所以我们要把勤俭村的哲学体系作为马克思主义哲学

的一个重要的民间形态的表现形式。

我们还需要持续探讨的问题是，勤俭村的这些哲学遗产到当代以后如何与时俱进，如何与现在的新农村建设、和谐社会建设结合在一起，怎么用于推进我们的日常工作。

（四）哲学研究所党委书记吴尚民

勤俭村早在 20 世纪 60 年代就是全国农民学哲学、用哲学的典型。刚才当年的村党支部书记姜汝旺老人讲了他们是怎么开始学哲学的：因为他们在实际工作、生产和生活中遇到了许多迫切需要解决的问题，通过学哲学，这些问题就迎刃而解了。他们从实践中感受到，学哲学对指导种田、解决人与人关系和思想认识问题都有很好的作用，就这样他们一步步走到现在。他对当前的社会现象提出了一些看法，里面也有哲学的分析和思考。考察组的几位同志也从各自的专业出发谈了看法，和姜汝旺同志进行了交流。确实像汪部长说的，实践和理论发生了碰撞，产生了一些火花。这样的交流非常好。

我觉得，哲学工作者与农民同志的交流非常有意义。特别是对我们哲学工作者来说，能够从中了解乡村干部和村民的喜怒哀乐、所思所想，了解他们高兴什么、担心什么、祈盼什么，把哲学社会科学研究和最广大人民的根本利益紧密结合在一起。这就是我们哲学工作者走到农村最基层、走进"中国哲学第一村"，和学哲学、用哲学的村民们一起探讨当前农村中的哲学问题的意义所在。

哲学研究所一共有 8 个二级学科，今天来到这里的有马克思主义哲学、美学、伦理学、中国哲学的学者。党中央给中国社会科学院的定位，一个是马克思主义的坚强阵地，这是我们的政治定位、方向定位；一个是要求中国社会科学院成为党中央国务院的思想库和智囊团；同时在学术方面，我们要争取学术界的制高点，成为最高学术殿堂。

应该说我们的学者在学术层面的研究非常勤奋，努力拿出了高质量的科研成果。但是，适应时代召唤，适应现实生活的需要，解答党和国家面临的重大理论和实践问题，这方面还需要哲学工作者在钻研学术问题的同时，扩大学术视野，面向实际，树立起责任意识和问题意识。

哲学社会科学工作者"走转改"，就是要从当代中国的实际出发，围绕国际国内发生的重大理论和实践问题，深入改革开放第一线，深入基层的经济、社会、文化生活，贴近实际、贴近生活、贴近群众，把我们的研究和中国特色社会主义伟大实践、最广大老百姓的根本利益紧紧结合在一起。刚才几个同志都谈了这次考察的体会。经典作家有一句名言"哲学是社会变革的先导"，我们也知道改革开放前夕哲学研究所在真理标准大讨论中发挥了重大作用。那么，在现在新的历史起点上，哲学要发挥什么作用，马克思主义哲学如何实现时代化、中国化、大众化？哲学工作者正在努力研究这个问题，马克思主义哲学创新项目作为中国社会科学院创新工程的试点，把这个题目列入其中；王伟光带领课题组在搞"新大众哲学"。我们考察组来到勤俭村，与姜汝旺同志及乡村干部、村民一起谈哲学，就是在探讨把哲学转化为人民群众都懂的语言，来解决最实际的问题；就是把哲学道理用老百姓喜闻乐见的形式，深入浅出、通俗易懂、清清楚楚地表达出来；就是使哲学说中国话，具有中国特色、中国风格和中国气派。这样的哲学才能掌握群众，才能真正富有生命力。

五　常山县调研座谈会

时间：2012 年 8 月 22 日上午。

主持：常山县县委常委、宣传部长苏新祥。

出席人员：常山县委、县政府领导，相关部门负责同志，县属文化单位负责同志。

（一）哲学研究所研究员、中国伦理学会名誉会长陈瑛

听了这些事迹后我很感动，常山县这些年来高举好人旗帜、建设好人城市、弘扬好人文化，这个做法非常好。

对于人，我们应当有一个判断好坏善恶、正确与错误的标准；好人，应当达到一定的标准。如果这个标准本身就不清楚、模模糊糊，整个社会就容易善恶颠倒，最后受害的还是我们老百姓：不知道该向谁学习，不敢批评坏人坏事，不敢宣传表扬好人好事，甚至自己也不敢当好人，这会是很可悲的现象。我觉得我们宣传工作的任务就是要张扬正气，高举好人旗帜，给社会树立标尺，这样就有了方向，就会使我们的工作更有力量，对此，人民群众是非常欢迎的。常山县的做法与党中央提倡表扬好人好事的做法是一致的。还有，在观察道德现象时，我们要抓本质抓主流，毕竟好人占多数，要把好人好事唱出来、点出来、标出来。要把表彰好人的工作做好，使好人有后劲支撑，这对我们建设社会主义精神文明具有重要作用。我的建议是再提高一步，继续推选出各行各业中具有各种特色的好人，总结出培养好人的方法，利用好的条件，克服不好的条件，把宣传好人的活动坚持下去。

（二）哲学研究所马克思主义哲学原理研究室主任、副研究员崔唯航

这次到常山县调研是抱着学习的目的，刚才听取了常山县领导的情况介绍，结合自己的切身感受，谈几点体会。

我认为常山县不仅像常山"金钉子"在地质上起到一个标杆作

用，在文化建设、道德建设、核心价值观建设上也有一个标杆作用。一个 30 万人口的县在短短五六年的时间内涌现出 600 多名好人，这个数字是最具说服力的。为什么常山县能够在短时间内涌现出一大批好人，形成好人群体？其中的具体原因值得我们深入研究。我认为这和以下几点分不开。①培育好人。常山优秀的文化传统为之奠定了基础，形成了一个良好的大环境。②发现好人。常山有很多好的机制有利于发现好人，比如海选，提高大众参与度，是一个立体的而非单线条的行动，让大家感觉到发现的好人就在身边。③宣传好人，倡导"知行合一"。常山在宣传工作方面狠下工夫，摸索出了一些新的做法。比如"好人地图""好人榜""好人墙"，效果很不错。④建立健全体制机制。通过制度建设，为好人好事提供保障，让好人能够有好报。

（三）哲学研究所博士后陈明

常山县有厚重的历史文化传统的积淀，我们寻找与发现好人好事的过程，其实也是在重新追问与提炼我们这个时代到底需要一些什么样的道德品质，才既能继承优秀的历史文化传统，又能彰显新时代的特色。如果我们拥有一个伟大而灿烂的文明，那么这种民族的文化精神，就应当能够落实体现在最基层普通百姓的日常生活里，并能在他们的家庭与工作当中随时随处地体现出来。当我们在弘扬好人文化、最美精神时，应该在宣传中，更加注重生活化、具体化与细节化。

我看到咱们衢州评选出的很多"最美"好人都是在危难关头挺身而出，舍己救人，他们的事迹非常令人感动。他们往往是因为在一个偶然突发事件中的道德行动而为我们所知。但是，当我们重新去发现他们此前的人生时，通过他们身边亲友的回忆，获知在他们

之前的普通生活中，就有很多非常感人的事迹与细节。这给我们一个启示，用常山县领导的话说就是，我们要去努力发现身边的好人。在宣传"好人文化"时，应当更深入日常生活，从家庭关系、邻里相处，以及各个行业领域、不同社会角色中，去挖掘道德典型与道德模范，从而让好人典型更加多元化，更贴近生活。同时在宣传时，如果有意识地贴近群众的视角，运用群众的语言，更加注重细节化、具体化与生活化，我想这种宣传与带动的效果一定会更强，也更能够深入人心。

（四）哲学研究所党委书记吴尚民

刚才考察组的几位同志发表了一些意见，供常山县的领导和同志们参考。刚才方书记介绍了常山县的基本情况，苏部长特别就"最美典型、身边的好人"工作开展情况作了介绍，我们听后很受感动，也深受启发。

今天是来衢州考察的第三天。抵达常山后，我们和县里几位领导同志考察了常山石产业，大家边看边谈，越看越了解，越谈越深入。这里是全国闻名的"柚都石城"，也是一座"好人之城"。30万人的小县，5年里涌现出600多名好人。常山在营造公民道德新风尚中有很多新创意。比如，编制"好人地图"，将全县600多个好人榜样列入图中；发行"好人明信片"，向全社会辐射"好人力量"等，使得"认识好人、感受好人、争做好人"成为常山社会生活的常态。

常山县道德文明建设之所以搞得非常扎实，我想有以下几点原因：一是有丰厚的历史文化土壤，浸润常山这片热土；二是有牢固的思想基础，广大干部群众适应时代需求，扎实践行社会主义核心价值体系；三是有良好的人文环境，民风淳朴、生态良好、环境优美，人民群众在创造物质文明的同时，努力创造精神文明；四是有坚强的组织保障，党和政府及有关部门做了大量的工作，在发现好人、聚焦好人等方面有一套规章制度作为保障。

社会主义核心价值体系建设、公民道德建设已经开展了几年，各地都有很多不同的做法、着力点和实现形式，思想理论界也在探讨这个问题。我认为衢州市包括常山县找到了践行核心价值体系的一个着力点、切入点，以此为突破口挖掘好人好事、善人善举，这是很好的创新形式。现在全国各地都在推举"草根英雄""平民英雄""时代楷模"，而常山县从2007年起率先开始实施这项活动，不断发现"最美"、关注"最美"、聚焦"最美"，走在了全国前列。赞颂好人善举、弘扬道德文明，就是对负面现象、丑恶行为的一种抨击、一种批判、一种否定。因为一个典型就是一面旗帜，一个榜样就是一种力量，我们褒奖它、弘扬它，就会传递、汇聚一种正面的能量，使社会风气越来越好。在这个过程中，我们注意维护发现典型、聚焦典型的人文环境和社会环境，让好人得到认可、得到赞扬，逐渐上升到"好人文化"的高度，使得社会主义核心价值体系建设和公民道德建设实现可持续发展。

常山县创造了很多好的做法，积累了很多新鲜的经验，非常值得我们学习，我们要在学习的基础上，把这些经验和做法总结到我们的考察报告中。

六　开化县调研座谈会

时间：2012年8月22日下午。

主持：开化县县委常委、宣传部长杨苏萍。

出席人员：开化县县委、县政府领导，相关部门负责同志，县属文化单位负责同志。

（一）哲学研究所研究员、中国伦理学会名誉会长陈瑛

来到开化县参观后，我觉得自己受到了很多教育，特别是受到三点启发。

第一，坚持抓特色。抓特色不是为了政绩，而是实践的需要。开化为什么要保持青山绿水？因为下游有几千万人民等着纯洁的饮用水，这就需要延缓我们的发展，牺牲我们自己的一些局部和暂时利益，来保护下游饮用水的安全。我们开化这样做，是一项义举，是一件善事，希望今后继续做下去。

第二，在抓特色的同时，会碰到很多困难，物质文明建设和精神文明建设会出现暂时的冲突。开化县在抓精神文明的同时，努力把物质文明也抓好，是下了工夫的，推出特色产业，积极地把物质文明建设发展起来，不是消极等待上级援助，两个文明一起抓。

第三，"赠人玫瑰，手留余香"。道德义举做了之后，自己也并不完全都是牺牲，至少自己在精神上会得到充实和满足。同时，开化县在保持生态的同时，也给子孙后代留下了绿水青山，既为社会作出了贡献，自己也保住了好的生态环境，把现实与未来结合起来，开化县领导很有远见卓识。

（二）哲学研究所办公室主任刘克海

来到开化后，我的感觉是：山美、水美、人也美。这体现出开化县领导在谋发展方面的战略眼光和集体智慧。

此行我有两点收获：一方面，搞好当地生态建设是要付出较大牺牲的。有的地方官员在谋发展、求速度的同时，往往忽视生态环境的保护，以牺牲环境为代价换取经济发展；开化县领导在谋发展的同时，兼顾保护生态环境，做了大量工作，比如"强化源头生态发展、促进生态文明建设"，关停一些污染企业，这是造福子孙万代的好事。另一方面，开化县在开展生态环境建设的同时，也抓紧公民道德建设，展现政通人和的好局面。比如"以国家生态文明试点县建设为抓手，着力推进生态文明中的公民道德建设"，对此开化县进行了积极的探索，形成了良好的社会文明风尚。

（三）哲学研究所马克思主义哲学原理研究室主任、副研究员崔唯航

如果说前两天的考察活动受到的是善的感染，那么今天在开化体验到的则是美的熏陶。对于生态、艺术的关注，这是开化县的一个特点、亮点，令我感触良多。我发表一下自己的感受：一是开化县在开展工作时有很强烈的自觉意识，围绕"生态立县，特色兴县"开展工作，坚持"有所为有所不为"，扬长避短，这个特点抓得很到位。二是审美的力量，把握整体感受，突出整体性，而不是某一点，开化县生态立县的理念很注重整体性。三是建议将道德教育和审美教育结合起来，设置一些标志性的艺术品或雕塑，更好地推广生态美的理念。

（四）哲学研究所美学研究室副研究员刘悦笛

开化的环境是最"生态"的，当地的经济发展、社会发展像根雕艺术一样，按照"道法自然"的规律在进行，我认为这是非常重要的。关于道德教化和非物质文化遗产保护，在强调树立最美典型的时候，还需要赋予它一个外在化的审美形式，建议把当代的道德建设和中国的传统文化联系起来，特别是儒家传统推崇的"尽善尽美"，既有道德的内涵还要赋予审美化的形式。

（五）哲学研究所中国哲学研究室副研究员刘丰

开化县的公民道德建设很有特色。主要有两点。第一，开化县在紧抓公民道德建设的同时，特别关注留守儿童的问题，这是长远的、很有眼光的谋划，也是非常切实、具体的举措。留守儿童以及农民工是当代中国社会非常有时代特色的，也是非常突出的社会问题，我们经常能够在媒体中看到发生在留守儿童身上的各种问题。留守儿童数量庞大，他们在未来的中国社会将占有相当一部分的人口比例，对他们的身体、教育以及道德问题的关注，显然是非常重要的，因为它直接关系到中国的未来。第二，开化县自然环境非常优美，现在又提出建设生态文明，我认为这与公民道德建设也是有关系的。生态并不是局限于保护自然环境，还要包括人在内，包括人的道德行为；生态文明不仅强调人与自然的关系和谐，而且强调人与人、人与社会之间关系的和谐，这样形成一个真正的有机整体。开化县把公民道德建设纳入生态建设之中，从当代生态文明的高度来重视、解决公民道德问题，这是一个创新之举，也是非常有价值的提法。我负责的考察分报告的主题是"当代文化视野中的公民道德建设"，开化县在公民道德建设中的这两个特点非常具有当代特色，我将在我的报告中涉及上述两点，并展开论述，把此行的所见所感体现出来。

（六）哲学研究所中国哲学研究室副研究员姜守诚

开化县无愧"生态县"的声誉。概括说来，这里给我了三个震撼：首先是参观根雕园后我很震撼，感受到"化腐朽为神奇"的魅力。当然，除了根雕艺术外，这里还有很多生态艺术也令人流连忘返。其次是开化龙顶茶的清香甜美令人震撼，也只有这里的好山、好水，才能种植出此等好茶，真可谓"山好、水好、茶更好"。再次是开化县风俗、民俗保持得非常好，有的是从唐宋延续至今，这的确令人震撼。今天参观的大都是佛教素材的根雕，建议雕刻一些道家或儒家题材的根雕，开辟新天地，不断出新成果。要以佛教题材为主，兼有道家的、儒家、民俗的、民族化的题材。

（七）哲学研究所马克思主义哲学原理研究室 副研究员张羽佳

我对开化县最直观的感触有两点：一是生态，二是艺术。所谓生态，杨部长已经作了详细介绍，其中观看《非遗神韵》画册后，令我印象深刻的一点是，生态保护要渗透到民俗当中，一代一代传承下去，人对自然要有敬畏之心和感恩之情。画册编得非常好，体现出了开化人民的智慧。所谓艺术，尤其是参观了根雕艺术后，我沉醉于此，深刻感受到"根植于土，木秀于林，美源于心，沈醉于意，参禅开悟人生"。

（八）哲学研究所博士后陈明

刚才杨部长介绍时说到，衢州在浙江省属于经济欠发达地区，这样一个看似不利的情况，也许是我们探索新的发展模式时的一项有利条件。之所以这样讲是因为，我们看到一些地区，因为某些先天的优势，经济与社会发展很快，但在这种高速发展的过程中，一些负面的情况，如生态环境的破坏、道德伦理的滑落、社会中个人身心的焦虑与不安等问题，开始慢慢暴露出来，需要我们回头再去解决这样的问题。而衢州看似因为一些条件的限制，发展比较缓慢，但这也让我们在稳步发展过程中，可以借鉴先发达地区的经验与教训，探索一条经

济、生态环境与道德文明三者协调发展的新型模式。

杨部长讲到，开化县近年来为了保护生态环境，关闭了很多高污染的企业，宁可发展速度慢一些，也要本着对子孙后代负责任的态度，保存青山绿水，这真是非常难得。经济发展与生态保护之间存在一些矛盾，这就要求改变旧有的发展模式，引入新观念，并创新技术，努力在发展中实现两者之间的平衡。

西方现代化的过程花了一二百年的时间，社会变迁与经济发展之间可以有较长的时期相互协调逐步展开，新旧观念的转换与交替也以较为缓和的方式在调试中推进，这就让社会中生活的人有一个逐渐适应的过程。但是，由于我们经济发展与社会转型的速度很快，难免会导致个人因不能很快适应，产生身心的焦虑与不安，也会伴生伦理危机、道德滑落等社会问题。衢州市能够特别重视这样的问题，强调以道德文明建设引领经济的发展，确实非常有眼光。通过宣传最美典型，引导积极正面的社会价值，弘扬了社会正气，取得了很多成果。来到南孔圣地，也让我想到儒家传统中礼俗教化的形式，或许也可以为今天道德文明的建设提供一些新的思路。

所谓礼俗，其实包括成年礼、婚礼、丧礼等人生礼仪，祭祖、祭祀先师孔子等祭祀仪式，节日民俗，人际交往与日常生活中的礼仪形式等方面的内容。虽然这些礼俗形式有来自民间的基础，但经过知识分子提炼提升、整齐创新的过程，从而将道德教化的内容注入礼度节文，成为一套具有文化内涵与精神性的社会日常生活形式。透过这些礼俗的实践，可以感发人性中最自然的道德情感，并通过恰当的言行方式，让这种情感得到合乎节度的表达。同时在人与人之间，依顺社会伦理关系，创造一种充满仁爱与关怀的道德生活，也让个人在这种和谐的伦理关系与人际交往中，获得生命意义的定位、身心的安定感，并不断激励内心向上，去创造拥有一个充实而饱满的人生。礼俗教化，不是通过言教宣讲的形式，而是让人们在生活礼俗的实践中，以最为自然的方式，接受道德伦理的教育，明白应当尊重长辈、孝顺父母、友爱兄弟朋友等这些为人处世的道理，并通过生活中随时随地躬行践履，使价值与道德感不断得到培育与长养，可谓化人于无形。

由于近代以来的社会变迁，很多传统的礼俗形式，或被我们遗忘，或不再直接适用于现代的社会生活。这就需要我们深入自己的文化传统，在继承发展中，融合传统精神与时代特点，去创造一些适合现代生活的礼俗形式，使其可以继续发挥传统礼俗的教化功能。我从材料中看到，衢州市一个乡村有正月十八出嫁女儿回家看望父母的风俗，后来当地以"女儿节"申报并入选了省级非物质文化遗产，并依托这一节日民俗宣扬孝文化，我觉得这是一个非常好的实例。

七　龙游县调研座谈会

时间：2012 年 8 月 23 日上午。

主持：龙游县县委常委、宣传部长应敏。

出席人员：龙游县委、县政府相关部门负责同志，县属文化单位负责同志。

（一）哲学研究所研究员、中国伦理学会名誉会长陈瑛

时间有限，我简单地说一下自己的感受。一是龙游县抓干部工作的这个做法很好，干部是表率，群众是看干部的；二是举办大型群众活动，挖掘民间文化，花样繁多，丰富人民生活；三是关于社会主义核心价值体系，这是牵涉到整个国家整个民族的，如何把核心价值体系的精神融入地方实践，贯彻结合起来很重要。方向是必须要坚持的，方式方法可以有创新。

（二）哲学研究所美学研究室副研究员刘悦笛

　　龙游县深具文化底蕴。一是道德规范和艺术形式结合起来，形成了群众喜闻乐见的形式。二是价值观不能高高在上，要种植文化，让它在基层扎根，要有土性土味，接地气是最重要的。要打造本地的艺术品牌，吸引更多的人来龙游参观考察。

附　　录

一　衢州市原市委书记赵一德在市委 "最美教师" 先进事迹报告会上的讲话[①]（2011 年 11 月 22 日）

同志们：

今天，市委、市政府在这里隆重举行 "最美教师" 先进事迹报告会，学习他们的先进事迹，弘扬他们的崇高精神。刚才，报告团四位成员为我们作了一场感人至深、催人奋进的好报告。在此，请允许我代表市委、市人大、市政府、市政协对他们的精彩报告表示衷心的感谢，对陈霞、姜文、江忠红三位老师和夏肖艳女士致以崇高的敬意！

陈霞、姜文、江忠红三位老师和夏肖艳女士的感人事迹，平凡中见不凡、普通中见崇高，充分体现了无私的大爱精神和高尚的职业情操。三位教师忠于职守、乐于奉献、勇于担当，用实际行动诠释了当

[①]　赵一德，曾任衢州市委书记，现任浙江省委常委、秘书长。

代人民教师的道德风尚，为我们树立了新时代"最美教师"可敬、可亲、可学、可爱的良好形象。

连日来，各类媒体对他们的先进事迹进行了广泛深入的宣传，在社会各个层面、各个领域、各个方面引起了强烈反响。"最美教师"这个响亮的名字，震撼衢州、感动浙江、传遍全国。我们要以这次报告会为新的起点，进一步掀起向"最美教师"学习的热潮，大力倡导做一个有爱心、有责任心的衢州人，全力推动衢州经济社会和各项事业不断发展。

向"最美教师"学习，就是要学习他们忠于职守、高度负责的精神。最美教师，美在责任。从发现学生未按时上学，到最后成功救人，整个过程任何一个环节被忽视或放弃，就会导致学生一家三口生命面临危险。如果他们没有强烈的责任心和事业心，没有高度负责的精神和一丝不苟的工作作风，就没有成功救人的圆满结局。这种强烈的责任心，充分体现了对学生尽心、对工作尽职、对社会尽责的态度，充分体现了敢于负责、勇于担当的精神。我们向他们学习，就是要树立强烈的事业心和责任感，把岗位当做一种社会责任，把工作当成一种事业追求，满腔热情地、全身心地投入各项工作，踏踏实实干事，兢兢业业工作，在平凡的岗位上作出不平凡的业绩。

向"最美教师"学习，就是要学习他们乐于助人、至善大爱的精神。最美教师，美在大爱。这种爱，是把学生真正放在心里，在找人救人的曲折过程中坚持不懈，"无论你在哪里，我们都一定要找到你"的坚定和执著。这种爱，是在衢江四小外来民工子女占绝大多数、家庭教育普遍不足的情况下，老师们不嫌弃、不放弃、不抛弃，"既然家长不能当老师，就让老师来当家长"的付出和奉献。这种爱，是在学校基础差、底子薄的情况下，给每一个学生以关爱，让每一个学生做最好的自己，坚守"我们学校没有大楼，我们也不是大师，但我们不可以没有大爱"的信念和价值。我们要向他们学习，传承中华美德，弘扬大爱精神，本着爱人民、爱社会、爱他人的博大情怀，扎扎实实地做好为群众服务的各项工作，努力把衢州打造成充满爱心、人人向往的幸福之城。

向"最美教师"学习，就是要学习他们甘于奉献、团结互助的精神。最美教师，美在团队。衢江四小是一个讲求团结协作的优秀集体，只要有人遇到困难需要帮助，不管是哪一位老师、在何种情况下，都会在第一时间伸出援手，帮助他人排忧解难。当陈霞和姜文老师发现学生没来上学时，正是江忠红老师和另外两位调课的老师主动配合，赢得了救人的宝贵时间。可以说，正是这种团结互助的精神，共同谱写了这曲感人的赞歌。我们要向他们学习，增强大局观念，发扬团队精神，强化工作合力，心往一处想，劲往一处使，为衢州的"两个崛起"贡献智慧与力量。

同志们，"最美教师"的感人事迹和崇高精神，为全市人民和党员干部树立了学习榜样，是激励我们团结拼搏、奋勇向前的强大精神动力。

市委决定，在全市广泛深入开展向"最美教师"学习活动。全市各级党委政府要高度重视，精心组织，把开展学习活动作为贯彻落实党的十七届六中全会精神和省委十二届十次全会精神的重要载体，进一步形成学习先进、争当先进、干事创业的浓厚氛围。

市委要求，各级党员干部特别是领导干部要带头学习，争先创优，作出示范，喊出"向我看齐"的口号，作出"向我看齐"的承诺。要始终把人民放在心上，一心想着群众，一切为了群众，积极地、最大限度地解决人民群众最关心、最直接、最现实的利益问题。要始终把事业放在心上，把党和人民赋予的职责看得比泰山还要重，敢于负责，勇于担当，在科学发展观指引下担大任、干大事、创大业，以自身的表率行动引领社会风尚。

市委号召，各行各业都要深入开展向"最美教师"学习活动，

在各自的岗位上比技能、比作风、比业绩、比奉献，努力创造一流业绩。希望广大市民也积极参与到当中来，从身边做起、从小事做起、从现在做起，在家里做个好成员，在单位中做个好员工，在社会上做个好公民，使责任、爱心、奉献精神成为"内化于心""外化于形"的自觉行动。

同志们，衢州虽是经济欠发达地区，但我们的精神是富有的。从"最美爷爷"到"最美教师"，他们身上所体现的高尚品德，都深深根植于衢州的沃土之中，深深根植于百姓的心中，这才是我们这座城市真正的灵魂。

我们一定要以先进为榜样，弘扬大爱精神，发扬艰苦奋斗的作风，扎扎实实地推进衢州各项事业向前发展，使我们的城市更文明，社会更和谐，人民生活更幸福！

二　衢州市原市委书记赵一德在"社会主义核心价值体系在衢州的实践"理论研讨会上的发言①（2012年1月8日）

尊敬的各位领导、各位专家，新闻界朋友们：

下午好！首先，我谨代表中共衢州市委，对大家在百忙之中出席本次研讨会表示衷心的感谢和崇高的敬意！今天是农历"小寒"，天寒地冻，但我们研讨的却是一个温暖的话题，一个与道德有关的话题。

刚刚过去的2011年，是社会道德备受瞩目的一年，也是社会道德建设发力的一年。一年来，衢州市深入学习贯彻党的十七届六中全会精神，以社会主义核心价值体系引领社会道德建设，保持了经济发

---

① "社会主义核心价值体系在衢州的实践"理论研讨会于2012年1月8日在北京举行。

展、民生改善、社会和谐的良好局面。特别是涌现出了三位"最美教师"，他们的感人事迹震撼衢州、感动浙江、传遍全国，得到了中共中央政治局常委李长春同志的批示肯定，中宣部副部长蔡名照、浙江省委书记赵洪祝和省委常委、宣传部长茅临生等领导也都作出批示肯定。《光明日报》等全国各大报刊、电台、电视台和知名网站纷纷报道和转载，形成了聚焦衢州"最美教师"现象的"冲击波"。

在"最美教师"事迹出现后，衢州市委以高度的政治敏锐性和强烈的责任感，第一时间对先进人物事迹给予大力褒扬和充分肯定，迅速组织新闻单位深入挖掘、连续报道，隆重举行"最美教师"先进事迹报告会，进行全程广播电视直播，并专门作出《关于向"最美教师"陈霞姜文江忠红同志学习的决定》，在全市开展"做一个有爱心有责任心的衢州人"学习教育活动，着重学习"最美教师"的大爱、责任和团队精神。各级党员干部带头学习，对照先进典型，查找自身在责任意识、服务意识、协作意识、奉献意识等方面存在的差距，喊出"向我看齐"的口号，作出"向我看齐"的承诺，起到了较好的感召和带动作用。各行各业广泛开展比技能、比作风、比业绩、比奉献活动，全体市民积极参与寻找身边好人、凡人善举和爱心服务活动，形成了学习先进、争当先进、干事创业的良好社会风尚。

向"最美教师"学习，是衢州践行社会主义核心价值体系的重要载体，是加强道德建设的有效抓手。通过前一阶段的学习教育，结合平时工作实践，我们有几点感悟和体会，与大家探讨交流。

其一，衢州出现"最美教师"是偶然中的必然。

衢州位于浙江省西部、钱塘江上游，与福建、江西、安徽三省交界，是国家历史文化名城和南宗孔庙所在地。长期以来，"和合""仁爱"等思想在衢州深入人心，对民风孕育、道德养成产生了深远的影响。衢州百姓崇善敬德、民风淳朴，血脉中流淌着仁爱、谦和、友善、诚信的因子。新中国成立后，衢州人铸就了艰苦创业、无私奉

献、团结协作的"铜山源精神"和"乌引精神",涌现出"雷锋式的民警"公安战线一级英模邵裕桥等先进人物。进入新世纪以来,历届市委、市政府重视在改革、发展的实践中培育和提炼具有衢州特色的精神特质,使社会主义核心价值体系根植于衢州这片沃土之中,根植于广大衢州人民心中。

让我们引以为荣的是,近年来衢州的"最美人物"不断涌现,出现了一系列"最美现象"。比如,"最美爷爷"占祖亿舍身救人,感动世人;"最美护士"林小娟旅途救人不留名;"最美警察"傅晓忠、张明不顾个人安危替换人质,成功处置绑架案;等等。"最美衢州人"的事迹传遍天下、温暖中国,衢州由此也被誉为"最美之城"。这是对一座城市无与伦比的肯定和褒奖,是全体衢州人民的共同荣耀,是最值得去珍惜、去维护、去擦亮的"金名片"。

所以,"最美教师"等个体的出现是偶然的,但这一群体所展现出的"最美现象"应该是必然的,是衢州的人文土壤、历史积淀、社会环境孕育的结果,是251万衢州人民践行社会主义核心价值体系的生动样板,是社会道德建设常抓不懈的集中体现。

其二,道德建设重在引领,需要可信可学的榜样。

道德建设需要理论指导,更要有道德楷模,要有榜样的引领。当今社会需要什么样的榜样?从我们的实践看,只有来自老百姓身边的先进人物和感人事迹,才有说服力、感染力和生命力,才经得起实践和历史的检验。

应该说,当今社会道德状况主流是好的,人民群众当中每时每刻都在发生着生动的道德新故事,有太多的大爱德行值得我们去发现、挖掘和宣传。但是,现在有一些宣传报道或多或少还存在一种倾向:宣传正面典型往往"高大全",抽象呆板,让人可望而不可即;报道反面事例反而细致入微、纤毫毕现,具体得不能再具体。长此以往,人民群众就会产生怀疑,甚至对社会道德的总体评价会发生偏离。

因此，我们要深入基层、扑下身子、眼睛向下，积极发现平凡中的不平凡，挖掘群众中的"闪光点"，褒奖身边看得见、摸得着、学得到的"平民英雄"，推崇在基层中的"凡人善举"，让更多"最美人物"涌现出来，树立起新的道德标杆。尤其要贴近实际、贴近生活、贴近群众，以群众观点、群众语言、群众视角组织宣传报道，创新方式方法，丰富宣传形式，把他们最可爱、最平实、最纯正的东西展现给广大干部群众，真正让先进典型宣传真实可信、感人可敬、亲切可学，使人入耳、入脑、入心。

当然，"最美"不代表极致，而是一种人性的回归、责任的落实，应当体现到见贤思齐、有责勇担上。我们要深入开展学习宣传道德模范活动，使他们的先进事迹广泛传播，让他们的崇高精神广为弘扬，以社会主义主流价值观引领社会道德风尚，促进和谐社会建设。

其三，道德建设贵在实践，需要机制和环境的保障。

公民道德重在养成，社会风尚重在培育。每个人都有爱的冲动，把这种冲动转化为行动，关键是要创造一套潜移默化、向善向好的体制机制，营造一个我为人人、人人为我的良好氛围。

创新体制机制、营造环境氛围，是各级党委政府的职责所在，必须有所作为、主动作为。近年来，我们主要抓了四个方面：一是抓全民学习。连续举办"中国·衢州国际儒学论坛""人文大讲堂""全民学习日""全民读书周"和"创业文化周"等活动，丰富群众的文化生活，营造崇文尚德、好学上进的良好风气。二是抓文明创建。开展创建中国优秀旅游城市、国家园林城市、国家卫生城市、国家环保模范城市、国家文明城市提名城市等"五城联创"活动以及各类群众性精神文明创建活动，使大家在实践中接受教育、享受文明、提升素质。三是抓模范评选。连续评选"十大杰出青年""十杰妇女"和全市道德模范、民兵道德模范，积极开展"好婆媳、孝子女、美少年""好邻里"等评选活动，让普通群众广泛参与，互看、互评、互

学。四是抓制度保障。加强道德保障制度建设，在省内较早设立了见义勇为基金，不让"英雄流血又流泪"，也不让道德失范行为逾越法规的底线，激励人们崇尚和弘扬美德的正义之心。

下一步，我们要按照知行合一的要求，以深入学习"最美教师"为契机，广泛发动人民群众参与道德实践活动，大力弘扬社会公德、职业道德、家庭美德。积极引导人们从我做起、从现在做起、从身边小事做起，在社会上做个好公民，在单位中做个好员工，在家庭里做个好成员，自觉履行法定义务、社会责任、家庭责任，在全社会形成知荣辱、树正气、作奉献、促和谐的良好风尚。

其四，道德建设魂在"扬弃"，需要自省自觉的行动。

衢州有着深厚的文化底蕴、优越的人文环境、和谐的社会氛围。但我们也清醒地看到，与沿海发达地区相比，衢州地域文化中的软肋比较明显，特别是创业创新氛围不够浓厚，衢州人闯劲不足，竞争意识、创新精神相对较弱，小富即安、小进即满的思想仍然存在，这些也是需要我们加以克服的东西。

今后五年，我们将致力于把衢州建设成为浙江海洋经济的绿色腹地、山区经济的示范高地，打造形神兼备的人文生态城、和美富庶的民生幸福城和开放包容的活力创业城，加快在省内后发崛起、在四省边界率先崛起，概括地说就是建设"两地三城"、支撑"两个崛起"、实现富民强市。实现这一宏伟目标，尤其需要文化软实力的支撑和推动，需要对传统地域文化的"扬弃"，从文化自省走向文化自觉。一方面，要继承和弘扬传统文化中的精华成分，大力培育"为政以德、执政为民"的从政理念，"艰难困苦、玉汝于成"的坚强意志，"见利思义、无信不立"的道德自律，以及"仁者爱人、推己及人"的大爱情怀。另一方面，要积极吸收和借鉴一切优秀的思想文化，博采众长，兼收并蓄。尤其要从当地的文化渊源和群众的精神现状出发，进一步解放思想、更新观念，不断破除不符合时代精神的陈规陋习，积极培育当前衢州最需要的创业创新文化、敢闯敢冒精神，并将其转化为广大市民群众内化于心、外化于形的自觉行动，融入推动经济社会发展大局之中。

各位领导、各位朋友，衢州有幸成为"最美之城"，是坚持不懈践行社会主义核心价值体系、推进社会道德建设的结果。当然，我们的实践还是初步的，体会也是粗浅的。在这里，真心希望能得到各位领导、专家、新闻界朋友的指点和帮助，以便我们更好地改进工作。

最后，在新春佳节即将来临之际，衷心祝愿大家新年快乐、身体健康、万事如意！

谢谢大家！

三 衢州市将"最美"融入城市之魂 持续推进社会主义核心价值体系建设①

近年来，该市以"争做最美衢州人"为主题深入开展公民思想道德建设，把开展"做有爱心、有责任心的衢州人"活动作为建设社会主义核心价值体系的重要载体，使爱心、责任心成为推动衢州经济发展和社会进步的强大精神动力，树立了"大爱衢州""好人之城"的良好形象。2011年以来，该市先后涌现出舍己救人的"最美爷爷"占祖亿，拯救学生一家三口性命的"最美教师"陈霞、姜文、江忠红，救人不留名的"最美护士"林小娟，三进火场浴火救人的"最美警察"高剑平、姜方林，勇救跳河女子的"最美大学生"徐建龙，一辈子扎根基层的"最美干部"周言松等一大批道德楷模。其中，"最美教师"事迹得到了中央政治局常委李长春、省委书记赵洪祝等各级领导的批示肯定，入选"浙江骄傲2011年度最具影响

---

① 浙江省委办公厅上报中央办公厅信息。

241

力人物";"最美爷爷"占祖亿被新华社、中央电视台《焦点访谈》作为道德模范向全国推介,并被评为"浙江骄傲2011年度致敬人物"。主要做法如下。

(一)培育"最美",夯实道德底蕴

一是持续推进社会主义核心价值体系建设育"最美"。积极发挥衢州"东南阙里、南孔圣地"(全国仅有的两座孔氏家庙所在地之一)优势,大力弘扬儒家文化精华,将传统文化教育与公民思想道德教育相结合,在全市形成了人心向善、见贤思齐的良好风尚。自2004年衢州"南宗祭孔"恢复以来,每两年举行一次学祭,每三年举行一次社会各界公祭,让"有教无类""德行天下"等儒家优秀的传统思想根植于全城百姓的心田。连续十年开展建设学习型城市活动,以"读书周""全民学习日"、人文大讲堂、百姓讲坛等活动为载体,力促全民学习,形成"人人爱读书、满城飘书香"的学习氛围。定期开展十大道德模范、十大民兵道德模范、十大杰出青年、十大女杰等评选表彰活动,制定《衢州市民守则》、见义勇为奖励制度等一系列规章制度,倡导市民爱国爱乡、诚实守信、奉献社会。

二是全民动员学"最美"。2011年12月"最美教师"事迹发生后,市委迅速作出决定,部署开展"做一个有爱心、有责任心的衢州人"学习实践活动,及时举行"最美教师"先进事迹报告会,并组建先进事迹报告团,赴基层巡回宣讲,号召全市干部群众向"最美教师"学习,在工作中生活中负责任、有爱心、讲奉献,做一个有道德的人。从学习"最美爷爷""最美教师"到学习"最美干部",党委、政府始终充当第一推手,广泛深入动员,推动学习实践,使各方面群众都踊跃参与。

三是价值观大讨论画"最美"。遵循"认知—实践—提升"的认识规律，及时把道德实践活动推进到价值观层面的公众讨论，在全体市民中开展了"做最美衢州人——我们的价值观"大讨论活动。社会各界以座谈、演讲、辩论、问卷调查等形式"为最美衢州人画像"，确定"当代衢州人的价值观"核心词表达为"诚信、责任、仁爱、奉献"。

（二）弘扬"最美"，彰显道德风尚

一是媒体宣传扩大"最美"影响力。本着"全媒体聚焦、力求感化人心"的原则，发挥新闻舆论的主渠道作用，在市内媒体重要版面、黄金时段，以"最美衢州人"为全年性主栏目（专题），开设"为最美衢州人画像""寻找身边的活雷锋""我们的价值观"大家谈，"大讨论直通车"等栏目，报道百姓身边的好人好事，鼓励人们从身边小事一点一滴做起，向"最美"人物学习。在组织市内媒体全方位报道"最美"精神的同时，第一时间邀请全国主流媒体记者到衢州采访，让"最美"精神走出衢州、感动中国。2012 年 1 月 6 日，光明日报社和衢州市委在北京共同主办了"社会主义核心价值体系在衢州的实践"理论研讨会。目前，衢州"最美"系列人物得到了新华社、中央电视台、人民网、光明日报社等国内主流媒体和栏目的多次聚焦，百度、谷歌上分别形成了 170 万个、560 万个网页。

二是社会宣传增强"最美"感染力。组织文艺工作者发挥特长，创作一批反映"最美衢州人"的文艺作品，以群众喜闻乐见的形式再现"最美"系列人物的英雄事迹，展示衢州丰富多彩的道德实践。围绕"最美爷爷"创作了散文《"最美爷爷"英魂永存》、诗歌《最美的一跳》、乐曲《永不后悔》，编辑了《最美爷爷占祖亿》系列连环画等。围绕"最美教师"及时组织人员创作情景剧、诗歌、"道情""三句半"等，推出了一批短小精悍的文艺节目进社区、入企

业、走农村。

三是互动宣传增强"最美"震撼力。通过新闻发现、现场播报、现场感言、微博互动等形式，使"最美"人物的事迹生动形象，给群众心理形成震撼，自觉向"最美"人物学习。在追忆"最美爷爷""最美干部"活动中，本地主流网站纷纷开设纪念专栏，及时推出占祖亿、周言松网上纪念馆，通过网上留言、献花、献歌、点烛、献挽联、祭酒等祭奠方式，让网民寄托哀思、互动交流。在学习"最美教师"活动中，开设"做有爱心有责任心的衢州人"专栏，及时报道各地学习"最美教师"的好人好事，反映各地爱岗敬业、无私奉献的生动事例。

（三）践行"最美"，树立道德之魂

一是寓"最美"于作风建设之中。把公民道德建设和机关效能建设结合起来，在各级机关深入开展"项目建设突破年、社会管理创新落实年、行政效能提升年"活动，以各项活动引导、推动党员干部比学习、比业绩、比奉献，发挥示范带头作用，促进社会风气不断好转。2012年上半年，全市各部门进驻行政服务中心的390项许可事项承诺时限压缩483个工作日，较法定时限提速80%；组织开展"进村入企、服务基层"专项行动，各级党员领导干部走访行政村1744个、农户59.2万户、企业9140家，化解村级问题7388个，解决农户困难51335个，调处企业发展难题4432个。

二是寓"最美"于道德实践之中。广泛深入开展好人推荐、文明出行、志愿服务、"学习雷锋好榜样 争做最美衢州人"等道德主题实践活动，"道德模范""好婆婆好媳妇""百位身边好人、百件凡人善举"等评选活动以及"双拥模范城""军（警）民共建""文明示范岗""青年文明号"等创建活动，通过各类活动营造"向最美看齐、人人争做最美"的良好社会氛围。在"最美精神"的感召下，全市先后涌现了社区干部叶兰花自费开办"兰花热线"为民排忧解难、"的哥"吕红兵跳入冰冷的江水中救起轻生妇女、崔成志将收藏的118件国家级珍贵文物捐献给国家、800多名义工与空巢老人结对、17岁女孩徐雨文"捐献器官人间留大爱"等一系列凡人壮举，道德之花在三衢大地上竞相绽放。

三是寓"最美"于城市品格之中。建立社会各界扶持"道德模范"的长效机制，不断营造"好人有好报"的浓厚氛围。市工、青、妇、民政等部门发挥职能作用，在生活、工作上对"道德模范"予以帮助；金融机构出台政策支持"道德模范"开展自主创业；各文明单位与"道德模范"长期结对帮扶。以项目建设为统领，将道德建设具体化、形象化。制作"最美衢州人——我们的价值观"公益广告，在全市各大广场、汽车站、火车站、公交站台以及商场（宾馆）液晶显示屏广告牌上刊登（播放）。建设城市文明长廊，传播精神文明，引领道德风尚，让"最美衢州人"成为衢州这座千年古城的城市之魂。

四　以美铸魂　以文化境　以创育民
打造道德文明建设的衢州样本
（2012 年 8 月 20 日）

诸葛慧艳*

近年来，社会道德备受瞩目。衢州市以"争做最美衢州人"为主题深入开展公民思想道德建设，以官方的力量推动全社会的道德实践，"最美衢州人"感人故事接踵呈现，带动和树立了"大爱衢

---

* 诸葛慧艳，中共衢州市委常委、宣传部长。

州""好人之城"的良好形象。今天，吴书记带领中国社会科学院哲学研究所国情考察组专家来衢州专题调研公民道德和公共文化，为让大家有个初步的了解，下面我从道德、文化、文明三个方面，向大家作一个汇报。

（一）以美铸魂：以道德之力铸就精神富有之魂

2011 年以来，衢州先后涌现了"最美爷爷""最美教师""最美护士""最美警察""最美学子""最美干部""最美一家"等一系列"最美"，这些发生在平凡之中、体现于危难之际的"最美"，是我们这个时代最为宝贵的精神财富。"最美衢州人"相关事迹得到了中央政治局常委李长春、省委书记赵洪祝、中宣部副部长蔡名照等各级领导的批示肯定，受到了《人民日报》、新华社、中央电视台、《光明日报》等主流媒体浓墨重彩的报道。缘何"最美"在衢州频频出现？我们的做法如下。

（1）培育"最美"，夯实道德底蕴。最美的产生，不仅要有发现"美"的慧眼敏思，更要有滋育"美"的道德底蕴。一是持续推进社会主义核心价值体系育"最美"。一方水土一方人，一方文化一座城。我们素来重视道德建设，坚持以社会主义核心价值体系为引领，积极发挥衢州"东南阙里、南孔圣地"的优势，大力弘扬儒家文化的精华，将传统文化教育与公民思想道德教育相结合，在全社会促进形成人心向善、见贤思齐的良好氛围。自 2004 年衢州"南宗祭孔"恢复以来，每两年举行一次学祭、一次孔子文化节，每五年举行一次社会各界公祭，让"有教无类""德行天下"等儒家优秀的传统思想植根于全城百姓的心田。连续十年开展建设学习型城市活动，以"读书周""全民学习日"活动、人文大讲堂、百姓讲坛等活动为载体，力促全民学习，形成"人人爱读书、满城飘书香"的学习氛围。

246

定期开展十大道德模范、十大民兵道德模范、十大杰出青年、十大女杰等评选表彰活动，制定了《衢州市民守则》、见义勇为奖励制度等一系列规章制度，倡导市民爱国爱乡、诚实守信、奉献社会。二是广泛发动全员参与学"最美"。向"最美"学习，只有全社会的共同参与，才更具"最美"的意义。"最美爷爷"占祖亿舍己救人和"最美教师"拯救学生一家三口的性命的感人事迹被媒体报道后，市委迅速作出部署，组织开展"学最美爷爷　倡文明新风"和"学最美教师　做一个有爱心有责任心的衢州人"学习实践活动，市县联动、部门联动、媒体联动，吸引了数十万个干部群众的踊跃参加。与此同时，组建先进事迹报告团，赴基层巡回宣讲，把"最美"事迹宣传到街头巷尾、田间地头，教育引导广大干部群众向身边的"最美"学习，在工作中生活中负责任、有爱心、讲奉献，做一个有道德的人。从学习"最美爷爷"、学习"最美教师"到学习"最美干部"，党委、政府始终充当第一推手，广泛深入动员，推动学习实践，使各方面群众都参与，促进形成了从被动到主动、从个体到群体、从自发到自觉的道德建设新局面。三是价值观大讨论画"最美"。价值观提炼的过程，是凝聚"最美"、接力"最美"的过程。我们在遵循"认知—实践—提升"规律的基础上，及时把道德实践活动推进到价值观层面的公众讨论，研究提炼具有地域特征和行业特色、更具生活化和大众化的共同价值观表达，进而带动和促进更多的人践行共同价值观。2012 年，我们结合开展"做最美衢州人——我们的价值观"大讨论，在机关单位和教育、卫生、交通、建设、金融、政法等系统开展"岗位学雷锋——做最美衢州人"创先争优活动，在企事业单位开展"岗位学雷锋、争做好员工"主题实践活动，在工会、共青团、妇联等组织开展道德评议评选和实践养成活动，并通过百人演讲辩论、千人座谈讨论、万人问卷调查等形式"为最美衢州人画像"，提炼确定衢州人价值观核心词为"诚信、责任、仁爱、奉献"，赢得了

各界的广泛认同。

（2）弘扬"最美"，引领道德风尚。"最美"之于道德建设，犹如航行中的灯塔，以塔作标，给人以方向。"最美"的弘扬，不仅要有同频共振的媒体推动，更要有达心触魂的大众渗透。一是借力媒体宣传扩大"最美"的影响力。媒体宣传重在放大典型效应，推动典型入耳、入脑、入心。充分发挥市内新闻媒体的主力军作用，在重要版面、黄金时段，以"最美衢州人"为全年性主栏目（专题），开设"为最美衢州人画像""寻找身边的活雷锋"、"我们的价值观大家谈""大讨论直通车"等栏目，报道百姓身边的好人好事，鼓励人们从身边小事一点一滴做起，向"最美"人物学习。同时，市委、市政府深入挖掘，层层推进，立体诠释"最美衢州人"这一实践社会主义核心价值体系的"衢州样本"，吸引全国主流媒体、各大门户网站几度聚焦衢州。2012年初，与光明日报社在北京共同主办"社会主义核心价值体系在衢州的实践"理论研讨会，来自中央文明办、中共中央党校、教育部、国家行政学院、中国社会科学院、北京大学等单位的著名专家，对衢州市在道德建设领域的"选美""学美"活动予以了高度评价。据统计，2011年以来，人民日报社、中央电视台、光明日报社、浙江日报社22次报道"最美衢州人"，累计形成180万个百度网页、600多万个谷歌网页，推动了"最美衢州人"由"盆景"成为"风景"，大大提升了衢州的知名度和美誉度。二是创新社会宣传提升"最美"的感召力。社会宣传重在浓厚学习氛围，推动典型可亲、可信、可学。市委、市政府因势利导，以"最美精神"为引领，引导党员群众立足本职创先争优。开展创先争优"闪光言行"展示评选活动，推出衢州群英谱200多例，重点选树一批"感动衢州最美人物"，举办创先争优群英会，展示新时期党员干部"最美形象"，掀起崇尚先进、学习先进、争当先进的热潮。组织文艺工作者发挥特长，创作反映"最美衢州人"的文艺作品，以群众喜闻乐见的形式再现"最美"系列人物的英雄事迹，展示衢州丰富多彩的道德实践。例如，围绕"最美爷爷"创作散文《"最美爷爷"英魂永存》、诗歌《最美的一跳》、乐曲《永不后悔》，编辑《最美爷爷占祖亿》系列连环画等。围绕"最美教师"及时组织人员创作情景剧、诗歌、"道情""三句半"等，推出了一批短小精悍的文艺节目进社区、入企业、走农村。三是强化互动宣传增强"最美"的震撼力。互动宣传重在实践跟进，推动社会各界互动、联动、滚动。市委、市政府在群众广泛参与的基础上顺势而为，上下互动，使得典型人物的权威认可与民众推荐相呼应，收到了事半功倍的效果。通过新闻发现、现场播报、现场感言、微博互动等形式，使"最美"人物的事迹生动形象，对群众心理形成震撼，自觉向"最美"人物学习。在追忆"最美爷爷"活动中，成千上万个干部群众自发赶往现场点烛追思，万支红烛照亮一夜常山江，岸边满目泪眼祈求英雄能归来。在本地主流网站开设纪念专栏，及时推出占祖亿网上纪念馆，通过网上留言、献花、献挽联、祭酒等祭奠方式，引导网民在寄托哀思、互动交流中美化心灵、升华认识。在学习"最美教师"活动中，现场直播先进事迹报告会，十万个干部群众集中收看、深受感染。开设"做一个有爱心有责任心的衢州人"论坛，开设专题微博，及时报道各地学习"最美教师"的好人好事，在互动讨论中展现、传播各地爱岗敬业、无私奉献的生动事例。

　　（3）践行"最美"，树立道德之魂。道德建设贵在实践。道德的实践，不仅要有自觉自发的观念转化，更要有主动联动的机制生成。一是寓"最美"于作风建设之中。把公民道德建设和机关效能建设有机结合，在各级机关深入开展"项目建设突破年、社会管理创新落实年、行政效能提升年"活动，引导、推动党员干部比学习、比业绩、比奉献，发挥示范带头作用，促进社会风气不断好转。2012年上半年，全市各部门进驻行政服务中心的390项许可事项承

诺时限压缩 483 个工作日，较法定时限提速 80%；组织开展"进村入企、服务基层"专项行动，各级党员领导干部走访行政村 1744个、农户 59.2 万户、企业 9140 家，化解村级问题 7388 个，解决农户困难 51335 个，调处企业发展难题 4432 个。全市宣传战线也深入开展"走基层、转作风、改文风"活动，走实群众路线，倡行清新文风，在真心倾听民意、真切体验民生中真情领悟"为了谁""依靠谁""我是谁"，以弘扬"最美"锤炼干部队伍。二是寓"最美"于道德实践之中。广泛开展好人推荐、文明出行、志愿服务、"学习雷锋好榜样 争做最美衢州人"等道德主题实践活动，"道德模范""好婆婆好媳妇""百位身边好人、百件凡人善举"等评选活动；深入开展"双拥模范城""军（警）民共建""文明示范岗""青年文明号"等创建活动，营造"向最美看齐、人人争做最美"的良好氛围。在"最美精神"的感召下，先后涌现了社区干部叶兰花自费开办"兰花热线"为民排忧解难、"的哥"吕红兵跳入冰冷的江水中救起轻生妇女、崔成志将毕生收藏的 118 件国家级珍贵文物捐献国家、800 多名义工与空巢老人结对、17 岁女孩徐雨文"捐献器官人间留大爱"等一系列凡人壮举，道德之花在三衢大地上竞相绽放。三是寓"最美"于城市品格之中。深入推进基本道德规范的物化、转化、具体化，使之成为单位规章、村规民约和风俗习惯，细化为可操作的规则和要求，根植于人们的工作、生活当中，使我们所倡导的内容为更多的人所接受。建立健全道德模范结对帮扶和创业扶持机制，不断优化"好人有好报"的社会环境。系统谋划"最美衢州人"价值观新闻宣传、社会宣传和环境宣传，制作"最美衢州人"价值观公益广告，在各大广场、汽车站、火车站、公交站台以及商场（宾馆）液晶显示屏广告牌刊登（播放）；建设城市文明长廊，传播精神文明，引领道德风尚；开展"最美衢州人十大人物"评选，打造"最美"风采一条街和"最美"人物展示区，使

道德建设更加形象化、更具感染力。致力于勾勒精神富有的衢州样板，在经济转型中强化"最美"力量带动，在社会发展中加强"最美"文化熏陶，在城乡建设中融入"最美"元素配置，更好地使"最美衢州人"成为衢州这座千年古城的城市之魂。

（二）以文化境：以文化之力提升精神富有境界

文化发展与人们的精神富有密切相关，文化能在潜移默化中引导人们树立社会主义核心价值观，提高人的素质和文明程度。衢州是国家历史文化名城，文化底蕴深厚，文化资源丰富，文化发展态势良好。近年来特别是党的十七届六中全会召开后，衢州市委、市政府以高度的文化自觉和文化自信，牢牢把握文化发展契机，自觉遵循文化发展规律，以"文化强市"建设为抓手，大力推进以文化人、以文化物、以文惠民，不断提升人们的精神富有新境界。

（1）弘扬先进文化，开拓理念新境界。社会主义先进文化是实现精神富有的灵魂。加快建设文化强市，必须以社会主义先进文化来引领社会思潮。一是推进理论大众化。坚持以建设社会主义核心价值体系为根本任务，深化学习型党组织建设，完善党委中心组学习制度，针对当前人们关注的热点难点问题，开展针对性的课题研究和宣讲活动，把深奥的理论用平实质朴的语言讲清楚，把深刻的道理用群众听得懂的话说明白，有效巩固全市人民团结奋斗的共同思想基础。依托学习型城市建设，不断深化"高级论坛""人文大讲堂""全民学习日""社科普及周""微型乡土党课"等学习品牌，以群众日益接受的新方式和群众喜闻乐见的新形式传播科学理念和发展举措。二是唱响发展主旋律。坚持正确的政治导向、价值导向、稳定导向，连续开展"特色竞争　科学发展""创四最环境（办事效率最高、服务质量最好、创业成本最低、社会环境最优）促和谐兴业""转型升级

创新业　科学发展作表率"　"富民强市开新局　科学跨越在衢州"
"建设两地三城　实现富民强市"　"突出'一个中心',打好'两大
战役'"等重大主题宣传活动,着力唱响衢州发展主旋律,形成功能
互补、覆盖广泛、富有效率的舆论引导新格局。三是弘扬创业创新文
化。针对衢州发展现状和干部群众的思想观念实际,以更加宽松的政
策和环境,鼓励、支持和推动全民创业,以更大的气魄强化创新意
识,全面推进观念创新、制度创新、文化创新和科技创新,努力营造
鼓励创业、激励创新、宽容失败、开放大气的良好人文环境。从
2010年开始,我们连续三年在"五四"期间开展"创业文化周"主
题系列活动,推动创业创新、富民强市。经过三年来的探索实践,全
市上下创业激情不断迸发,社会创业氛围日益浓厚,全民创业实践热
潮涌动,创业创新文化已成为衢州加快发展、高质量发展的主流文
化、先进文化。

（2）繁荣公共文化,开拓服务新环境。公共文化体系建设是实
现精神富有的基础保障。近年来,衢州在公共文化体系建设上实现了
新的突破。一是实施文化惠民工程。大力开展"五有一减免"（即让
广大群众有戏看、有书看、有电影看、有电视看、有广播听、为低保
家庭免除相关费用）文化惠民工程,认真实施送戏送书、数字电影
下乡巡映、广播电视"村村通""村村响"和"彩虹行动"等文化服
务工程,共送戏下乡4589场,送书下乡67万余册,送电影下乡6万
场,推出54档对农广播节目和39档对农电视节目,所有行政村和20
户以上通电自然村实现广播电视有线联网,广播电视综合覆盖率分别
提高到95.87%和96.70%,有线广播电视终端用户入户率达到80%
以上,为33000余个低保户免费安装了有线电视。加快推进城乡文化
基础设施建设,市博物馆、广电大楼、报业大楼成为城市新标志,文
化艺术中心和新图书馆正在规划设计中,各县（市、区）基本建成
文化馆、图书馆,乡镇文化站和文化信息资源共建共享工程实现全覆

盖，村级文化活动场所覆盖率达 88%，初步形成了以市区为枢纽，联结各县、辐射镇村的公共文化设施网络。社会自办公益文化设施日益兴起，宏泰电影大世界、衢州人文博物馆等民营文化设施顺利建成对外开放。此外，在全省率先启动农家乐文化大篷车，至今演出1500 余场，直接受益群众 150 多万人次，得到了中宣部领导批示肯定；针对农民看书难的现状，在全市农村建立农家书屋 872 个，免费配送书籍 84 万册；适应民工文化需求，建立民工文化俱乐部，先后推出民工艺术团、《民工文化报》等 13 个特色服务项目，55 万多人次从中受益；适应居民娱乐健身需求，广泛开展"彩色周末文化广场""康乐广场"等活动，在机关、学校、企业等层面组建专业水平较高、规模较大的合唱团队 50 余支，建设康乐广场 32 个，每天吸引2 万余名群众跳排舞、健身心，真正体现了"唱出幸福、跳出健康"。二是实施文化精品工程。鼓励文艺工作者深入实际、深入群众、深入生活，发现改革发展中的鲜活素材，挖掘孔子文化、棋子文化、孝子文化、生态文化、江南毛氏文化、古道文化、柚石文化、江源文化、根雕文化、商帮文化、姑蔑文化等地方特色文化资源，创作出更多思想性、艺术性、观赏性相统一，具有衢州地域文化特色的优秀文艺作品。打造区域文化节庆品牌，积极引导群众在文化建设中自我展示、自我服务。目前全市各县（市、区）都有三个以上重点文化节庆品牌，如柯城的合唱节、衢江的杨炯出巡、龙游的龙文化节、江山的毛氏旅游文化节、常山的胡柚文化节和石文化艺术节、开化的中国根雕艺术文化节、钱江源生态文化休闲旅游节等。三是实施网络建设工程。主动适应"网络时代""微博时代"的到来，高度重视互联网的应用和管理，着力抓好衢州新闻网等重点网站建设，壮大网络宣传阵地，发挥新兴媒体在现代文化传播中的生力军作用。积极开展文明办网、文明上网活动，建立和完善网络舆情研判预警和网上重大突发事件、敏感热点问题统筹协调与应急处置机制，创新开设"通衢——

政民对话网络平台"，努力将互联网建设成社会主义先进文化的新阵地、公共文化服务的新平台、群众精神文化的新空间。

（3）发展文化产业，开拓发展新佳境。发展文化产业是实现精神富有的重要支撑。我们始终坚持把文化产业作为重要的战略性新兴产业来抓，使之成为经济社会发展新的增长点。一是突出重点产业。依托现有的文化资源，对全市文化产业发展进行科学规划，推出中国围棋谷、中华龙谷等在内的在建、拟建、储备项目85个，总投资达144亿元。制定出台优惠政策和具体措施，大力扶持文化产业发展，积极完善面向市场的文化人、文化企业、文化行业等市场主体队伍的建设，重点扶持已经初具规模的根雕、莹白瓷、动漫等文化产业，实现从数量规模向优势高效的转移，从粗放型向集约化的转移。例如，投资4.5亿元建设的中国根雕博览园，已入选国家文化产业示范基地，目前正在申报国家5A级景区。此外，衢州黄龙玉、江山彩陶、常山观赏石等文化产业也逐渐发展壮大，在省内具有较高的知名度。二是推进融合发展。大力推进文化与旅游相融合，我们抓住文化旅游融合的短板配套，打造了一批有影响力的文化旅游系列活动品牌，形成了一批高品质的旅游演艺产品，开发了一批具有衢州特色的文化旅游工艺品（纪念品），培育了一批高素质的文化旅游人才，有力地推动了文化与旅游的无缝对接、深度融合。2011年，《十二生肖传奇》等多部影视作品在衢州拍摄；2012年，中央电视台《北纬30度中国行》栏目连拍4集衢州文化旅游节目，为全省各拍摄点之最。大力推进文化与城市相融合，注重将文化元素融入城市建设、城市宣传、城市发展之中，结合历史文化街区和文化遗产的保护管理，充分发掘衢州城市特有的文化底蕴，通过中国儒学馆、水亭门和信安湖一带的城市项目布局，高起点规划，高标准建设，在提升城市能级的同时，努力使城市更好地传承文化血脉。大力推进文化与经济相融合，既增加经济中的文化含量，又增加文化中的经济含量。例如，我们在经济发展中突出"最美"力量驱动和企业价值观引导，在文化发展中探索市场化运作，加快文化资源向效益转化。三是打造产业载体。着力构建"一核四区"文化产业发展总体布局，以市本级（含柯城、衢江）为全市文化产业发展内核，积极推进龙文化产业集聚区、世界自然遗产休闲文化产业集聚区、石文化产业集聚区、生态（根雕）文化产业集聚区建设。大力实施文化产业发展"128"工程，精心培育 10 家高新文化企业、20 家重点文化企业、8 个重点文化产业园区（基地）。坚持项目化推进，实施项目带动，加强文化项目库建设，加快引进和建设重大文化项目，增强产业发展后劲。据不完全统计，目前衢州有文化产业单位 2129 家，从业人员达 3.2 万余人，年产值达 17 亿元。

（三）以创育民：以文明之力夯实精神富有基础

面对利益格局的深刻变化和社会思潮的日益多元化，开展道德文明和文化建设，不仅要有更宽的视野、更大的力度、更实的举措，还应注意体系内相关工作的互动，形成整体推进合力，如深入推进群众性文明创建活动，进一步夯实精神富有基础。

（1）创建文明城市，助力城市更加美好。创建文明城市是时代赋予我们的神圣使命，是推动城市文明向更高层次发展的要求。一是积极创建全国文明城市。以"五城联创"为龙头，持续争创城市"金名片"，先后荣获"中国优秀旅游城市""国家园林城市""国家卫生城市""国家森林城市""中国十大特色休闲城市""中国十佳宜居城市"等称号。通过各类城市品牌创建，着力提升城市环境、城市形象和城市品位，不断提高市民文明素养和城乡文明程度，积极为创建全国文明城市创造良好条件。下一步，我们将根据市委、市政府的总体部署，先行启动全国文明城市提名城市创建工作。二是着力提升文明单位创建。结合文明单位、文明社区评选复评工作，深入贯彻文明单位创建活动建设管理办法，进一步完善有关制度和考评方法，指导各级文明单位把创建活动的重点放到公民思想道德建设上，把创建过程的重点放到经常性工作上，突出诚信建设，强化道德要求，提升创建内涵，保持创建常态。三是统筹推进其他城市文明创建。组织开展"和美楼巷"创建活动，大力推进文明小区、文明楼居建设。通过文明家庭、绿色社区、青年文明号、文明风景旅游区、文明服务区评选、军（警）民共建、"双拥"工作以及文明出行、文明礼让、志愿服务、道德模范评选等群众性精神文明创建活动，进一步扩大精神文明建设的辐射面，夯实城市文明的基础。

（2）建设美丽乡村，优化乡风文明环境。美丽乡村是新农村建设的重要载体，也是城市文明向农村延伸的有效抓手。一是深化文明村镇建设。按照"干净、整洁、有序、文明"的工作要求，广泛开展以"打造新面貌、弘扬新风尚、共建新家园"为主要内容的文明村镇创建活动，充分发挥农民群众主体作用，从户抓起，以户促村，村镇联动，引领建设"科学规划布局美、村容村貌环境美、创业增收生活美、乡风文明素质美"的"四美"乡村。二是深化"双五结对"活动。着眼于城乡精神文明协调发展，致力于农民文明素质的提升、文化生活的丰富、生活方式的改善，突出文明的内涵和文化的重点，深入推进"双五结对共建文明"（500家文明单位和500个村结对）活动。三是深化"乡风评议"活动。突出移风易俗重点，发动广大农民积极参与多种形式的"乡风评议"活动，切实解决一些农村社会风气方面的不良问题。深入开展"文明户""信用户""卫生户"等创建活动，以"造势、践行、评创"为推手，大力弘扬孝敬之风、礼仪之风、节俭之风、互助之风，引领形成乡村文明新风尚。

（3）实施"春泥计划"，促进未成年人健康成长。从未成年人抓起，培养和造就具有高尚思想品质和良好道德修养的合格建设者和接班人，是我们义不容辞的责任和义务。一是深入实施"春泥计划"。推进"春泥计划"扩面提升，通过创设"春泥三结对""春泥四送""春泥五进""春泥六赛"等活动载体，培育精品示范村，打造"春泥乐园"电视栏目品牌，进一步丰富"春泥计划"实施内涵。全市104个乡镇817个村18万多农村未成年人享受了"春泥计划"带来的益处。二是净化优化社会文化环境。高度重视社会文化环境净化工作，逐步健全常态化长效管理机制。重点开展了整治互联网低俗之风、网吧专项整治、净化荧屏声频和校园周边环境整治四项专项行动，推动形成了有利于未成年人健康成长的社会文化环境。三是切实加强未成年人道德教育和实践活动。深入开展千户"爱心家庭"与千名"留守儿童"结对关爱行动，建设留守儿童俱乐部200余所。总结推广各地未成年人道德教育成功经验，大力推进中小学生校外、课外社会实践活动，促进乡村学校少年宫建设。充分发挥老干部、老战士、老专家、老教师、老模范的作用，健全学校、家庭、社会三结合教育网络，动员全社会各方面力量参与未成年人思想道德建设。

五　诚信、责任、仁爱、奉献　"做最美衢州人——我们的价值观"大讨论活动纪实

邵子华　李　啸*

2011年以来，衢州涌现出许许多多的"最美衢州人"，在他们的感召和推动下，崇德向善蔚然成风。市委、市政府因势利导，积极推动，组织开展了一系列全民性道德实践活动，从"做一个有爱心有责任心的衢州人"到学雷锋活动，再到"做最美衢州人——我们的

* 邵子华，中共衢州市委宣传部理论处处长；李啸，衢州日报社记者。

价值观"大讨论，广大衢州市民积极参与，争当"最美衢州人"，以实际行动践行美德、奉献爱心，大力弘扬社会主义核心价值理念，使古老的三衢大地如沐春风、生机盎然。

在这场道德实践活动中，市委十分重视价值观层面的探索和提炼。前任市委书记、现任省委常委、秘书长赵一德在"最美教师"救人事迹发生后，推动市委及时召开先进事迹报告会，号召广大衢州市民向"最美教师"学习，做"有爱心有责任心的衢州人"。2012年1月6日，市委与光明日报社联合举办"社会主义核心价值体系在衢州的实践"全国性理论研讨会，邀请国内知名专家学者研讨衢州道德建设。时任市委书记赵一德在发言中指出："'最美衢州人'的事迹传遍天下、温暖中国，衢州由此也被誉为'最美之城'。这是对一座城市无与伦比的肯定和褒奖，是全体衢州人民的共同荣耀，是最值得去珍惜、去维护、去擦亮的'金名片'。"现任市委书记陈新把道德建设提高到区域发展的高度来审视，在市委六届二次全会上提出要切实加强领导班子和干部队伍建设，进一步弘扬"诚信、责任、仁爱、奉献"的"衢州人价值观"，争做"最美衢州人"，全力保障"一个中心、两大战役"顺利推进。

历经一年多的学习实践和思想碰撞，"衢州人的价值观"越来越清晰，成为衢州市道德建设的主线。7月27日，市委常委会专题研究"做最美衢州人——我们的价值观"核心词提炼方案，把"衢州人的价值观"确定为"诚信、责任、仁爱、奉献"，并对衢州市社会主义核心价值体系建设作出具体部署。

浩浩衢江之水奔腾不息，悠悠南孔圣地儒风绵长。"诚信、责任、仁爱、奉献"不仅诠释了衢州的历史人文传统，更体现了衢州人历经磨砺的精神追求和品格锻造。"衢州人的价值观"的凝聚、升华，是社会主义核心价值体系在衢州的生动实践，得到了全体衢州人的认同，擎起了当代衢州人共有的精神家园。

（一）"最美"精神，不断光照衢州

阳春三月，在"学习雷锋好榜样"的热潮中，"做最美衢州人——我们的价值观"大讨论活动拉开了序幕。

市委号召，要在全体市民中开展集中性的社会主义核心价值体系教育，以"为最美衢州人画像"为主线开展学习讨论，积极倡导具有衢州特点、群众普遍认同的核心价值观，并以此来引领道德实践，让更多的人学"最美衢州人"、做"最美衢州人"。

而在此前，向"最美爷爷"占祖亿学习，向"最美教师"学习，"做一个有爱心有责任心的衢州人"，正在各行各业如火如荼地进行。

2011 年 7 月 31 日，"最美爷爷"占祖亿勇救落水少年而不幸牺牲。2011 年 11 月 10 日，衢江区第四小学"最美教师"陈霞、姜文、江忠红执著寻找缺课学生而挽救了学生一家三口，他们的事迹感动衢州、传遍天下。在媒体的宣传、推动下，社会各界的向上、向善之心前所未有地激发出来，纷纷投入到岗位争先、扶贫帮困、公益服务、爱心捐助等活动中，"争做最美衢州人"成为广大市民的自觉行动。

善举不断涌现，爱心不断传递。市人民医院"最美护士"林小娟旅途救人，赢得抢救的黄金时间；龙游县"最美警察"傅晓忠、张明不惧个人安危替换人质，成功处置案件；江山市"最美警察"高剑平、姜方林三入火场救出村民；衢江区"最美学子"徐建龙在杭城勇救落水女子；龙游县"最美干部"周言松 28 年扎根农村默默为群众服务；开化县中学生徐雨文在其父母的支持、努力下，无偿捐献器官而挽救他人生命……许许多多的"最美衢州人"平凡而又伟大，他们的行为给人以温暖，他们身上闪耀着富有衢州特色的人文精

神，他们为衢州人的精神家园赋予了更加丰富的内涵。

从初春到盛夏，人们在开展价值观大讨论的同时，坚持不懈地开展道德实践活动，以爱心和善意助推道德建设，探索精神追求。党员干部中开展了"岗位学雷锋——做最美衢州人"争先创优活动；团员青年中开展了"学习雷锋好榜样，争做最美衢州人"主题实践活动；机关单位开展了"三治三比"活动，努力提高行政效能，在转变思想、转变作风、转型升级中出实招、见实效。企事业单位开展了"岗位学雷锋、争做好员工——寻找身边最美衢州人"主题实践活动；文明创建单位开展了"讲文明、树新风"系列活动，评选平民道德模范，大力普及文明规范。

（二）全民讨论，熔铸共同价值观

星星之火，可以燎原。当一个又一个爱心故事接踵出现，当一个又一个道德典型被发掘、宣传，全社会的注意力投向了"最美衢州人"身上的道德光芒，人们在实践中讨论，在生活中感悟"我们需要什么样的价值观""什么样的价值观最能体现衢州人的精神追求"。于是，各行各业纷纷行动起来，以研讨、辩论、演讲、座谈、征文等形式"为最美衢州人画像"，探索、追寻"衢州人的价值观"。中小学生在主题班会上畅谈理想与追求，大学生演讲人生、辩论美丑，社区居民办起了好人好事"群英会"，乡里乡亲修订他们的村规民约，专家学者纷纷献计献策。工会、团委、妇联、教育、卫生等部门评选身边的道德楷模，各自提炼富有内涵的价值观。据不完全统计，各地围绕"做最美衢州人——我们的价值观"共举办各类学习讨论 820 余场（次），直接参与者达到 42 万多人。

在大讨论活动中，市大讨论活动领导小组办公室面向社会公开征集"我们的价值观"核心词,收到社会各界推荐的核心词1200多组、核心句860多句。市委宣传部组织开展了万人问卷调查,回收有效问卷8762份,爱国、团结、仁爱、诚信、责任、奉献、创新等内容得到公众高度认可。衢州新闻网开通了价值观讨论专区,8700多人(次)参与网络投票。

历经半年的学习实践,社会各界的爱心不断汇聚,"最美"精神越来越清晰,公众的选择和追求逐渐聚焦到"诚信、责任、仁爱、奉献"四个词上,"争做最美衢州人"成为衢州道德建设的最强音。

诚信,就是诚以待人、信守诺言。衢州历史上商业文化繁盛,诚信曾被明清时期的龙游商帮立为经商之本。无信不立,有责乃远。在社会主义市场经济条件下,尤其要讲诚信、守信用,在经济交往中重约践履、诚信经营,在日常生活中真诚相待、言行一致,维护做人的尊严和底线。

责任,就是爱岗敬业、恪尽职守。衢州人历来勤劳朴实,任劳任怨,新中国成立以来发扬艰苦奋斗精神,战天斗地建设家园,铸就了艰苦创业、无私奉献、团结协作的"铜山源精神"和"乌引精神"。展望未来,建设"两地三城"、实现富民强市,突出"一个中心"打好"两大战役",需要全体社会成员勇于担当、敢于攻坚,需要人人参与、从我做起,讲责任、尽本分,在家里做个好成员,在单位中做个好员工,在社会上做个好公民,为社会多作贡献。

仁爱,就是宽仁慈爱、从善如流。作为孔氏南宗所在地,衢州历来崇善敬德、民风淳朴。上善若水,大爱无言。讲求仁爱,就是要在日常生活中爱自然、爱他人、爱社会、爱一切真善美的事物,努力构建良好的社会关系和社会环境,建设和美富庶的民生幸福城。

奉献,就是真诚付出、不求回报。倡导奉献精神,就是要大力弘扬利他精神,把个人价值与社会发展、人民幸福联系在一起,在工作中踏实肯干、追求卓越,在社会上默默奉献、不求回报,以良好的业

绩实现自我、服务发展、造福社会。

总之，以"诚信、责任、仁爱、奉献"为主要内容的"衢州人的价值观"来源于现实生活，凝聚着社会道德的主流，体现了衢州人民的精神风貌，是社会主义核心价值观的具体化、地域化，是人们明辨是非、善恶、美丑的基本标准，是衢州人必须遵循的基本道德规范。

（三）弘扬"最美"精神，建设"最美之城"

弘扬"最美"精神，践行"衢州人的价值观"，是251万衢州人民共同的历史使命，是建设共有精神家园的核心内容，需要全市上下深入持久地开展社会主义核心价值体系教育实践。我们要把"诚信、责任、仁爱、奉献"融入日常工作生活，融入社会主义精神文明建设全过程，坚持不懈地抓教育、抓实践，促进社会道德水准不断提高，努力建设"最美之城"。

弘扬"最美"精神重在引领，需要可信、可学的榜样。在价值多元化、思想功利化的社会环境下，我们要深入基层、扑下身子、眼睛向下，积极发现平凡中的不平凡，挖掘群众中的"闪光点"，褒奖身边看得见、摸得着、学得到的"平民英雄"，推崇在基层中的"凡人善举"，让越来越多的"最美衢州人"不断涌现出来。要坚持贴近实际、贴近生活、贴近群众，以群众观点、群众语言、群众视角组织宣传报道，不断推出"最美衢州人"，让典型宣传可信、可敬、可学，使典型事迹入耳、入脑、入心。

弘扬"最美"精神贵在实践，需要机制和环境的保障。弘扬"衢州人的价值观"，必须发挥各个方面的积极性和主动性，建立健全党政推动、各方支持、全社会参与的工作格局。党政部门首先要负起责任，抓好规划制定、工作统筹、部署协调和制度建设，社会各个

262

方面要积极参与、协同推进，形成讲文明、树新风的强大合力。要注重策划和协调，精心设计工作抓手，组织实施活动载体，把宏大思想和宏观要求具体化，抓过程、抓保障，组织开展富有成效的活动。要按照知行合一的要求，引导人们从我做起、从现在做起，自觉履行法定义务、社会责任、家庭责任，营造文明、和谐的良好风尚。

弘扬"最美"精神魂在"扬弃"，需要自省自觉的行动。要从今后五年的发展目标和任务出发，对传统地域文化进行"扬弃"，从文化自省走向文化自觉。一方面，要继承和弘扬"和合""仁爱"等传统文化精华；另一方面，要从区域文化传承和群众精神面貌出发，吸收和借鉴一切优秀的思想文化，进一步解放思想、更新观念，不断破除陈规陋习，同时博采众长、兼收并蓄，大力弘扬"诚信、责任、仁爱、奉献"精神，积极培育当前衢州最需要的创业创新文化、敢闯敢冒精神，为建设"两地三城"、实现富民强市，为突出"一个中心"、打好"两大战役"提供强有力的精神动力、智力支持和文化条件。

2012 年 10 月

六　调研报告《以"做最美衢州人"为主题推进公民道德建设的实践与思考》

衢州市委宣传部课题组*

社会主义核心价值体系是兴国之魂，是社会主义先进文化的精髓，决定着中国特色社会主义的发展方向。近年来，衢州市以"做最美衢州人"为主题，切实加强公民道德建设，大力弘扬社会主义核心价值体系，树立了"大爱衢州""好人之城"的形象。为认真总结衢州在公民道德建设方面的成功实践，分析存在的问题和面临的困

---

* 课题负责人：诸葛慧艳。课题组成员：杨昕、邵子华、严莉萍、毛竹、蔡小平。

难，提出深入推进公民道德建设的有效举措，在省委宣传部的指导下，我们组成课题组开展了专题调研，形成如下综合报告。

（一）对当前社会思想道德状况的调查分析

2012 年上半年，衢州市委宣传部组织开展了"做最美衢州人——我们的价值观"大讨论问卷调查，收到有效问卷 3360 份。从调查结果看，当前社会思想状况整体情况较好，社会主义核心价值体系主导社会意识形态，崇德向善的社会氛围较为浓厚。

（1）主流思想引领意识形态。调查显示，大部分人接受马克思主义的指导地位，拥护党的领导，拥护中国特色社会主义，拥护现在的社会制度。在问卷调查中，对于社会主义核心价值体系的具体内容，知道"马克思主义指导思想"的有 82.6%，知道"中国特色社会主义共同理想"的有 92.1%，知道"以爱国主义为核心的民族精神和以改革创新为核心的时代精神"的有 84.5%，知道"社会主义荣辱观"的有 90.8%。大部分社会成员认同马克思主义的指导地位，认同改革开放取得的巨大成就，认为"整体上看社会是在发展、进步的"。

（2）现代思想主导价值取向。衢州是孔氏南宗所在地，儒家思想影响深远，"和合""仁爱""尚学"等观念根深蒂固。同时，在现代思想文化主导社会生活的条件下，人们倡导独立、竞争、平等、尊严、效率、自利等现代观念，希望张扬个性、实现自我、不断发展。本次问卷调查也涉及人们对待传统道德的态度。统计结果显示，持"批判地继承，弘扬其积极的一面"态度的占 60.3%，持实用主义立场的占 21.6%，认为"基本可以抛弃"的占 11.2%，赞同"全盘接受传统道德"的占 6.9%。可见，近70%的被调查者对传统道德持肯定态度。关于人生价值评判标准的调查结果，也体现了传统与现代的融合。对于"判断人生价值的主要标准",选择"个人与家庭的幸福""社会贡献""子女的成就""知识、技能、才能的高低"的分别占69.3%、63.5%、56.0%、50.6%,远远高于"社会地位的高低"(26.4%)和"拥有财富的多少"(26.1%),而选择"舒适的生活"的占48.4%。可见,人们的价值取向、价值标准,既注重社会贡献,也注重家庭幸福、舒适生活、子女成就等现实内容,既体现了传统思想中重家庭、重事业的一面,也体现了现代思想中追求团结奉献、追求物质利益的一面。

(3)道德建设受到广泛好评。2011年以来,衢州市开展了一系列道德实践活动,问卷调查显示,这些活动有较高的知晓度和参与度。对于问卷给出的"做一个有爱心有责任心的衢州人"学习教育活动、"做最美衢州人——我们的价值观"大讨论活动、"学习雷锋好榜样,争做最美衢州人"主题实践活动、志愿者服务,选择"曾经参加"的分别有83.3%、75.3%、71.6%、61.8%。在道德实践活动中,先后推出了一大批"最美衢州人",他们彰显社会正义、引领社会风气,得到了公众的喜爱和拥护。统计结果显示,知道"最美教师"感人事迹的有76.4%,知道"最美爷爷"感人事迹的有77.4%,知道"最美警察""最美护士""最美大学生""雷锋式的民警"感人事迹的均在40%左右。这表明,衢州开展典型宣传是成功的,"最美教师""最美爷爷"的感人事迹几乎家喻户晓。

(二)以"做最美衢州人"为主题推进公民道德建设的实践

2011年以来,衢州先后涌现了"最美爷爷""最美教师""最美护士""最美警察""最美学子""最美干部""最美一家""最美战士"等一系列"最美"人物,这些发生在平凡之中、体现于危难之际的"最美",是这个时代最为宝贵的精神财富。我们以学习宣传这

些"最美"人物为抓手，深入推进公民道德建设，取得了积极成效。

（1）培育"最美"，夯实道德底蕴。衢州的这些典型人物在关键时刻毅然择善的"最美"，不仅提供了可信可学的草根示范，更体现着全省人民共同打造道德高地、推进精神富有的不懈努力和显著成效。一是在弘扬地域文化精华中培育"最美"。积极发挥"东南阙里、南孔圣地"的优势，自2004年衢州"南宗祭孔"恢复以来，每两年举行一次学祭、一次孔子文化节，每五年举行一次社会各界公祭，使"有教无类""德行天下"等儒家优秀的传统思想根植于全城百姓心中。连续十年开展建设学习型城市活动，以"读书周""全民学习日""人文大讲堂""百姓讲坛"等为载体，力促全民学习，形成"人人爱读书、满城飘书香"的学习氛围。定期组织"十大道德模范""十大民兵道德模范"等评选表彰活动，倡导市民爱国爱乡、诚实守信、奉献社会。二是在广泛发动全员参与中延伸"最美"。从学习"最美爷爷""最美教师"到学习"最美干部""最美战士"，党委、政府始终充当第一推手，广泛深入动员，推动学习实践，使各方面群众都参与，促进形成了从被动到主动、从个体到群体、从自发到自觉的道德建设新局面。相关部门及时组建先进事迹报告团，赴基层巡回宣讲，把"最美"事迹宣传到街头巷尾、田间地头，教育引导广大干部群众向身边"最美"学习，在工作生活中负责任、有爱心、讲奉献。三是在深化提炼共同价值观中传承"最美"。价值观提炼的过程，就是凝聚"最美"、接力"最美"的过程。2012年，我们结合"做最美衢州人——我们的价值观"大讨论，在机关单位和教育、卫生、交通等系统开展"岗位学雷锋——做最美衢州人"创先争优活动，在企事业单位开展"岗位学雷锋、争做好员工"主题实践活动，在工会、共青团、妇联等组织开展道德评议评选和实践养成活动，并通过百人演讲辩论、千人座谈讨论、万人问卷调查等形式"为最美衢州人画像"，提炼确定

"诚信、责任、仁爱、奉献"为衢州人价值观核心词，赢得各界的广泛认同。

（2）弘扬"最美"，引领道德风尚。"最美"之于道德建设，犹如航行中的灯塔，以塔作标，给人以方向。"最美"的弘扬，不仅要有同频共振的媒体推动，更要有达心触魂的大众渗透。一是借力媒体宣传扩大"最美"影响力。开设"为最美衢州人画像""寻找身边的'最美衢州人'""最美衢州人"视频和电子杂志等栏目、节目，报道百姓身边的好人好事，鼓励人们从身边小事一点一滴做起，向"最美"人物学习。深入挖掘、层层推进，立体化诠释"最美衢州人"这一实践社会主义核心价值体系的"衢州样本"。在与光明日报社联合主办的"社会主义核心价值体系在衢州的实践"理论研讨会上和中国社会科学院国情调研组来衢州调研的过程中，衢州在道德建设领域的"选美""学美"活动受到了与会领导和专家学者的高度评价。二是创新社会宣传提升"最美"感召力。以"最美衢州人"为标杆，引导党员群众立足本职创先争优。开展创先争优"闪光言行"展示评选活动，推出衢州群英谱200多例，重点选树一批"感动衢州最美人物"，举办创先争优群英会，展示新时期党员干部"最美形象"。组织文艺工作者发挥特长，围绕"最美衢州人"创作散文《"最美爷爷"英魂永存》、诗歌《最美的一跳》、乐曲《永不后悔》，编辑创作系列连环画、情景剧、诗歌、"道情""三句半"等，推出一批短小精悍的文艺节目进社区、入企业、走农村。三是强化互动宣传增强"最美"震撼力。衢州通过新闻发现、现场播报、微博互动等形式，使"最美"人物的事迹生动形象，对群众心理形成震撼，自觉向"最美"人物学习。在学习"最美教师"的活动中，现场直播先进事迹报告会，十万个干部群众深受感染。在迎接吴奇龙烈士返乡仪式中，数千名各界人士集聚烈士母校默哀缅怀，沿途上万个群众自发拉出横幅守望英雄回家，传递向善向美情怀。

　　(3) 践行"最美"，树立道德之魂。道德重在养成，"最美"贵在实践。"最美"的实践，要有自觉自发的观念转化，更要有主动联动的机制生成。一是寓"最美"于作风建设。将公民道德建设和机关效能建设有机结合，在各级机关深入开展"项目建设突破年、社会管理创新落实年、行政效能提升年"活动，引导、推动党员干部比学习、比业绩、比奉献，发挥示范带头作用，促进社会风气不断好转。2012 年以来，全市各部门进驻行政服务中心的 390 项许可事项承诺时限压缩为 483 个工作日，较法定时限提速 80%。组织开展"进村入企、服务基层"专项行动，各级党员领导干部走访行政村 1744 个、农户 59.2 万户、企业 9140 家，化解村级问题 7388 个，解决农户困难 51335 个，调处企业发展难题 4432 个。二是寓"最美"于道德实践。广泛开展好人推荐、文明出行、志愿服务、"学习雷锋好榜样，争做最美衢州人"等道德主题实践活动，"道德模范""好婆婆好媳妇""百位身边好人、百件凡人善举"等评选活动。在"最美"精神的感召下，社区干部叶兰花自费开办"兰花热线"为民排忧解难，城市"的哥"吕红兵跳入冰冷的江水中救起轻生妇女，民间文艺家崔成志将毕生收藏的 118 件国家级珍贵文物捐献给国家，800 多名荷花义工与空巢老人结对，17 岁女孩徐雨文、开化老人张行仁、衢江橘农邵朝龙、江山村妇毛水花捐出宝贵器官和遗体在人间留大爱，数十位市民踊跃报名成为器官捐献志愿者，"最美衢州人"的蝴蝶效应持续发酵，道德之花在三衢大地竞相绽放。三是寓"最美"于城市品格。建立健全道德模范结对帮扶和创业扶持机制，不断优化"好人有好报"的社会环境。制作"最美衢州人"公益广告，在纸质媒体、广播电视、互联网站和各大广场、汽车站、火车站、公交站台以及商场（宾馆）液晶显示屏广告牌刊登（播放）。结合开展"最美衢州人年度十大人物"评选，建设城市文明长廊，打造"最美风采一条街"和"最美人物展示区"，使道德建设更加形象化、更具感染力。致力于勾勒精神富有的衢州样板，在经济转型中强化"最美"力量带动，在社会发展中加强"最美"文化熏陶，在城乡建设中融入"最美"元素配置，更好地使"最美衢州人"成为衢州这座千年古城的城市之魂。

（三）进一步推进公民道德建设的对策思考

弘扬"最美"精神，践行"衢州人的价值观"，是251万衢州人民共同的历史使命，是建设共有精神家园的核心内容，需要全市上下深入持久地开展社会主义核心价值体系教育实践，促进社会道德水准不断提高，努力建设"最美之城"。

（1）党政部门高度重视，形成崇德向善的强大合力。党委、政府要高度重视思想文化建设，把道德建设作为关系区域长远发展的重要任务来抓，建立健全党政推动、各方支持、全社会参与的工作格局。党政相关部门要负起责任，抓好规划制定、工作统筹、部署协调和制度建设，其他部门和社会各界要积极参与、协同推进，形成助推道德建设的强大合力。宣传、文明、文化、教育等部门要负起主要责任，坚持不懈地推进社会主义核心价值体系的宣传教育，坚持不懈地推进公民道德建设，引导广大群众学习贯彻科学发展观，践行社会主义荣辱观，从我做起、从日常小事做起，自觉履行义务、承担责任、关爱他人，推动社会风气不断好转。工会、青年团、妇联等单位要在所联系的群众中开展"讲文明、树新风"活动，充分激发各方面群众投身道德建设的积极性，促进良好社会风尚的形成。

（2）持续选树"最美衢州人"群体，发挥道德楷模的示范带动作用。精神文明建设重在引领，需要可信、可学的榜样。在思想多元化、行为功利化的社会环境下，要始终面向生活、关注基层，善

于发现日常生活中的闪光言行和先进典型，推崇身边的"凡人善举"，让越来越多的"最美衢州人"涌现出来。要坚持贴近实际、贴近生活、贴近群众，以群众观点、群众语言、群众视角组织宣传报道，增强典型宣传的贴近性，发动各方面群众向先进典型学习，充分发挥先进典型的示范带动作用，使社会主义核心价值体系入耳、入脑、入心。

（3）坚持分层分类，深入开展道德实践活动。围绕"做最美衢州人"这个大主题，精心组织各个层面的道德实践活动，不断深化公民道德建设。要善于设计工作抓手，把宏大思想和宏观要求具体化、载体化、日常化，针对不同人群策划开展主题鲜明、内容鲜活、参与性强的活动，使各个阶层、各个职业、各个年龄段的人都参与进来，体现道德建设的全民性和实践性。各类社会组织和公益组织要把分散的个人凝聚起来，组织经常性的公益活动，使助人为乐、关爱他人成为一种常态。要以平常人能够做到的传统美德和现代美德为重点，使道德实践和工作、生活相互融合，设计开展日常性的道德实践活动，在长期坚持中感化人心、转化观念，使社会主义荣辱观在具体载体中传播、渗透，使美德善行在社会生活中得到弘扬、落地生根。

（4）突出重点人群，切实加强思想政治工作。把基层思想政治工作放在十分重要的位置，以农民工、机关工作人员、企业家、知识白领、自由职业者和高校学生为重点，开展有针对性的思想教育和引导，使他们在纷繁复杂的社会中明辨是非、把握方向、站稳立场，做一个有责任心、对社会有贡献的人。党员干部尤其是各级领导干部要加强思想道德修养，严于律己，干净干事，密切联系群众，全心全意服务群众，树立清正廉洁的良好形象。对高校学生、农民、农民工和弱势群体，要大力宣传他们勤劳、善良的精神风貌，帮助他们解决生产、生活方面的实际问题，依托企业、社区、学校的文化活动场所和阵地举办日常性的文化活动，开展面对面的思想教育和心理疏导，促进不同阶层之间的包容和共处。对企业家、知识白领和自由职业者，要加强宣传教育，引导他们树立正确的人生观、价值观、事业观，促使他们以服务社会为荣，以团结互助为荣，以健康生活为荣，摒弃拜金主义、极端个人主义，追求积极、健康、有价值的生活。

（5）加强有效管理，着力解决道德领域的突出问题。针对某些地方、某些领域存在的突出问题，针对当前存在的弄虚作假、损人利己、损公肥私、分配不公、贪污腐败等败德现象，要采取教育、政策、法律、经济、规章制度等举措进行综合治理，加强有效管理，切实扭转公众对社会道德状况的失望情绪。要加大执法力度，严厉打击危害社会的各种违法犯罪活动，维护正常的社会秩序，为道德建设提供强有力的法律支撑。各地各部门在制定政策时，要考虑到政策的道德效应，通过利益引导、政策支持、工作协作体现良好的道德导向，鼓励和支持正当、正义、善良的行为，提倡和鼓励爱心、奉献等道德高尚的行为，避免和惩罚违背社会公德的行为。

（6）健全体制机制，为思想道德建设提供制度保障。把道德的要求转化为单位规章、村规民约和风俗习惯，引导社会行为，规范社会秩序。各地区、各部门、各行业和各基层单位在建立健全规章制度时，要充分体现相关的道德规范和具体要求，把思想引导与利益调节、精神鼓励与物质奖励统一起来，加强督促检查，严格考核奖惩，确保各种行政规章以及道德守则和公约在实践中得到落实。要建立健全道德行为的宣传、表彰、奖励、保障机制，为见义勇为者提供医疗、救助、就业、康复、社保等方面的保障，使好人"流血不流泪"。要继续巩固、完善道德模范的表彰奖励机制，大力选树先进典型，营造"好人有好报"的强大声势。

七 衢州市委《关于向"最美教师"陈霞 姜文江忠红同志学习的决定》①

各县（市、区）委，市级机关各单位党组织：

为认真贯彻落实党的十七届六中全会和省委十二届十次全会精神，扎实推进社会主义核心价值体系建设，在全社会形成知荣辱、讲责任、促和谐的良好风尚，市委决定，号召全市党员干部和群众向"最美教师"陈霞、姜文、江忠红同志学习，开展"做一个有爱心有责任心的衢州人"学习教育活动。

（一）充分认识向"最美教师"陈霞、姜文、江忠红 同志学习的重要意义

11月10日，衢江区第四小学陈霞、姜文、江忠红老师，为寻找两位未按时到校的学生，和学生母亲的店长夏肖艳一起，几经波折，发现学生一家三人因煤气中毒晕倒在家中，及时挽救了三个人的生命。

这个"有爱就有生命"的感人故事通过中央、省、市各级各类媒体的聚焦报道，震撼衢州、感动浙江、传遍全国，陈霞、姜文、江忠红同志被誉为"最美教师"。三位教师和店长的凡人善举，于平凡中见非凡，于普通中见崇高，生动地体现了忠于职守、高度负责的敬业精神，体现了乐于奉献、团结互助的高尚品德，更体现了中华民族的大爱情怀。他们的感人事迹充分展示了社会主义核心价值体系在衢州的生动实践，展示了广大群众积极向上、追求真善美的精神风貌。

向"最美教师"陈霞、姜文、江忠红同志学习，开展"做一个

① 衢委发〔2011〕33号。

有爱心有责任心的衢州人"学习教育活动，大力弘扬中华民族传统美德，对于深入学习贯彻党的十七届六中全会和省委十二届十次全会精神，推动衢州绿色发展、生态富民、科学跨越，构建社会主义和谐社会，具有十分重要的意义。

全市各级党组织和广大党员干部，要以"最美教师"陈霞、姜文、江忠红同志为榜样，学习他们忠于职守、高度负责的敬业精神，忠诚事业、立足本职，爱岗敬业、踏实工作，努力在平凡的工作岗位上建功立业；学习他们大爱无疆、真爱他人的大爱精神，弘扬胸怀大爱、乐于助人的高尚品德，树立感恩社会、不图回报，扶危济困、无私奉献的价值观，在助人为乐、奉献社会中实现自身的价值；学习他们甘于奉献、团结互助的团队精神，发扬团结协作、克难攻坚、奉献在先的职业操守，塑造自立自强、勇于进取，永不放弃、永不懈怠的优良品格，真心实意地为群众做好事、办实事、解难事，为党和人民的事业不懈奋斗。

（二）广泛开展"做一个有爱心有责任心的衢州人"学习教育活动

各地各部门要把开展"做一个有爱心有责任心的衢州人"学习教育活动，与学习贯彻党的十七届六中全会和省委十二届十次全会精神结合起来，与加强思想道德建设和干部队伍建设结合起来，与推动当前各项工作结合起来，抓学习、抓整改、抓提高，大力弘扬"最美教师"身上体现的敬业精神、大爱精神和团队精神。集中学习教育活动分为三个阶段进行。

（1）全员学习阶段（11月中旬至12月上旬）。各地各单位要组织开展专题学习会、组织生活会、座谈交流会和报告会等活动，组织干部职工和社区群众收听、收看报纸、广播、电视、网站的相关报道，迅速掀起学习先进的热潮。各县（市、区）、市级机关企事业单

位要在 11 月 25 日前召开动员会，部署本地、本单位的学习教育活动，层层抓落实，全员齐参与。乡镇、街道、企业等基层单位要及时组织开展学习教育活动，结合社区精神文明建设、乡风评议活动、企业文化建设，让每一位公民充分参与、受到教育。

（2）深入剖析阶段（12 月上旬至 12 月中旬）。各地、各单位要结合实际，查找本系统、本单位在思想道德建设、干部队伍建设中存在的突出问题，进行深入剖析。党员干部特别是各级领导干部要把自己摆进去，对照先进典型，查找在责任意识、服务意识、协作意识、奉献意识等方面存在的问题和差距，努力做到查找不足、主动整改，创先争优、服务人民。

（3）整改提高阶段（12 月中旬至 12 月底）。各地、各单位要在深入剖析的基础上抓好整改，从思想认识、队伍素质、服务水平、制度建设、廉政建设等方面落实举措，比技能、比作风、比业绩，使本地、本单位的精神面貌和工作作风有明显好转和提升。同时要认真总结学习教育活动中的好做法、好经验，建立健全相关制度，形成长效机制。

（三）切实加强领导，确保学习教育活动取得实效

各级各单位要切实加强领导，精心组织，在深化学习、深入剖析上下工夫，在整改提高、健全机制上下工夫，在联系实际、推动工作上下工夫，确保学习教育活动取得实效。

（1）加强领导，提高认识。市委成立学习教育活动领导小组，李剑飞同志任组长，诸葛慧艳、赵建林、罗卫红同志任副组长，成员由市委办、市府办、纪委、组织部、宣传部、机关工委、总工会、团市委、妇联、教育局、衢州日报社、广电总台、文明办等单位负责人组成，领导小组办公室设在市委宣传部（市文明办），办公室主任由杨昕同志担任。各级各部门要充分认识开展学习教育活动的重要意

义，认真制订实施方案，及时作出安排部署，组织党员干部和广大群众深入学习，迅速掀起学习热潮。

（2）注重引导，务求实效。党员干部要以陈霞、姜文、江忠红同志为榜样，加强学习、崇尚实干，开拓进取、奋发有为，讲责任、讲服务、讲协作、讲奉献，进一步恪尽职守创先进、立足岗位争优秀、示范引领作表率。广大群众要从自己做起，从现在做起，坚持美的，摒弃丑的，努力做一个有爱心有责任心的衢州人。

（3）强化宣传，营造氛围。各级宣传新闻单位要积极倡导"学先进、讲文明、树新风"，制订宣传计划，在重要版面、重要时段开设专题专栏，宣传先进事迹，宣传各地各单位开展学习教育活动情况。文化部门要组织创作、推出一批短小精悍的文艺节目，进社区、进企业、进农村，营造浓厚的学习氛围。

中共衢州市委

2011 年 11 月 21 日

八　衢州市委《关于开展"做最美衢州人——我们的价值观"大讨论活动的通知》[①]

各县（市、区）委，市级机关各单位党组织：

为深入贯彻落实党的十七届六中全会、省委十二届十次全会和市第六次党代会精神，全面推进社会主义核心价值体系在衢州的生动实践，进一步深化"做一个有爱心有责任心的衢州人"主题实践活动，根据省委的统一部署和要求，市委决定在全市开

---

① 衢委办〔2012〕18 号。

展"做最美衢州人——我们的价值观"大讨论活动。现将有关事项通知如下。

（一）指导思想

以邓小平理论和"三个代表"重要思想为指导，深入落实科学发展观，根据省委十二届十次全会和市第六次党代会的部署，以建设社会主义核心价值体系为根本任务，以"做最美衢州人——我们的价值观"为主题，广泛开展核心价值观大讨论活动，研究衢州科学发展需要大力倡导和弘扬的价值取向，提炼社会主义核心价值体系具有衢州特点的准确、简明、易记的表达方式，形成社会普遍认同、共同遵循、具体可行的道德规范和行为准则，引导广大干部群众在讨论中形成内化于心、外化于形的实际行动，为建设"两地三城"、加快"两个崛起"、实现富民强市，提供强有力的思想保证和精神动力。

（二）主要任务

这次大讨论，主要围绕公民在处理人与人、人与社会、人与自然的关系中形成的符合市情、民情，正确科学、高尚健康、积极向上的价值取向和群众普遍认同、适用和遵循的价值标准来开展。主要任务有五个方面。

（1）公众讨论。在全市各地各部门、各行各业中，通过座谈、辩论、沙龙、演讲、征文等各种形式，层层发动，广泛动员，组织广大人民群众积极参与大讨论活动。

（2）媒体宣传。通过媒体动员，向全社会广泛征集"做最美衢州人——我们的价值观"核心词，通过开设专题专栏，全面宣传普及核心价值观，通过开设讨论区、访谈室、"会客厅"，组织人民群众开展讨论，通过网站论坛、微博互动，动员广大网友参与讨论。

（3）典型示范。以"百位身边好人、百件凡人善举"评选推荐为载体，在机关、学校、街道、社区、村镇、企事业单位和群众组织中挖掘宣传"好干部、好市民、好员工、好婆媳、好村民"等一批群众身边模范践行核心价值观的先进典型"群英谱"，用身边事教育身边人，发挥示范带动作用。

（4）研究提炼。通过研究提出衢州科学发展需要大力倡导和弘扬的价值取向，提炼社会主义核心价值体系具有衢州特点的准确、简明、易记的表达方式。各地各部门、各行各业可以结合实际提炼符合行业特点、体现群体特色的行业价值观和体现地域特色的核心价值观。

（5）主题实践。在讨论提炼的基础上，结合实施公民道德养成计划，组织开展"弘扬雷锋精神，开展志愿服务"等一系列"做最美衢州人——我们的价值观"主题实践活动，吸引和动员群众积极践行核心价值观。

（三）活动步骤

大讨论活动采取条块结合、整体推进、全面动员、全员参与的方式进行，具体分四个阶段进行。

（1）宣传动员阶段（2012年3月）。下发开展大讨论活动的通知，召开全市动员会。各地、各部门、各系统层层发动，制订活动方案，成立组织机构，明确工作责任。全市各级各类新闻媒体做好宣传动员，各有关部门通过开设宣传栏、制作公益广告等多种形式进行宣传，为开展大讨论活动营造舆论氛围。

（2）学习讨论阶段（2012年3~5月）。举办知名专家、学者理论辅导报告会、研讨会，组织广大干部群众进行学习。通过公众讨论、网络互动、媒体联动等形式在全市各地、各行各业广泛开展大讨论活动。

（3）归纳提炼阶段（2012年5月）。对社会征集和各地、各部门推荐的价值观核心词进行论证评选；并以网络投票或短信投票的形式发动群众、网民对核心词进行评选，确定体现衢州特点的核心价值观。

（4）提高深化阶段（2012年6～12月）。在"百位身边好人、百件凡人善举"评选推荐的基础上，开展"最美衢州人年度人物"评选，组织先进事迹巡回报告会，引导广大干部群众见贤思齐。全面总结活动成效，提出深化活动、进一步践行核心价值观的对策和思路。

（四）活动要求

（1）加强领导。各地、各部门要高度重视，把大讨论活动作为推进社会主义核心价值体系建设的重要抓手，作为贯彻市第六次党代会精神的重要举措，作为建设"两地三城"、加快"两个崛起"、实现富民强市的基础工作，列入议事日程，摆上重要位置。为切实加强对大讨论活动的领导，市委决定成立"做最美衢州人——我们的价值观"大讨论活动领导小组（具体名单附后）。

（2）落实责任。各地各部门要按照大讨论活动方案，明确目标、明确任务、明确职责，狠抓工作落实。市直机关工委、市人力社保局牵头组织好全市各级机关单位，开展以领导干部和公务员队伍为重点的大讨论活动；市教育局、团市委牵头组织好全市各大专院校和中小学校，开展以教师、大学生、中小学生为重点的大讨论活动；市国资委、市总工会牵头组织好全市各类国有企业和规模以上民营企业，开展以职工为重点的大讨论活动；全市其他系统和企事业单位自行组织开展大讨论活动。各县（市、区）辖区内机关、企事业单位、乡镇（街道）、行政村（社区）的讨论活动，由各县（市、区）负责组织。

（3）注重过程。充分调动广大干部群众参与大讨论的积极性，采取各种生动活泼、寓教于乐，吸引人、感召人的方式方法，吸引更多的群众参与大讨论，并在大讨论中受影响、受鼓舞、受教育。注重活动过程，统筹兼顾、精心策划，把开展大讨论活动与推动各项工作结合起来，把讨论的过程转化为深化干部群众认识、提升思想精神境界的过程，转化为推动干部群众自觉践行社会主义核心价值体系的过程，转化为各地各部门解放思想、振奋精神，促进创新、推动工作的过程。

（4）力求实效。把大讨论活动与当前正在开展的学习贯彻市第六次党代会精神，"进村入企"大走访和"项目建设突破年""社会管理创新落实年""行政效能提升年"活动结合起来。发挥各地、各单位的主动性和创造性，鼓励载体创新，适时组织大讨论活动先进经验、先进典型宣传活动，确保大讨论活动取得实实在在的效果。要把大讨论活动开展情况和今后践行核心价值观的工作纳入文明单位、文明村镇评选和复评内容，不断促进核心价值体系建设工作的科学化、规范化、常态化。

中共衢州市委办公室

2012 年 3 月 4 日

附件：

衢州市"做最美衢州人——我们的价值观"

大讨论活动领导小组成员名单

组　　长：诸葛慧艳（市委常委、宣传部长）；

副组长：赵正良（市人大常委会副主任）；

　　　　罗卫红（副市长）；

　　　　王建华（市政协副主席）；

成　　员：吴红雨（市委办副主任）；

　　　　徐须实（市政府副秘书长）；

　　　　王永信（市纪委副书记）；

郑春弟（市委组织部副部长、"两新"工委书记）；

杨　昕（市委宣传部副部长）；

刘海声（市委宣传部副部长）；

胡建斌（军分区政治部主任）；

陈志明（市委政法委副书记）；

赵祖地（衢州学院党委副书记）；

傅朱能（衢州职院党委副书记）；

马　燕（市直机关工委书记）；

胡高春（市文明办主任）；

徐永昌（市委外宣办主任）；

胡智宏（市委党校常务副校长）；

应　雄（市总工会党组书记、常务副主席）；

徐建芬（团市委书记）；

汪晓敏（市妇联主席）；

王建国（衢州日报社总编）；

章建平（市广电总台台长）；

徐朝金（市教育局局长）；

陈根成（市卫生局局长）；

王建华（市文广局局长）；

吴小聪（市国资委主任）；

周　丽（市人民银行行长）；

吴春祥（市人力社保局纪检组长）；

蒋国强（市农办副主任）；

顾中秋（市交通运输局纪检组长）；

季日新（市住建局纪委书记）；

　　领导小组下设办公室，办公室设在市委宣传部，杨昕同志任办公室主任。

九　衢州市委宣传部《关于开展 "做最美衢州人——我们的价值观" 大讨论活动的实施方案》①

各县（市、区）委宣传部，市级机关各单位党组织：

根据市委《关于开展"做最美衢州人——我们的价值观"大讨论活动的通知》（衢委办〔2012〕18号）精神，结合工作实际，制订本实施方案。

（一）总体思路

围绕"做最美衢州人——我们的价值观"主题，以"为最美衢州人画像"为主线，通过学习讨论、宣传、实践、活动等途径在全体市民中开展集中性的社会主义核心价值体系教育，大力发掘、宣传身边的凡人善举和道德典型，倡导全体市民认同的行为取向和价值观念，从实践中提炼具有衢州特点、符合衢州实际、群众普遍认同的核心价值观，形成社会主义核心价值体系的"衢州表达"，并以此来引导道德实践，使之成为广大干部群众内化于心、外化于形的实际行动，构建积极向上的社会关系，推动公民道德素质和社会文明水平的不断提高。

（二）活动原则

（1）全社会联动，分层分类实施。在机关、企事业单位、乡镇

---

① 衢市宣〔2012〕18号。

（街道）、农村（社区）层面分类开展大讨论活动，广泛动员、层层发动，掀起"争做最美衢州人"的热潮。

（2）全过程引导，把握节奏节点。以"为最美衢州人画像"为主线，按照"认知—实践—提升"的活动路径，把握活动的节奏和节点，把握各类活动的衔接配合，展示每个阶段的亮点和成果，提高整个活动的参与面、感染力和实效性。

（3）全媒体聚焦，力求感化人心。以报刊、电视、广播、网络、短信平台、户外媒体等途径全方位开展宣传，聚焦身边的好人好事，报道各项活动情况，推动社会各个领域的道德实践，大力营造崇德向善的社会氛围。

（三）活动阶段及主要内容

围绕公众讨论、媒体宣传、典型示范、研究提炼和主题实践这五项任务，扎实推进大讨论活动持久、有序、高效进行。

（1）宣传动员阶段（3月）。主要是成立组织，部署动员，开展讨论，进行各种形式的宣传活动，营造浓厚氛围。

一是成立组织机构，结合本地区、本单位、本系统实际，抓紧制订细化方案，明确目标、明确任务、明确职责，尽快启动实施，做到层层发动，全员参与，形成学习讨论氛围。

二是围绕"为最美衢州人画像"这一主线，组织干部群众就"最美衢州人应具备哪些元素""如何做一名最美衢州人"等话题进行学习讨论。

三是各地各类媒体以各种形式宣传活动情况，各单位要及时开设、更新所属工作简报、宣传橱窗、宣传栏等宣传阵地，营造活动氛围。

（2）学习讨论阶段（3～5月）。主要是深入讨论，主题实践，征集、提炼、上报价值观核心词（组、句）。

一是围绕"为最美衢州人画像"这一主线，通过座谈会、专题讨论会、辅导报告会、理论研讨会等各种形式，组织广大干部群众进行广泛、深入的讨论。

二是组织动员干部群众积极参与全市"为最美衢州人画像"问卷调查，征集、提炼、上报体现衢州特色的"最美衢州人"价值观核心词（组、句）。

三是针对群众反映强烈的思想道德领域的突出问题，结合本地区、本单位、本系统实际，开展各种形式的主题实践活动。

四是以"百位身边好人、百件凡人善举"典型发现、推荐的宣传活动为龙头，通过网络互动、媒体调查、采访报道、信息简报等形式引导干部群众广泛参与，有声势地开展大讨论活动。

（3）归纳提炼阶段（5月）。主要是公众讨论、归纳提炼、总结推出"最美衢州人"核心词（组、句）。

一是各地、各单位、各大系统在深入讨论的基础上形成体现群体特色的行业价值观和体现地域特色的公认的价值观核心词（组、句）。

二是对问卷调查征集的和各地、各部门推荐的价值观核心词（组、句）进行遴选，适时分批推出"最美衢州人"关键词，在各类媒体上刊登，引导广大干部群众开展有针对性的讨论。

三是在汇总各方面讨论情况的基础上，组织专家从衢州的历史文化和衢州人的精神特质等方面进行研究，形成群众认可、内涵丰富、朗朗上口、富有衢州特色的社会主义核心价值体系的"衢州表达"。

（4）提高深化阶段（6~12月）。主要是宣传普及"最美衢州人"核心词（组、句），全面总结活动成效。

一是对提炼出来的"最美衢州人"核心词（组、句）进行宣传报道，深度解读，将之渗透到经济社会发展的各个领域，大力营造崇

德向善的社会氛围。

二是组织开展"最美衢州人年度人物"评选及表彰活动，挖掘、树立"最美衢州人"典型群体，引导人民群众见贤思齐。

三是开展百名记者走进衢州采访"最美衢州人"和"最美衢州人"先进事迹巡回宣讲等活动，展示"最美衢州人"价值观在衢州的生动实践。

四是全面总结活动成效，提出深化活动、进一步践行"最美衢州人"价值观的对策和思路，探索形成公民道德建设的"衢州经验"。

（四）工作要求

（1）加强统筹协调。各地、各单位要注重统筹协调，按照"统一安排、统一路径"的要求实施活动方案，加强对各项活动过程的指导，推动大讨论活动有序进行。为加强对活动的指导、协调和服务，市大讨论活动领导小组办公室下设五个工作组，吴德生（市委宣传部宣教处处长）担任综合协调组组长，电话：3082245。朱晓芬（市委宣传部新闻处处长）担任宣传报道组组长，电话：3081309。谭小兵（市文明办未成年人工作处副处长）担任指导督查组组长，电话：8068179。邵子华（市委宣传部理论处处长）担任研究提炼组组长，电话：3081138。侯英杰（市广电总台高级编辑）担任信息简报组组长，电话：3081138。

（2）突出活动特色。各地、各单位要紧紧围绕公众讨论、媒体宣传、典型示范、研究提炼、主题实践等主要任务，联系实际，面向群众，加强策划，创新载体，区分层次，因人施教，在各领域、各层面、各群体中开展互动交流和道德践行，增强大讨论活动的参与性和吸引力。要善于抓统筹、抓结合，把大讨论活动和"三治三比"活动、"服务企业、服务基层"专项行动、"进村入企"大走访活动等结合起来，与推动本地本单位工作结合起来，引导干部群众努力践行"最美衢州人"价值观，认真履行职责，真诚服务群众，为提升服务效能、优化发展环境、弘扬文明新风贡献力量。

（3）注重宣传引导。市、县两级新闻媒体要发挥舆论引导的主渠道作用，拿出重要时段、版面，开设专栏、专题，对活动开展的一些好做法、好经验，要及时进行总结和宣传推广。衢州日报社、市广电总台要立足优势，创新载体，以"做最美衢州人——我们的价值观"为主栏目，统筹开展大讨论活动的宣传报道。开设"为最美衢州人画像""寻找身边的活雷锋""我们的价值观大讨论""大讨论直通车"等子栏目，报道百姓身边的好人好事，报道各个层面的讨论情况和各界群众的反映，引导舆论走向，凝聚社会共识。以《衢州晚报》、衢州新闻网为主，组织实施媒体问卷调查。市大讨论活动领导小组各成员单位和各县（市、区）要加强信息报道工作，每月至少报送 2 篇信息至市大讨论活动领导小组办公室。

（4）建立长效机制。此次大讨论活动贯穿全年，时间跨度长，活动类别多。各地、各单位要及时建立完善督促检查、奖惩激励等工作机制，加强对所辖地区、所属单位（系统）开展大讨论活动的日常指导和督查，为大讨论活动的广泛开展、深入推进创造良好的工作氛围和条件。市大讨论活动领导小组将分阶段适时进行工作督促，并予以通报。

附件：

（1）"做最美衢州人——我们的价值观"大讨论活动计划安排表

（2）"做最美衢州人——我们的价值观"大讨论活动情况汇总表

（3）"为最美衢州人画像"核心词（组、句）提炼汇总表

中共衢州市委宣传部

2012 年 3 月 16 日

报：省委宣传部，市委办、市府办

2012 年 3 月 19 日印发

附件（1）

"做最美衢州人——我们的价值观"大讨论活动计划安排表

类别	牵头单位	具体活动	时间	备注
整体推进项目	市委宣传部	组织全市"学习雷锋好榜样，争做最美衢州人"征文活动	3 月	
		组织全市"为最美衢州人画像"问卷调查	4 月	
		"做最美衢州人——我们的价值观"大讨论专题座谈会（邀请离退休老干部、道德模范、杰出青年、杰出女性等参加）	4 月	
		组织对"最美衢州人"核心词(组、句)进行评选	5 月	
		举办知名专家专题辅导报告会	5 月	
		与《党建》杂志社联合举办"做最美衢州人——我们的价值观"研讨会	5 月	
		组织先进事迹巡回报告会	10 月	
		组织"最美衢州人年度人物"评选及表彰	10 月	
分类推进项目	市政法委	组织政法系统开展"为最美衢州人画像"讨论活动，提炼上报体现衢州特色的价值观核心词(组、句)	3~4 月	
		组织开展"做最美衢州人——我们的价值观"普法活动	4~5 月	
		组织政法系统先进典型事迹报告会	5 月	
		组织开展"开门评民警(检察官、法官等)"评议活动	第三季度	
	市直机关工委	组织市直机关单位开展"为最美衢州人画像"讨论活动，提炼上报体现衢州特色的价值观核心词(组、句)	3~4 月	
		组织市直机关单位党组织以"做最美衢州人——我们的价值观"为主题，组织召开一次支部学习会	4 月	
	市人力社保局	组织市直机关单位开展"岗位学雷锋——做最美衢州人"争先创优活动	4 月	
		与市委组织部联合举办优秀公务员先进典型事迹报告会	6~7 月	
	市文明办	组织文明单位、文明行业开展"为最美衢州人画像"讨论活动，提炼上报体现衢州特色的价值观核心词(组、句)	3~4 月	
		组织开展"百位身边好人、百件凡人善举"典型宣传活动	4~5 月	
		组织全国文明单位、省级文明单位开展"做最美衢州人——我们的价值观"座谈会	4~5 月	

类别	牵头单位	具体活动	时间	备注
分类推进项目	市外宣办	组织开展"做最美衢州人——我们的价值观"网络征文活动	3月	
		牵头组织开展"为最美衢州人画像"网络问卷调查	4月	
	市委党校	开展"为最美衢州人画像"讨论活动,提炼上报体现衢州特色的价值观核心词(组、句)	3~4月	
		在培训班级中组织开展"做最美衢州人——我们的价值观"专题座谈会	4~5月	
	市总工会、市国资委	组织开展"做最美衢州人——金锤奖衢州杰出职工"评选活动	3~4月	
		组织开展"岗位学雷锋、争做好员工——寻找身边的楷模"主题实践活动	3~4月	
		组织开展"做最美衢州人——我们的价值观"主题座谈会,提炼上报体现衢州特色的价值观核心词(组、句)	3~4月	
		在公交车、站台等场所播放、张贴"做最美衢州人——我们的价值观"公益广告	4~5月	
		组织开展"服务企业促发展、服务基层增活力、服务职工固和谐"专项行动,深化大讨论活动	5~10月	
	团市委	在广大团员青年中开展"为最美衢州人画像"讨论活动,提炼上报体现衢州特色的价值观核心词(组、句)	3~4月	
		开展"寻访我们身边的雷锋"实践活动(开展衢州市"十佳学雷锋优秀集体""十佳学雷锋标兵"评选活动)	3~4月	
		面向留守老人、留守儿童、农民工、残疾人等特殊群体,开展帮扶关爱志愿活动	3~4月	
		开展"学习雷锋好榜样,争做最美衢州人"微征文活动	5月	
	市妇联	在各级妇联组织中开展"为最美衢州人画像"讨论活动,提炼上报体现衢州特色的价值观核心词(组、句)	3~4月	
		面向留守老人、留守儿童、贫困妇女、残疾人等特殊群体,开展帮扶关爱志愿活动	4月	
		开展"好婆婆好媳妇"评议活动	4~5月	
		开展"做最美衢州女性——我们的价值观"主题论坛(报告会)	5月	
	市教育局	在教育系统开展"为最美衢州人画像"讨论活动,提炼上报体现衢州特色的价值观核心词(组、句)	3~4月	
		在教师中开展"做最美教师——我们的价值观"主题征文、演讲活动	4月	
		在中小学校开展"做最美衢州人——我们的价值观"主题班会、读书征文等活动	4月	

类别	牵头单位	具体活动	时间	备注
分类推进项目	衢州学院	举办衢州学院"最美教师"报告会暨师德师风建设推进会	3月	
		举办"寻梦彩虹人生——我的价值观"主题报告会	3月	
		开展"学习雷锋好榜样,争做最美衢州人"志愿服务活动	3～4月	
		开展"为最美衢州人画像"讨论活动,提炼上报体现衢州特色的价值观核心词(组、句)	3～4月	
		开展"做一个有文化有道德的大学生(教师)"座谈、调研和"做最美衢院人——我们的价值观"演讲和辩论赛活动	3～4月	
		开展"十佳教师""我最喜爱的老师"评选表彰活动	5～6月	
	衢州职院	开展"学习雷锋好榜样,争做最美衢州人"志愿服务活动	3月	
		举办"寻梦彩虹人生——我的价值观"主题报告会	3月	
		开展"做最美教师——我们的价值观"青年教师座谈会和当代大学生价值观调研活动	3月	
		开展"做最美衢职人——我们的价值观"主题班会、演讲、征文和辩论赛等活动	3～4月	
		开展"为最美衢州人画像"讨论活动,提炼上报体现衢州特色的价值观核心词(组、句)	3～4月	
		开展"最美衢职人"寻访评选活动	3～6月	
	市卫生局	在卫生系统开展"为最美衢州人画像"讨论活动,提炼上报体现衢州特色的价值观核心词(组、句)	3～4月	
		组织服务窗口单位和岗位开展"岗位学雷锋、做最美衢州人"争先创优活动	4月	
		开展"做最美医生(护士)——我们的价值观"演讲比赛	4月	
		开展为空巢老人、农民工家庭提供医疗保健、心理抚慰、应急救助、亲情关爱等志愿服务活动	4～5月	
	市文广局	开展"为最美衢州人画像"讨论活动,提炼上报体现衢州特色的价值观核心词(组、句)	3～4月	
		组织文艺队伍创作一批"做最美衢州人——我们的价值观"文艺节目,进机关、学校、社区、村镇演出	4～5月	
	市交通运输局	在交通系统开展"为最美衢州人画像"讨论活动,提炼上报体现衢州特色的价值观核心词(组、句)	3～4月	
		在相关道路广告牌等场所张贴"做最美衢州人——我们的价值观"公益广告	4月	
		组织窗口服务单位和岗位开展"岗位学雷锋、做最美衢州人"争先创优活动	4～5月	
		开展"学习雷锋好榜样,争做最美衢州人"演讲和征文活动	4～5月	

类别	牵头单位	具体活动	时间	备注
分类推进项目	市住建局	在建设系统开展"为最美衢州人画像"讨论活动,提炼上报体现衢州特色的价值观核心词(组、句)	3~4月	
		组织服务窗口单位和岗位开展"岗位学雷锋、做最美衢州人"争先创优活动	4月	
		开展"文明物业"创建、"最美城建人便民服务在行动"等活动	5月	
	市人民银行	在金融系统中开展"为最美衢州人画像"讨论活动,提炼上报体现衢州特色的价值观核心词(组、句)	3~4月	
		组织服务窗口单位和岗位开展"岗位学雷锋、做最美衢州人"争先创优活动	4月	
		组织开展"学习雷锋好榜样,争做最美衢州人"演讲和征文活动	4月	
		组织开展"银行便民服务在行动"活动	5月	
	市农办	开展"为最美衢州人画像"讨论活动,提炼上报体现衢州特色的价值观核心词(组、句)	3~4月	
		在新农村建设中,组织开展"做最美衢州人——我们的价值观"座谈会	4~5月	
	军分区	牵头组织开展"为最美衢州人画像"讨论活动,提炼上报体现衢州特色的价值观核心词(组、句)	3~4月	
		牵头组织驻衢部队开展"弘扬雷锋精神——我们的价值观"拥政爱民活动	4月	
分区域推进项目	市开发区、市高新园区、西区管委会	市开发区、市高新园区、西区管委会组织辖区内机关、企事业单位、乡镇(街道)、行政村(社区)开展大讨论活动,提炼上报体现衢州特色的价值观核心词(组、句)		
新闻媒体宣传项目	衢州日报社	在报纸、网站上开设"做最美衢州人——我们的价值观"大讨论专栏,及时报道、评论活动开展情况	3~6月	
		制作"做最美衢州人——我们的价值观"公益广告,并在所属液晶显示屏播出	3~6月	
		开设"寻找身边雷锋"专栏,宣传"百位身边好人、百件凡人善举"先进事迹	4~5月	
		"最美衢州人"网络征文和摄影比赛	3~6月	
		在报纸、衢州新闻网上,开展"为最美衢州人画像"问卷调查	4月	
		对社会各界、在外衢州籍知名人士"谈最美衢州人"进行访谈、专访	4月	

类别	牵头单位	具体活动	时间	备注
新闻媒体宣传项目	市广电总台	在电视、广播、网站上,开设"做最美衢州人——我们的价值观"大讨论专题,及时播报、评论活动开展情况	3~6月	
		制作、播放"做最美衢州人——我们的价值观"公益广告	3~6月	
		开设"寻找身边雷锋"专题,宣传"百位身边好人、百件凡人善举"先进事迹	4~5月	
		面向基层、走近观众,开设"谈我心目中的最美衢州人"访谈栏目	4~5月	

附件（2）

"做最美衢州人——我们的价值观"大讨论活动情况汇总表

活动名称	

时　间		地　点	

主要内容	
典型线索	
备　　注	(1)此表为各单位(部门)组织的活动情况上报表,请在4月20日前报送市委宣传部(文明办),联系人:谭小兵,电话:8068179。 (2)"主要内容"主要是填写组织此项活动的总体情况、活动的人数、预期的效果。"典型线索"主要是填写可宣传报道、有新闻价值的人或事。

单位：_____　联系人：_____　电话：_____

附件（3）

"为最美衢州人画像"核心词（组、句）提炼汇总表

单　位	
核心词 （组、句） 内容	核心词： 　（1） 　（2） 　（3） 核心词组： 　（1） 　（2） 　（3） 核心句： 　（1） 　（2） 　（3）
备　注	（1）此表为各单位（部门）提炼、推荐的核心词（组、句）上报汇总表。 （2）各单位（部门）可推荐1～3组核心词（组、句）。 （3）此表请在4月20日前报送市委宣传部理论处。联系人：邵子华，电话：3081138。

十　衢州市文明委《关于印发〈衢州市
"深化以美铸魂，建设最美衢州"
宣传实践活动项目〉的通知》[①]

各县（市、区）文明委，市级有关单位：

　　《衢州市"深化以美铸魂，建设最美衢州"宣传实践活动项目》已经市文明委领导同意，现印发给你们。请按照责任分工，认真抓好相关工作的落实，进一步推动"深化以美铸魂，建设

[①]　衢文明〔2013〕3号。

最美衢州"宣传实践活动的全面开展。

衢州市精神文明建设委员会

2013 年 4 月 18 日

抄：衢州军分区政治部，巨化集团公司

衢州市精神文明建设委员会办公室

2013 年 4 月 18 日印发

衢州市"深化以美铸魂，建设最美衢州"宣传实践活动项目

序号	活 动 名 称	责任单位	活动时间
1	精心组织"三个一百"（百场最美人物巡回宣讲、百家文明单位与爱同行主题实践活动、百个义工家园志愿服务）主题实践活动	市委宣传部、市文明办、各县（市、区）委宣传部、文明办	1～12月
2	做好"深化以美铸魂，建设最美衢州"主题宣传，对"最美衢州人"进行常态化报道；开展"最美衢州人"新闻报道好新闻评选和"最美衢州"微故事征集	衢州日报社、市广电总台、市记协、衢州新闻网，各县（市、区）委宣传部	1～12月
3	开展"弘扬雷锋精神，建设最美衢州"系列主题实践活动	市委宣传部、市机关工委、团市委、市文明办、各县（市、区）委宣传部	3～12月
4	开展最美衢州人系列评选（最美教育人、最美金融人、最美衢电人、最美交通人、最美婆媳、民兵道德模范、劳动模范、杰出女性、杰出青年、美德少年、三十佳卫生工作者、优秀志愿者组织和个人）	市委宣传部、市教育局、市人民银行、市电力局、市交通运输局、衢州军分区政治部、市总工会、市妇联、团市委、市教育局、市卫生局、市关工委	3～10月
5	成立"最美衢州人"关爱基金，召开"最美衢州人"座谈会	市文明办、市发改委、市电力局	3月
6	召开衢州市"义工家园·志愿服务"活动现场推进会	市委宣传部、市文明办、柯城区委宣传部	3月
7	推进衢州市"文化礼堂"建设	市委宣传部、市文广局、市农办、市财政局、各县（市、区）委宣传部	4～12月
8	召开"深化以美铸魂，建设最美衢州"宣传实践活动推进会	市委宣传部、市文明办	4月

续表

序号	活　动　名　称	责任单位	活动时间
9	召开"践行衢州人价值观,争做最美衢州人"理论座谈会	市社科联	4月
10	举办"最美衢州人"先进事迹报告会,并在全市机关、农村、社区、学校、企业巡回报告	市委宣传部、各县(市、区)委宣传部、市直相关部门	4~9月
11	组织"最美衢州"系列精品创作和群众文化活动:重点开展"最美衢州"歌曲征集、传唱、文艺汇演活动、"最美衢州·舞动幸福"排舞大赛、"最美衢州·唱响和谐"合唱大赛、"最美衢州·传承历史"非遗保护日活动、"最美衢州人"采风活动、"最美"故事大赛、"最美衢州"摄影大赛和书画精品联展等八项活动,做好省首届职工文化艺术节节目选送和"婺剧进校园"汇演的相关工作	市委宣传部、市文广局、市文联、市总工会、市婺促会,各县(市、区)委宣传部、	4~12月
12	做好发现"最美浙江人"评选表彰第三届浙江省道德模范的推荐工作	市文明办、各县(市、区)文明办	4~9月
13	开展第二届"最美衢州人"十大年度人物评选系列活动	市委宣传部、市广电总台、衢州日报社	4~11月
14	组织开展"建设最美衢州"理论征文,编印《最美现象衢州样本——最美衢州人宣传实践活动纪实》,撰写《最美现象的衢州实践——最美衢州从"盆景"到"风景"的思考》理论文章	市委宣传部、市文明办、衢州日报社	4~9月
15	开展"文明出行,做最美衢州人"宣传实践活动和"争做最美衢州人,共建最美衢州城"系列活动	市委宣传部、市公安局、市文明办、市综合执法局、市直机关工委、团市委	4~12月
16	开展"点燃梦想　创业最美"创业文化周活动	市委宣传部、团市委	5月
17	组织开展"我心目中的最美老师""我的中国梦,做最美青少年"主题征文和"与美同行"网上主题征文活动	市教育局、团市委、市关工委	5~8月
18	召开"社会主义核心价值体系在衢州的实践"全国性理论研讨会	市委宣传部、中国社会科学院哲学研究所	6~8月
19	制作"最美衢州人"公益广告,在市区和各县(市、区)城区屏媒播放,设计制作第二届"最美衢州人"年度人物年画、挂历、台历	市文明办、衢州日报社、市广电总台、各县(市、区)文明办	6~12月
20	举办"最美衢州人"公民道德宣传日系列活动	市文明办、各县(市、区)文明办	9月

续表

序号	活　动　名　称	责任单位	活动时间
21	开展以"书香衢州·阅读最美"为主题的全民读书周活动	市委宣传部、市文广局、市新华书店	10 月
22	举办第二届"最美衢州人"十大年度人物颁奖盛典	市委宣传部、市广电总台、衢州日报社	12 月

十一　"社会主义核心价值体系在衢州的实践"理论研讨会专家发言①

（一）发于基层才能根深叶茂

（中国社会科学院学部委员、社会学研究所原所长景天魁）

衢州市建设社会主义核心价值体系的实践和宣传工作，给出了两个重要启示：一是要发生于基层，二是要坚守住底线。这两条经验回答了社会主义核心价值体系建设的着重点和有效途径这两个重大问题。

发于基层，才能根深叶茂。衢州市三位"最美教师"对学生尽心、对工作尽职、对社会尽责，从发现学生未按时上学，到最后挽救一家人的生命，平凡中见非凡，普通中见崇高，这种大爱精神植根于百姓心中，成为衢州的灵魂。一个观念是不是具有核心价值，要看它能不能在社会上扎根，有没有强大的内聚力和影响力。衢州的实践证明，重视基层，从基层做起，社会主义核心价值体系就可以生机勃勃。

守住底线，才有实际成效。衢州市委发出的号召，是"做一个有爱心有责任心的衢州人"。"有爱心有责任心"要从坚守住道德底线做起，这对于社会主义核心价值体系建设具有重要的意义。实践社

---

① 《光明日报》2012 年 1 月 11 日，第 13 版。

会主义核心价值体系，应从普通的事做起，守住道德底线，先做一个有原则、有道德的人，大家都这样做了，社会风气就会改善，社会道德水平就会提高。

（二）构建全方位、全覆盖的管理体系

（北京大学政府管理学院教授赵成根）

对衢州"最美教师"的先进事迹，除了关注大爱无疆的高尚品质和尽职尽责的职业精神外，还需关注衢江区第四小学完备的管理制度。

衢江区第四小学从教师找人到成功救人的经验告诉我们，中小学的管理服务体系建设极其重要。上课考勤的目的是督促学生按时到校上课，但衢江四小的晨检制度显然还有更多的制度关怀。三位教师寻找未到学生，直到最后挽救三条性命，是典型的依照校规行动的结果。全国所有的中小学，尤其是欠发达地区的中小学，很有必要学习衢州经验，本着以人为本的原则，人文关怀的大爱情怀，通过科学调研，广泛征求各方意见，充分了解和把握学校管理的需求状况，以及目前管理服务供给中存在的问题，按照民主治校、科学治校、依法治校的理念，对于现行的管理服务体系进行梳理和补充，构建一套全方位、全天候、全覆盖的无缝隙的管理服务体系。只有这样，才能真正把有关的规定落到实处，才能让教师和学生在这样的秩序当中自由、快乐、安全地工作、学习和生活。

（三）典型宣传是道德建设的重要路径

（浙江省委宣传部副部长鲍洪俊）

先进典型宣传是推进社会主义核心价值体系的重要路径。在推进

社会主义核心价值体系的宣传过程中，做好先进典型的培育，起着重要的作用。

如何塑造和培育先进典型？首先是党委和政府要起到推动作用。"最美教师""最美爷爷""最美护士"等一系列典型的涌现，如果没有衢州市委、市政府的高度重视，并加以宣传，就不会产生目前的影响力。衢州"最美"系列的涌现，与宣传系统工作的主动性、细致性有密不可分的关系。再就是新闻媒体的强有力的宣传报道，"最美"人物都是衢州媒体发动，省级媒体跟进，最后提升到中央媒体支持。当然，这一切也离不开各位专家的解析和研究，专家的思想为我们的典型宣传注入了足够的思想血液，提高了我们典型宣传的价值含量。

有了先进典型宣传，如何提高典型的凝聚力、影响力？如何让先进典型宣传贴近群众和基层，贴近生活，成为植根于老百姓心中发挥作用的坐标？衢州的做法给了我们诸多启发。

（四）核心价值观就在我们身边

（中央编译局秘书长杨金海）

通过对衢州"最美教师"现象的解析，我感觉核心价值观并不在远处，并不在书本里面，也不在玄奥的哲学里面，就在我们的生活当中。它最核心的价值观是什么呢？最核心的应该是人性和仁爱。在我们身边，每时每刻都可以看到类似衢江四小教师这样的"平民英雄"，他们说不出多少理论，也没有什么惊天动地的壮举，却都在默默无闻地践行着核心价值观。

衢州"最美教师"现象给我们的启示就是核心价值体系的建设离不开政府和体制机制的引导。如今，社会上并不缺少践行社会主义核心价值观的典型，有了典型就要发挥其教育意义，政府应该起到力推作用。当前党中央提出建设社会主义文化强国的战略，其中树立核心价值理念是文化强国建设的核心。

深入思考"最美教师"现象，通过对某个现象的研究，延伸到研究全国众多典型，加以推广和宣传，就能够起到浸润人心的作用，起到巩固建设社会主义核心价值体系的作用。

（五）道德要求转化为自觉行动

（中共中央党校科研部副主任郝永平）

衢州"最美典型"之所以最美，之所以具有道德魅力，主要是基于以下四点原因。

第一，他们生动践行了社会主义核心价值体系。"最美典型"以生动的实践、鲜活的事例自觉践行社会主义核心价值体系，为社会主义核心价值体系建设增添了新的活力，为社会主义核心价值体系的内在魅力提供了新的范例。

第二，他们继承并弘扬了中华民族的优秀传统美德。衢州诸多"最美典型"所体现的责任意识、奉献精神，对家人之至爱、对他人之至诚，处处都闪耀着道德的光辉。他们的善行义举符合中国传统伦理思想的要求，体现了对传统美德的继承。

第三，他们正确处理了善与恶、义与利、奉献与索取等关系。衢州"最美典型"不以恶小而为之，不以善小而不为，在平凡中显伟大，在陌生中见真情，以善之璀璨光芒彰显了恶之鄙俗丑陋，引发了人们强烈的情感共鸣。

第四，他们充分发挥了引领社会风尚的良好作用。道德建设重在引导人们把道德要求转化为自觉行动。衢州市通过加强道德建设内练修养、外塑形象，实际上是在探索一条深化社会主义核心价值体系有效途径的新路子，有利于整个社会的道德水平和社会成员的文明素养的提升。

（六）进教材　进课堂　进头脑

（教育部社科中心副主任张剑）

衢州的做法可以为社会主义核心价值体系在基层的实践提供重要启示。

要广泛深入开展社会主义核心价值体系主题教育宣传活动。主题教育活动以丰富的内涵、活泼的形式、生动的场景，给人们深刻的印象。衢州抓住"最美教师"身边真实感人的典型，通过编写通俗读物、开设专题专刊、推出文艺节目等，积极营造社会主义核心价值体系的舆论强势，深化宣传教育，努力形成社会主义核心价值体系建设的良好文化生态。

要把社会主义核心价值体系融入国民教育全过程，就是要把社会主义核心价值体系的核心内容融入学校的教育教学，体现在学校的日常管理之中，做到进教材、进课堂、进头脑。其中，最重要的是要引导教师带头传播和践行社会主义核心价值体系，只有这样，才能真正把社会主义核心价值体系融入学科课堂教学全过程，融入教育管理全过程。"最美教师"就是衢州长期重视教师队伍建设的结果，也是教师长期传播和践行社会主义核心价值体系的结果。

（七）通过凡人善举展示道德力量

（中国社会科学院哲学研究所研究员、中国伦理学会秘书长孙春晨）

如何实践社会主义核心价值体系？怎样提高社会主义核心价值体系建设的有效性？衢州的做法，是社会主义核心价值体系在基层的生动实践。这给各地提供了可参照的有效经验。

社会主义核心价值体系的实践活动可以从多个方面入手，但是要使活动取得实效，就要突出道德主题，发现普通人日常生活中所展现出来的道德之美。凡人善举因其平凡和朴实，而让人感到可亲、可信，周围人亦会为此动心、动情。广泛存在于民间的凡人善举，是一个乡村、一个社区、一个企业、一所学校、一个家庭中普通而平常的道德榜样。宣传这样的凡人善举，最容易获得人们的认同和好评，对社会的影响力和感召力也更为直接。整个社会道德状况的改善与每个人的道德行为息息相关，个体道德行为的涓涓细流可以汇聚成社会文明的汪洋大海，如果每个人都能在道德上有所作为，社会良好的道德风尚的形成和塑造就有了坚实可靠的基础。

（八）学习身边看得见摸得着的人和事

（中国社会科学院哲学研究所所长谢地坤）

我有两重身份，第一重身份是理论工作者，哲学研究所所长；第二重身份是衢州市荣誉市民。在衢州大地上出现了"最美爷爷""最美教师""最美护士""最美警察"等诸多"最美现象"，作为衢州市民我感到十分高兴。

衢州"最美现象"，在平凡的事情当中显现非凡，在普通人当中显现崇高。这与衢州市委、市政府的引导和大力宣传是分不开的，如衢州连续举办了三届国际儒学论坛等活动，对衢州的影响是显而易见的：衢州民风淳朴、百姓崇善敬德，仁爱的思想深入人心。

伦理学最基本的不是理论，而在于实践，衢州的"最美现象"都是普通当中出现的不普通现象，"最美教师"因为有责任在肩，所以心有所寄，这就是良心、责任心。与其参与一些看不见摸不着的事，还不如学习身边这些看得见摸得着的人与事，这样我们每个人、整个社会的道德价值就会得到弘扬与提高。

（九）"最美现象"需要人文土壤

（中共衢州市委书记赵一德）

2011年，是社会道德备受瞩目的一年，也是社会道德建设发力的一年。衢州市以社会主义核心价值体系引领社会道德建设，保持了经济发展与社会和谐的良好局面。衢州涌现了三位"最美教师"等道德楷模，他们的感人事迹感动全国。衢州有幸成为"最美之城"，是坚持不懈践行社会主义核心价值体系，推进社会道德建设的结果。

衢州的"最美人物"不断涌现，也是衢州的人文土壤、历史积淀、社会环境孕育的结果，是衢州人民践行社会主义核心价值体系的生动样板。道德建设重在引领，需要可信、可学的榜样，需要理论指导，更要有道德楷模的引领；需要贴近实际、贴近生活、贴近群众，以群众观点、群众语言、群众视角组织宣传报道，把"凡人善举"展现给广大干部群众，真正让先进典型宣传真实可信、亲切可学。

道德建设需要机制和环境的保障。公民道德重在养成，社会风尚重在培育，积极做好这些工作是各级党委政府的职责所在，各级党委政府必须有所作为、主动作为。应该按照知行合一的要求，以深入学习"最美教师"为契机，广泛发动人民群众参与道德实践活动，大力弘扬社会公德、职业道德、家庭美德，在全社会形成知荣辱、树正气、作奉献、促和谐的良好风尚。

道德建设魂在"扬弃"，需要自省自觉的行动。今后五年，衢州要富民强市，尤其需要文化软实力的支撑推动。要继承和弘扬传统文化中的精华成分，积极吸收和借鉴一切优秀的思想文化，博采众长，兼收并蓄。尤其要从当地的文化渊源和群众的精神现状出发，积极培育当前衢州最需要的创业创新文化、敢闯敢冒精神，并将其转化为广大市民群众内化于心、外化于形的自觉行动，融入推动经济社会发展的大局。

（十）来自基层的道德样本

（光明日报社副总编辑何东平）

衢州自古以来就是各种思想频繁交融之地。近年来，衢州市以社会主义核心价值体系为引领，组织了丰富多彩的全民性学习教育和解放思想活动，不仅使经济发展步入快车道，更使经济、社会、政治、文化、生态和谐发展呈现出良好景象。

2011 年 11 月 19 日，《光明日报》在中央报纸中率先报道了发生在衢州市衢江区第四小学的动人故事：因为爱心、责任心，三位老师和一位女店长挽救了因煤气中毒而命悬一线的三个鲜活的生命。

三位教师的事迹，是来自衢州、来自基层践行社会主义核心价值体系的生动样本。《光明日报》连续刊发了 8 篇报道，在全国引起了强烈反响。

拥有"最美老师"是衢州的骄傲，更是构建社会主义核心价值体系在基层的最好诠释和实践。近年来，衢州坚持不懈地推进思想道德建设，倡导社会主义核心价值观，使衢州成为群星闪耀的"良田沃土"，浸润着千年儒风的三衢大地，好人层出不穷，"最美衢州人"成了今日衢州一张闪亮的名片和城市之魂。

党的十七届六中全会指出，社会主义核心价值体系是兴国之魂，是社会主义先进文化的精髓，决定着中国特色社会主义的发展方向。新闻媒体在引导、促进全社会建设社会主义核心价值体系中担负着重要责任，理应有所作为，也能够有所作为。

从理论高度来研讨社会主义核心价值体系在衢州的实践，既有助于解剖基层践行社会主义核心价值体系的区域性个例，也有助于探索规律，以丰富、生动的社会实践印证建设社会主义核心价值体系的科学性，对全国各地更加自觉地推进社会主义核心价值体系的建设，具有很好的借鉴意义。

图书在版编目（CIP）数据

衢州样本：社会主义核心价值体系与道德文明建设的实践和
创新/吴尚民，崔唯航主编. —北京：社会科学文献出版社，
2013.8
　ISBN 978 - 7 - 5097 - 4810 - 7

　Ⅰ. ①衢…　　Ⅱ. ①吴…　②崔…　　Ⅲ. ①社会主义建设 -
价值论 - 研究 - 衢州市　　Ⅳ. ①D616

　中国版本图书馆 CIP 数据核字（2013）第 149222 号

衢州样本

——社会主义核心价值体系与道德文明建设的实践和创新

主　　编 / 吴尚民　崔唯航

出 版 人 / 谢寿光
出 版 者 / 社会科学文献出版社
地　　址 / 北京市西城区北三环中路甲 29 号院 3 号楼华龙大厦
邮政编码 / 100029

责任部门 / 社会政法分社　（010）59367156　　　　　　责任编辑 / 曹义恒
电子信箱 / shekebu@ ssap. cn　　　　　　　　　　　　责任校对 / 李若卉
项目统筹 / 曹义恒　　　　　　　　　　　　　　　　　　责任印制 / 岳　阳
经　　销 / 社会科学文献出版社市场营销中心　（010）59367081　59367089
读者服务 / 读者服务中心（010）59367028

印　　装 / 北京季蜂印刷有限公司
开　　本 / 787mm×1092mm　1/16　　　　　　　　　　　印　　张 / 19.75
版　　次 / 2013 年 8 月第 1 版　　　　　　　　　　　　字　　数 / 255 千字
印　　次 / 2013 年 8 月第 1 次印刷
书　　号 / ISBN 978 - 7 - 5097 - 4810 - 7
定　　价 / 69.00 元